TESLA SHOCK

테슬라 쇼크

초판 1쇄 발행 · 2021년 1월 15일
초판 7쇄 발행 · 2023년 2월 28일

지은이 · 최원석
발행인 · 이종원
발행처 · (주)도서출판 길벗
브랜드 · 더퀘스트
주소 · 서울시 마포구 월드컵로 10길 56(서교동)
대표전화 · 02)332-0931 | **팩스** · 02)322-0586
출판사 등록일 · 1990년 12월 24일
홈페이지 · www.gilbut.co.kr | **이메일** · gilbut@gilbut.co.kr

기획 및 편집 · 김세원(gim@gilbut.co.kr), 유예진, 송은경, 오수영 | **제작** · 이준호, 손일순, 이진혁
마케팅 · 정경원, 최명주, 김진영, 이승기, 김도현 **영업관리** · 김명자 | **독자지원** · 윤정아, 최희창

본문디자인 · aleph design | **교정교열** · 공순례
CTP 출력 및 인쇄 · 북토리 | **제본** · 신정문화사

ISBN 979-11-6521-423-4 03320
(길벗 도서번호 090180)

정가 17,000원

독자의 1초까지 아껴주는 길벗출판사

(주)도서출판 길벗 | IT교육서, IT단행본, 경제경영서, 어학&실용서, 인문교양서, 자녀교육서 www.gilbut.co.kr
길벗스쿨 | 국어학습, 수학학습, 어린이교양, 주니어 어학학습, 학습단행본 www.gilbutschool.co.kr

이 도서의 국립중앙도서관 출판예정도서목록(CIP)은 서지정보유통지원시스템 홈페이지(http://seoji.nl.go.kr)와 국가자료공동목록시
스템(http://www.nl.go.kr/kolisnet)에서 이용하실 수 있습니다. (CIP제어번호: CIP2020053942)

TESLA
테슬라 쇼크
SHOCK

최원석 지음

더 퀘스트

숫자로 된 성과에 안주할 수 없는 시대, 테슬라가 증명한 비전과 공감의 중요성

"시대가 바뀌었습니다. 매력적인 목표와 구체적 실행 계획이 담긴 '파이낸셜 스토리'가 시장으로부터 신뢰를 얻어야만 기업가치가 높아질 수 있습니다."

최태원 SK그룹 회장은 2020년 10월 23일 '2020 CEO 세미나'에서 이렇게 말했습니다. 이어 "매출과 영업이익 등 종전의 재무 성과를 중심으로 한 기업가치 평가 방식은 더 이상 유효하지 않습니다"라면서 "기업가치의 공식이 바뀌고 있는 만큼 CEO들은 고객·투자자·시장 등 다양한 이해관계자에게 적합한 각사의 성장 스토리를 구체적으로 제시하고 신뢰와 공감을 끌어내야 합니다"라고 했지요.

이에 SK CEO들은 2021년을 각사가 파이낸셜 스토리를 통해 이해관계자의 신뢰를 높이는 원년으로 삼고, 재무제표 중심의 성장 전략을 신뢰와 공감 중심의 성장 전략으로 바꿔나가기로 했습니다.

이제 숫자로 보이는 재무적 성과만으로는 기업가치를 온전히 평가하기 어려워졌으며, 비전과 스토리와 구성원의 공감이 너무도 중요한 시대라는 얘기입니다. 이런 진단이 2020년 말 한국 4대 그룹 중 한 곳에서 나왔다는 것은 큰 의미가 있습니다. 코로나19 사태와 미·중 충돌 등으로 글로벌 경영 환경이 악화되는 상황에서 한국이 생존하고 또 한 단계 도약하려면 무엇을 어떻게 바꿔야 할지에 대한 절박한 메시지가 담겨 있기 때문입니다.

테슬라와 아마존 같은 글로벌 기업들은 재무 성과 기준으로는 설명할 수 없는 높은 기업가치를 달성했을 뿐 아니라, 기존 영역을 훨씬 뛰어넘어 자신들만의 제국을 건설해나가고 있습니다. 아마존은 IT·전자상거래 분야이니 그럴 수 있다고 치더라도, 테슬라는 지금까지 전형적인 제조업 분야로 여겨졌던 자동차 분야에서 혁명을 일으키고 있습니다.

테슬라는 '파이낸셜 스토리'로 성공한 대표 사례입니다. 이 기업의 가치는 재무적 성과만으로는 설명할 수 없습니다. CEO인 일론 머스크^{Elon Musk}, 그의 비전과 그 비전이 하나씩 이뤄져 가는 과정 자체가 세상 사람들이 테슬라를 따르고 응원하게 하는 원천이자 힘입니다. 앞으로의 시대를 헤쳐나가는 데 리더의 비전과 철학과 신념이 얼마나 중요한지를 테슬라만큼 극명하게 보여주는 기업도 없을 겁니다.

테슬라는 스토리를 통해 기업가치를 높여가고, 그렇게 높아진 가치를 기반으로 비전에 더 가까이 다가가고 있습니다. 테슬라가 무서운 것은 그 비전을 이루기 위한 계획이 매우 장기적이고 치밀하다는 것입니다. 거기에는 아주 깊은 기술적 이해, 기술과 비즈니스를 엮는 고도의 전략이 담겨 있습니다.

테슬라가 한국의 경제·산업·고용에 주는 경고와 기회

이 책은 테슬라가 세계 경제와 산업, 특히 한국의 경제·산업·고용 등에 가져올 위기와 기회를 다룹니다. 제목을 '테슬라 쇼크: 바퀴 달린 아이폰, 혁명을 예고하다'라고 붙인 데에는 이유가 있습니다.

우선 테슬라 쇼크가 단순히 내연기관차에서 전기차로 바뀌는 데 국한되지 않기 때문입니다. 대부분 산업군에서 동시다발적으로 충격이 일어날 것입니다. 이는 과거 아이폰의 등장이 우리 삶과 비즈니스 전반에 끼친 가히 혁명적인 변화에 비유될 정도입니다.

아울러 테슬라 쇼크는 특히 한국에 경고인 동시에 기회가 될 수 있습니다. 한국의 주력 산업 전반이 큰 영향을 받으리라는 점에서는 분명 위기입니다. 하지만 테슬라가 가져올 변화에 대비할 산업군을 대부분 갖췄다는 점에서는 유리할 수도 있습니다. 테슬라로부터 제대로 자극을 받아 과거의 산업 구조를 빨리 바꿔나갈 수만 있다면, 한국이 다른 나라들보다 더 큰 기회를 얻을 가능성도 충분하다는 얘기입니다.

국내에는 이런 테슬라 쇼크를 이미 절감하는 사람도 있고, 아직 모르는 사람도 있고, 애써 축소하거나 무시하려는 사람도 있습니다. 하지만 확실한 것은 이변이 없는 한 대세를 거스르기 어렵다는 것입니다. 테슬라는 우리에게 어떤 위기를 가져오고, 또 어떤 기회를 줄 수 있을까요?

테슬라는 2019년에 고작 37만 대의 전기차를 팔았습니다. 전기차 회사 중에는 판매 1위이지만, 전 세계 자동차 시장을 놓고 보면 점유율이 1%도 채 안 됩니다. 매출 규모로는 존재감이 크지 않습니다. 그런데 이런 회사가 어떻게 기존 질서를 무너뜨리고 산업과 우리 삶을 바꿔놓는다는 걸까요?

우리는 2000년대 인터넷 혁명, 2010년대 모바일 혁명을 경험했습니다. 2020년대에 들어선 지금, 앞으로 10년 동안은 어떤 일이 일어날까요? 전문가들은 모빌리티 혁명이라고 얘기합니다.

모빌리티 혁명을 설명하기에 앞서, 이전의 인터넷 혁명과 모바일 혁명을 다시 떠올려보겠습니다. '인터넷 혁명'은 인터넷의 등장에 힘입어 그 전에는 개별적으로 사용하던 PC(개인용컴퓨터)가 네트워크로 연결되면서 일어났지요. 그 덕분에 우리 삶이 바뀌는 놀라운 변화를 경험했습니다. 그다음 단계가 '모바일 혁명'이죠. 인터넷으로 연결된 컴퓨터가 내 손의 전화기 안으로 들어온 것입니다. 2007년 말 애플 아이폰의 등장으로 촉발됐고, 한국 사회도 스마트폰을

그림 0-1 성장의 벽에 부딪힌 자동차 업계

정체 국면인 주요 22개 자동차 업체의 합산 매출액

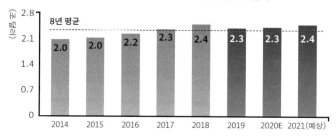

정체 국면인 주요 22개 자동차 업체의 합산 순이익

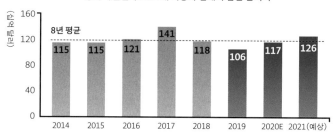

자료: Bloomberg, 메리츠증권 리서치센터

글로벌 주요 22개 업체(테슬라, 현대차, 기아차, 도요타, 혼다, 닛산, 폴크스바겐, BMW, 다임러, GM, 포드, FCA, 르노, 푸조 등)의 합산 매출·순이익이 수년째 정체 상태이고, 이 그림에는 반영되지 않았지만 합산 시가총액을 보면 점진적 하강세다.

통한 새로운 서비스와 삶의 변화를 경험해왔지요. 이전의 피처폰 시대에 비해 스마트폰을 필두로 한 모바일 디바이스가 우리 삶과 비즈니스 영역에 얼마나 큰 영향을 미쳤는지 우리는 잘 알고 있습니다.

이것이 지난 20년의 얘기입니다. 앞으로의 10년은 '모빌리티 혁명'의 시기가 될 것입니다. 지금의 자동차는 인터넷 혁명 이전의 PC, 모바일 혁명 이전의 피처폰이 그랬듯이 개별적으로 움직이는 기계입니다. 하지만 이런 자동차가 곧 스마트폰처럼 바뀝니다. 그러면 어떤 일이 일어날까요? 과거 스마트폰이 탄생하면서 수많은 서비스·비즈니스가 생겨났듯, 움직이는 스마트폰 또는 네트워크 컴퓨터가 된 자동차에서는 과거 스마트폰 때보다 훨씬 더 크고 다

그림 0-2 스마트폰의 부상과 피처폰의 쇠퇴

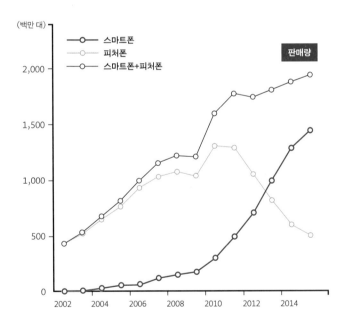

자료: Statcounter, 메리츠증권 리서치센터

양한 서비스와 비즈니스 기회가 생겨날 것입니다.

이 모빌리티 혁명을 이끌 만반의 준비를 하고, 이미 진입장벽까지 쌓아가고 있는 기업이 바로 테슬라입니다. 테슬라가 이대로 계속 성장한다면, 연간 7,000조 원 규모까지 커질 것으로 예측되는 세계 모빌리티 서비스 시장을 가장 먼저 장악하는 기업이 될지도 모릅니다. 현재 세계에서 규모가 가장 큰 자동차 제조·판매 시장이 연간 2,500조 원입니다. 모빌리티 서비스 시장이 성숙해졌을 때의 규모가 어느 정도인지 짐작이 되시나요?

그럼 왜 테슬라를 모빌리티 혁명에서 가장 준비된 기업으로 꼽을까요? 2007년 애플 아이폰의 등장과 테슬라를 연결해 설명해보겠습니다.

테슬라의 전기차를 '바퀴 달린 아이폰' 또는 '바퀴 달린 컴퓨터'라고도 하지요. 아이폰은 전화기라기보다는 '통화 기능도 있는 컴퓨터'에 가깝습니다. 테슬라의 전기차 역시 마찬가지입니다. 단순히 내연기관(가솔린·디젤 엔진) 자동차에서 엔진·변속기·연료탱크·배기계통을 덜어내고 모터·배터리로 바꾼 게 아닙니다. 강력한 성능의 전자제어유닛ECU, Electronic Control Unit이 장착돼 있는 '움직이는 거대한 컴퓨터'입니다. ECU가 차량 곳곳에 설치된 센서(물리적 상황을 전자신호로 바꿔주는 장치), 액추에이터(전자신호를 물리적 움직임으로 바꿔주는 장치) 등과 연결돼 차량의 각종 기능을 중앙에서 통제·제어합니다. 테슬라 이외에 지구상의 어떤 차량도 중앙의 한 곳에서 차량의 모든 기능을 통제·제어하는 통합형 ECU를 갖고 있지 않습니다. 각각의 기능에 따라 별도의 ECU가 존재하는 형태죠.

테슬라 차량은 이처럼 진보된 ECU를 통해 다른 차량들이 못 하는 일을 합니다. 외부와 데이터를 주고받아 차량 기능을 업그레이드하고 새로운 서비스를 아주 쉽게 구현할 수 있습니다. 이는 아이폰이 운영체제(iOS)를 무선으로 업그레이드해 더 나은 기능을 제공하고, 앱마켓을 통해 이전에는 불가능했던 서비스 생태계를 만든 것과 비슷합니다.

또 테슬라는 2020년 말 기준 전 세계에 깔린 130만 대의 자사 전기차를 통해 주행 데이터를 수집합니다. 이렇게 모은 엄청난 용량의 주행 정보를 딥러닝deep learning(컴퓨터가 방대한 데이터를 스스로 분석해 배우는 기술)을 통해 학습하는 과정을 반복하면서 자율주행 기술을 발전시켜나가고 있지요.

아이폰과 닮은 테슬라 vs
피처폰 수준에 머물러 있는 기존 업체들

자동차 업계의 기존 업체들은 2007년 아이폰이 등장했을 때의 피처폰 업체들과 비슷합니다. 아이폰이 등장하기 전까지 피처폰 업계를 주름잡던 업체들은 아이폰이 만들어낼 수많은 부가가치를 제대로 이해하지 못했지요. 대표적인 예가 노키아입니다. 세계 시장의 40%를 장악했던 '피처폰의 거인' 노키아는 아이폰이 나온 뒤에도 그 가치를 깎아내리고 무시했습니다. 하지만 아이폰 출현 이후 딱 6년 만에 노키아의 휴대전화 사업부가 마이크로소프트MS에 매각되면서 공중분해됐지요. 당시 저는 핀란드 헬싱키 근교에 있는 노키아 본사를 취재하면서 그 참상을 똑똑히 목격했습니다. 불과 몇 년 전까지만 해도 '넘사벽'으로 불리던 한 거대 기업이 어떻게 순식간에 무너질 수 있는지를요.

이미 '테슬라 쇼크'의 영향이 속속 드러나고 있습니다. 2020년 7월 테슬라는 도요타를 누르고 세계 자동차 업계 시가총액 1위 기업에 올랐습니다. 도요타는 한 해에 1,000만 대 정도를 팝니다. 2019년 기준으로 테슬라보다 25배나 많은 차를 팔았습니다. 게다가 이제 막 수익을 내기 시작한 테슬라와 달리, 도요타는 연간 영업이익만 25조 원 이상 내는 초우량 기업입니다. 도요타의 영업이익이 테슬라의 매출과 비슷한 수준이죠. 그런데도 투자자들이 테슬라의 주가를 도요타보다 더 높이 평가한 것은 왜일까요? 도요타는 정점을 찍고 이제 내려갈 일만 남은 반면, 테슬라는 이제부터가 시작이라는 생각에서일 겁니다. 당장의 가치보다는 미래가치에 대한 기대가 아주 많이 반영되어 있다고 할 수 있겠지요.

일부 지역이긴 하지만, 전기차 보급에 대해서는 테슬라발 시장 변화가 터닝포인트를 맞기도 했습니다. 2020년 1분기, 테슬라 본사가 있고 친환경차와 혁신기술에 대한 선호도가 높은 미국 캘리포니아에선 테슬라 주력 차종인 '모델3'가 도요타 '캠리'보다 더 많이 팔렸습니다. 캠리는 미국에서 대중 패밀리세단의 교과서와 같은 존재입니다. 그런데 모델3가 캠리보다 더 많이 팔렸다는 것은, 그 지역에선 테슬라 차량이 그저 전기차 시장 1위가 아니라 이미 베스트

그림 0-3 최근 4년 테슬라 실적 추이

(단위: 달러)

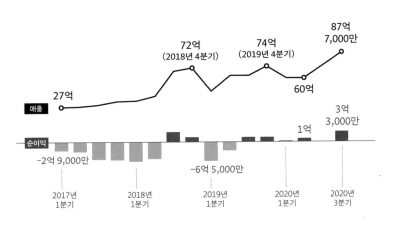

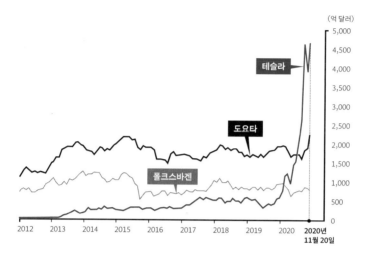

그림 0-4 테슬라, 도요타(기존 업계 1위), 폴크스바겐(2위)의 시가총액 비교

(억 달러)

출처: 주간지 도요게이자이(東洋經濟)

시가총액은 테슬라가 압도적으로 높지만, 매출액은 여전히 도요타 등이 훨씬 앞서 있다. 2020년 3분기 매출 기준 테슬라는 88억 달러인 반면 도요타는 653억, 폴크스바겐은 617억 달러다.

셀러 차종이 됐음을 의미합니다. 한국 시장에서도 이런 모습이 보입니다. 2020년 상반기에 모델3는 내수 점유율 80%를 자랑하는 현대·기아차의 전기차를 제치고 전기차 판매 1위(7,000대)에 올랐습니다. 전체 수입차 모델별 판매에서 3위를 차지하기도 했죠.

사실 테슬라는 기존 자동차 회사의 범주에서 비교하는 게 맞지 않을 수도 있습니다. 비즈니스 모델 자체가 많이 다르기 때문입니다. 기존 자동차 회사는 자동차라는 제품을 팔아 수익을 내는 비즈니스를 합니다. 하지만 테슬라가 추구하는 모델은 그렇지 않습니다. 컴퓨터가 탑재된 전기차를 최대한 많이 보급한 뒤에 이 차량들을 통한 서비스로 돈을 버는 게 목적입니다. 즉 테슬라의 전기차는 모빌리티 서비스를 위한 도구일 뿐입니다. 다만 이 도구를 더 빨리 보급하기 위해선 차의 가격을 낮춰 더 많은 고객이 살 수 있게 만들어야겠지요. 그렇게 하려고 원가절감도 열심히 하고, 더 많은 배터리를 더 낮은 가격에 장착하기 위해 기술 혁신을 추구하고 있는 겁니다.

물론 피처폰이 스마트폰으로 바뀐 것과 같은 일이 자동차 업계에서 앞으로 몇 년 안에 일어나진 않을 겁니다. 매년 모델이 바뀌는 스마트폰과 달리, 자동차는 신모델 주기가 4~6년으로 훨씬 기니까요. 또 세계에는 이미 10억 대 이상의 내연기관차가 깔려 있고, 평균 보유연한도 13년이나 됩니다. 따라서 테슬라 등 전기차의 보급이 주류 시장을 뒤바꿀 임계량critical mass에 도달하기까지는 아직 시간이 좀 있습니다. 그러나 시간이 남았다는 것이 대비하기에 여유가 있다는 뜻은 아닙니다.

테슬라가 '자동차의 애플'이 된다면, '자동차의 구글과 삼성'이 될 기업은?

그렇다면 앞으로 어떤 일이 벌어질까요? 만약에 테슬라가 자동차

입계의 애플 같은 존재로 계속 성장한다면, 다른 자동차 회사들은 어떻게 될까요? 삼성전자가 애플과는 다른 운영체제(구글 안드로이드)를 탑재한 뛰어난 제품을 만들어 살아남고 오히려 성장했듯이, 다른 자동차 업체들 가운데 이 위기를 오히려 기회로 만드는 곳이 나타날까요? 노키아가 그랬듯이 몰락해갈까요, 아니면 기존 자동차 회사들이 오히려 테슬라를 제압하고 최종 승리자가 될 수 있을까요?

모든 시나리오가 가능하겠지만, 기존 자동차 기업들이 결코 여유 부릴 때가 아니라는 경고가 나오기도 했습니다. 2020년 2월 일본의 자동차 전자장비 분야 일류 엔지니어들이 모여 테슬라의 전기차 모델3를 뜯어본 뒤 보고서를 내놨습니다. 보고서는 '모델3의 컴퓨터 보드 성능이 폴크스바겐·도요타보다 최소 6년 앞섰다'라고 평가했습니다. '기존 자동차 회사들의 현행 개발체제로는 테슬라를 못 따라간다'라는 비관적 전망까지 담겨 있었죠.

그 이유는 기존 자동차 회사의 전자제어 시스템이 내연기관차 위주로 짜여 있어서 테슬라처럼 백지상태에서 원하는 그림(고성능 컴퓨터)을 빠르게 그려나가기가 대단히 어렵기 때문입니다. 노키아가 업계 최고의 엔지니어 조직과 자본력을 갖고 있으면서도 신참 애플에 속절없이 무너진 것과 비슷한 맥락이죠.

제가 만난 국내 자동차·IT 업계 관계자 대부분은 테슬라 쇼크를 심각하게 받아들였습니다. 한 대형 부품사 고위 임원은 "자동차에서 컴퓨터와 소프트웨어가 중요해지면서 전통 자동차 산업의 공급사슬supply-chain이 급속히 해체될 위기에 놓였다"라고 말했습니다. 자동차 전자장비 개발사의 팀장급 엔지니어는 "테슬라에 들어간 인공지능AI반도체에 공포감을 느꼈다"고 밝히기도 했습니다. 이런 것 하나 설계하려면 돈도 수천억 원이 들어가지만, 국내에선 일류 설계팀을 꾸리는 것조차 어렵다는 얘기였습니다. 당장의 수익보다 미래를 내다보고 자원을 쏟아붓는 리더십 없이는 꿈도 꾸지 못할 일이라고도 했습니다.

한 베테랑 컨설턴트는 "기존에 시장을 지배하던 자동차 회사와 신기술로 무장한 대형 부품사, 신흥 소프트웨어 업체 사이에서 일어날 주도권 다툼이 볼 만할 것"이라고 했습니다. 글로벌 대형 팹리스(반도체 설계 전문 업체) 고위 임원은 "자율주행 기술 경쟁에서 뒤처지는 자동차 회사는 5년 내 시장에서 사라질 수도 있다"라고 했습니다.

또 하나 흥미로웠던 얘기는 '자동차 회사는 테슬라를 증오하지만, IT 회사는 테슬라를 사랑한다'라는 것이었습니다. 자동차 회사는 테슬라가 자동차 업계의 애플이 되는 걸 원치 않겠지만, IT 쪽에선 내심 바란다는 겁니다. 그래야 자신들도 자동차 업계의 구글 안드로이드 같은 존재가 될 여지가 있다는 거죠.

테슬라 쇼크,
삼성·현대차·LG·SK·네이버·카카오 등에 모두 미칠 것

이미 국내 업계에서도 테슬라가 먼저 치고 나가면서 자동차 업계 게임의 룰이 통째로 바뀌고 있다고 생각하는 사람들이 많습니다. 대비하고 반격하든지 아니면 망하든지, 둘 중 하나라는 위기의식이 존재합니다.

테슬라 쇼크가 치명적인 것은 이런 변화가 자동차 산업에만 국한된 것이 아니기 때문입니다. 자동차·데이터 플랫폼·에너지·통신을 하나의 비즈니스로 연결해 기존에 불가능했던 부가가치를 창출해낼 수 있으니까요. 그렇게 함으로써 각 분야 기존 사업자들의 경쟁력을 무력화할 수 있습니다. 앞서 테슬라 쇼크가 한국의 산업 전반에 영향을 미칠 수 있다고 말한 이유가 바로 이것입니다. 테슬라의 CEO 일론 머스크는 자동차에서 발생하는 엄청난 정보를 기반으로 한 데이터 플랫폼 비즈니스, 그리고 이와 필연적으로 연결되는 에너지(전기차 충전, 태양광 발전 등), 통신(지구 저궤도에 인공위성 1만 2,000개를 띄워 전 세계를 5G 수준의 단일 통신망으로 연결하는 스타링크 프로젝트) 사업을 동시에 진행하고 있습니다. 각각의 사업은 테슬라 이외에도 머스크가 소유한 태양광 에너지 기업 솔라시티, 우주·로켓 기업 스페이스X 등을 통해 착착 진행되고 있지요. 머스크에게 전기차 보급은 자동차·데이터 플랫폼·에너지·통신을 하나로 묶는 원대한 계획의 시작일 뿐입니다.

즉 테슬라 쇼크는 인류의 3대 산업군인 모빌리티·에너지·통신이 하나로 통합돼 강력한 경쟁력을 갖게 됐을 때, 기존 산업이 받게 될 충격이라고도 볼 수 있습니다. 테슬라가 몰고 올 충격은 자동차뿐 아니라 모빌리티 산업 전반을 포함한 서비스 산업의 변화, 사회 변화를 동반할 것입니다. 따라서 그 여파는 국내 산업에 전방위적으로 미칠 가능성이 큽니다. 한국의 4대 그룹, 즉 삼성·현대차·LG·SK도 모두 직접 연관될 가능성이 크고 네이버·카카오 같은 IT 대기업도 충격을 피하기 어려울 겁니다. 공유·구독경제의 근간을 흔들 가능성이 있습니다. 2020년 하반기부터 테슬라가 미국을 시작으로 자사 차량 기반의 자동차보험 사업을 시작했는데요. 자동차보험 산업을 기점으로 각종 서비스 산업 영역에도 테슬라가 침범해 들어올 수 있습니다.

우선 모빌리티 분야에서 내연기관차에서 전기차로의 전환 속도는 앞으로 점점 빨라지겠지요. 대부분의 선진국에서 2030년대 또는 2040년대까지 내연기관 자동차의 신규 판매를 불허하겠다는 방침을 세우고 있기 때문입니다. 내연기관차로 돈을 버는 기존 자동차 회사들에는 변화 아니면 죽음을 의미하는 방침이죠.

국내 석유화학 기업도 당장 발등에 불이 떨어졌습니다. 산업 고도화에 제대로 대비하지 못하면 도태될 위험에 놓였습니다. 글로벌 오일 메이저인 영국 브리티시페트롤리엄^{BP} 같은 곳은 자해^{自害} 수준의 자기반성 보고서까지 내놓은 상황입니다. BP는 2020년 9월 보고서에서 '석유 수요가 점차 줄어든다는 것은 확정적'이라고 전망했습니다. 세 가지 시나리오로 향후 30년의 수요를 전망했는데, 세 시나리오 모두 석유 기업에 비관적입니다. 가장 낙관적인 시나리오에서조차 석유 수요가 2030년부터 꺾이는 것으로 나왔습니다. 2019년이 석유 수요의 정점이었고 이제 줄어들 일만 남았다는 분석도 있습니다.

게다가 테슬라는 자체 충전망으로 운영되며, 통신도 자체 해결하겠다는 계획입니다. 테슬라의 자체 통신망이 현실화되고 또 한국에 테슬라 차량이 급격히 늘어난다면, 국내 기업들의 텃밭인 전기·통신 분야에도 태풍이 몰아칠 것입니다.

애플의 아이폰이 등장하기 전, 국내 통신사들의 데이터 요금 '배짱 장사'를 기억하시나요? 아이폰이 등장한 덕분에 그 극악했던 데이터 요금 등이 낮아지는 효과를 봤지요. 테슬라 때문에 앞으로 국내 통신 시장이 서비스·비용의 무한 경쟁에 다시 한번 돌입하게 될지 모릅니다.

또 하나 걱정되는 것이 AI반도체, 소프트웨어 플랫폼 분야입니다. 한국은 메모리반도체는 세계 점유율 1등이지만, 메모리에 비해 규모가 더 크고 앞으로 더 많이 성장할 것으로 예상되는 시스템반도체 분야에서는 아직 존재감이 별로 없습니다. 시스템반도체 중 가장 유망한 분야가 인공지능AI을 운용하는 데 최적화된 반도체, 즉 AI반도체인데요. 테슬라는 이미 최고 수준의 AI반도체를 자체 개발해 자사 차량에 탑재하고 있지요.

한국은 글로벌 '톱 5'에 들어가는 자동차 회사(현대·기아차)를 보유하고 있죠. 그렇지만 내연기관차, 가성비, 디자인 경쟁력 등을 위주로 성장해왔기 때문에 테슬라보다 소프트웨어·IT 역량이 많이 모자랍니다.

국내 배터리 3사에는 큰 기회이지만, 국내 기업의 소프트웨어 역량 부족이 문제

물론 전기차라는 하드웨어의 보급이 늘어나는 것은 한국 기업에도 큰 도움이 됩니다. 한국은 LG화학, 삼성SDI, SK이노베이션이라는 제대로 된 배터리 기업을 갖고 있으니까요. LG화학이 전기차 배터리 세계 시장에서 중국의 CATL, 일본의 파나소닉과 3강 구도를 형성했고요. 삼성SDI와 SK이노베이션도 이미 '톱 10' 안에 진입했습니다. 조만간 국내 배터리 3사가 글로벌 '톱 5'에 모두 진입할 수도 있습니다.

국내 기업들이 전기차의 핵심 부품인 배터리 시장을 선점해나가고 있다는 것은 매우 고무적인 성과입니다. 또 자동차가 전자제품화하면서 디스플레이·인포테인먼트·반도체 등의 수요가 늘고 있는데, 이 부분은 모두 한국이 강하죠. 자동차 강국인 유럽과 미국에는 한국과 견줄 만한 배터리 기업이 아직 없습니다. 글로벌 시장조사업체 IHS마킷IHS Markit은 전기차 배터리 시장 규모가 연평균 25%씩 성장해 2025년 1,600억 달러(약 176조 원)에 달할 것으로 전망합니다. 2025년 1,490억 달러(약 164조 원)로 예측되는 메모리반도체 시장보다 더 큰 것입니다. 한국 최대 수출 품목이 메모리반도체에서 전기차 배터리로 바뀌는 지각 변동이 일어날 수도 있다는 뜻입니다.

2017년에 스위스 투자은행 UBS가 전문 그룹에 의뢰해 GM의 전기차 '볼트'를 뜯어 원가 분석을 했습니다. 당시 차량 전체 원가에서 LG화학이 납품한 배터리 비중이 43%, LG화학을 제외한 LG그룹에서 납품한 전동·전자 부품 비중이 13%였다는 내용이 화제가 되기도 했죠. 전체 원가의 56%가 '메이드 바이 LG'였던 겁니다. GM 자체 조달은 11%, 기존 협력업체 비중은 28%에 불과했습니다. 이 정도의 비율을 유지하긴 어렵다고 해도, 우리 기업들이 배터리와 자동차 디스플레이·인포테인먼트 부문에서 기술 개발과 투자에 집중한다면 앞으로도 꽤 오랫동안 많은 열매를 딸 수 있을 겁니다.

이렇듯 테슬라의 성장, 그리고 전기차의 보급은 배터리 등 핵심 부품을 제공하는 한국의 부품사 차원에서는 큰 기회입니다. 하지만 문제는 그것이 다가 아니라는 데 있습니다. 앞서 말씀드린 대로 테슬라는 연간 7,000조 원까지 성장할 것으로 예상되는 세계 모빌리티 서비스 시장의 맹주가 되려고 합니다. 이를 위해 고성능 컴퓨터가 탑재된 전기차라는 디바이스를 가장 빨리 보급하고, 데이터 플랫폼 비즈니스를 펼치려고 하지요. 지구상의 어떤 기업도 테슬라처럼 모빌리티 서비스 구현을 위한 모든 단계, 즉 에너지부터 전기차·컴퓨터·소프트웨어·운영체제·자율주행·통신 등을 혼자 다

하지는 못합니다. 테슬라가 추구하는 비즈니스 모델은 원래 각각의 사업자가 존재하는 영역입니다. 테슬라는 이것을 자체적으로 통합해 하나의 서비스로 엮고 있죠.

바로 여기에 한국의 고민이 있습니다. 혹자는 국내 기업이 힘을 합쳐 테슬라에 맞서면 된다고 말합니다만, 쉽지 않습니다. 예를 들어 한국 시장에서 전기차는 현대자동차, 충전은 한국전력을 포함한 수많은 사업자, 통신은 SK텔레콤·KT·LG유플러스, 반도체는 삼성전자 등으로 나뉘어 있지요. 따라서 이런 기업들이 대對테슬라 연합을 결성한다는 것은, 각각의 이익을 협의하고 조율해서 하나의 목표로 빠르게 나아가는 것을 의미할 텐데요. 현실적으로는 뭉치기도 어렵고, 또 단순합산 개념으로 뭉친다고 해서 승산이 있을 것 같지도 않습니다. 왜냐하면 테슬라의 경쟁력은 물리적으로 전기차의 각 부품을 합쳐놓은 것에만 있는 게 아니기 때문입니다. 그보다는 눈에 보이지 않는 소프트웨어와 사업 시스템이 더 중요하지요.

그렇다고 가만히 있을 수는 없죠. 기존 체제를 유지하는 것만으로 한국이 계속 발전할 수 있다면 좋겠지만, 그건 어렵습니다. 현상 유지는 퇴보일 뿐이죠. 특히 세계적인 수요 부족, 공급 과잉 시대에 '양질의 일자리를 어떻게 늘릴 수 있을 것인가'에 대해 심각한 고민과 변화가 필요합니다.

이미 전 세계적으로 일자리에 큰 변화가 몰려오고 있습니다. AI와 하이테크high-tech의 발전에 따라 단순 조립업 종사자의 수와 가치는 급격히 줄고 있습니다. 블루칼라만이 아닙니다. 이른바 팡FAANG,

Facebook·Amazon·Apple·Netflix·Google 류의 데이터·콘텐츠 플랫폼 기업에서 일하는 엔지니어들의 수요와 급여는 올라가는 반면, 과거에 고연봉을 받았던 화이트칼라 직군에서는 일자리와 급여 감소가 급격히 일어나고 있습니다.

한국은 이런 산업 기반이 아직 유지되고 있는 편이죠. 하지만 고용 유연성이 상대적으로 떨어지기 때문에 그 여파가 아직 심각하게 느껴지지 않는 것뿐일지도 모릅니다. 미국 등에서 일어나고 있는 이런 고용의 변화가 한국에도 곧 불어닥칠 가능성이 있습니다.

한 개인이 만들어낸 꿈의 크기와 힘이 산업과 사회를 바꾼다

그렇다면 한국이 테슬라 쇼크에 맞서기 위해선 어떤 것이 필요할까요? 결국 테슬라 쇼크에서 우리가 무엇을 느끼고, 무엇을 얻을 것인가의 문제로 귀결됩니다. 스티브 잡스 이후 21세기 최고의 비저너리 CEO라는 일론 머스크에게서 무엇을 배울 것인가의 문제이기도 합니다.

21세기 AI 시대에는 문제를 기존 틀의 연장선에서 해결하는 게 아니라 문제를 아예 새로 설정하는 능력이 중요하다고 하죠. 그 작업을 가장 잘하는 기업가가 머스크가 아닐까 싶습니다. 상대방 또는 기존 업계가 일해온 방식을 답습하는 게 아니라 처음부터 문제를 다시 설정하고, 시간이 걸리고 어렵겠지만 자신의 속도대로 자신의 세상을 만들어나가는 것입니다. 그래서 결국은 기존 업계가 따라오게 만드는 거죠.

테슬라에 맞서는 한국 기업에도 마찬가지가 요구된다는 것입니다. 즉, 기존의 틀을 깨고 문제를 새로 설정하고 실행해나가는 능력이죠. 그리고 그 능력은 결국 기업, 기업가에게서 나올 수밖에 없습니다. 한국이 테슬라 쇼크에 맞서려면 결국 기업가정신에 기댈 수밖에 없습니다. 새로울 것은 없지요. 정부도 아니고 다른 어떤 것도 아니고, 기업과 기업가입니다. 테슬라와 일론 머스크처럼 말입니다.

물론 테슬라 같은 기업이 죽지 않고 산업의 맥을 바꿀 수 있도록 지원하는 미국이라는 나라의 자본과 시스템의 힘도 중요합니다. 하지만 테슬라가 그동안 죽지 않고 계속 성장해온 것이 정부나 투자자의 힘만은 아니죠. 그보다 훨씬 중요한 것은 머스크라는 기업가의 비전과 의지와 실행력입니다. 결국은 기업가가 돌파할 수밖에 없는 거죠. 혁신을 통해 더 나은 일자리를 만들어내는 것은 결국 기업가가 할 수 있습니다. 우리가 테슬라에서 얻을 것은 머스크라는 한 개인이 만들어낸 꿈의 크기와 힘, 이를 통한 산업과 사회적 변화의 가능성입니다.

테슬라는 2003년 설립됐고, 머스크가 합류한 건 2004년입니다. 모델S가 나온 게 2012년이고, 첫 보급형 전기차 모델3가 보급된 게 2019년입니다. 100여 년 자동차 산업 역사, 좀처럼 신규 참여를 허용하지 않았던 이 철옹성의 산업에 테슬라가 뛰어든 지 10여 년밖에 안 됩니다. 그런 테슬라가 이렇게 세계 자동차 산업은 물론 에너지·통신·서비스 업종 전반에 폭풍을 몰고 올 것인지 다각적으로 분석해볼 필요가 있습니다.

이 책은 테슬라의 비즈니스 모델이 정확히 무엇인지, 왜 전기차인지, 왜 다른 자동차 업체가 따라가는 게 쉽지 않은지, 테슬라가 목표로 하는 전기차+자율주행차의 최종 목표는 무엇인지, 여기에서 한국이 무엇을 놓치고 있는지, 지금부터 무엇을 생각해야 하는지에 대해 알아보는 것이 목적입니다. 테슬라 쇼크의 본질부터 어떻게 대비해야 하는지까지, 5개 장으로 나누어 주제별로 얘기해보겠습니다.

테슬라, 업의 본질을 재정의하고
패러다임을 바꾸다

2장
테슬라의 진짜 경쟁력은
눈에 보이지 않는 곳에 있다

3장
모빌리티 혁명을 주도하는 테슬라,
그리고 나머지 선두 기업

TESLA

**1장 테슬라,
업의 본질을 재정의하고
패러다임을 바꾸다**

SHOCK

TESLA SHOCK

테슬라는
과거 100년의
자동차 비즈니스와
무엇이 다른가

테슬라를 이해하려면, 무엇보다 이 회사의 비즈니스 접근법이 지난 100년간 축적돼온 기존 자동차 회사의 접근법과 근본적으로 다르다는 점을 알아야 합니다.

기존 자동차 회사는 자동차를 대량으로 만들고 대량으로 팔아서 돈을 법니다. 애프터 서비스 부문에서 부품을 팔아 수익을 거두거나 공임으로 돈을 벌기도 하지만, 더 매력적인 자동차를 더 저렴하게 만들어 조금이라도 비싼 값에 판매함으로써 영업이익을 높이는 게 핵심이죠.

자동차 회사는 브랜드 홍보를 위해 아주 많은 돈을 쓰지요. 브랜드 가치를 높이면 비슷한 품질과 성능의 차를 만들더라도 더 비싸게 팔 수 있으니까요. 소비자들이 프리미엄에 대한 추가 비용을 내는 거죠. 그래서 자동차 회사들이 그렇게 광고를 많이 하고, 유명 자동차 대회에 출전해 좋은 성적을 내려고 하고, 스포츠 대회도 후원하고 그러는 겁니다.

따라서 도요타나 현대자동차 같은 대중차 브랜드는 제조원가를 낮추고 비슷한 차를 더 대량으로 만들어 팔아 규모의 경제를 이루는 데 중점을 두게 됩니다. 아무래도 벤츠나 BMW 같은 독일 고급차 브랜드만큼 비싼 값에 차를 팔 수 없으니 그런 식으로 영업이익을 높이는 거죠.

그런데 이런 방식은 하루아침에 만들어진 것이 아닙니다. 지금처럼 엔진과 변속기를 차대(플랫폼)에 얹어 대량으로 생산한 뒤 대량으로 판매하는 형태는 100여 년 전 포드자동차에서 생산된 자동차 '모델T'에서 비롯됐다고 할 수 있습니다. 모델T는 1908년부터 1927년까지 19년간 무려 1,500만 대나 생산됐습니다. 지금 자동차 회사 조립 라인의 기본 시스템인 컨베이어벨트 방식이 이때 처음 도입됐지요. 그 방식이 좀더 개선된 것이 그 유명한 도요타생산방식TPS, Toyota Production System이고, 이를 미국 MIT와 산업계가 재도입해 린생산방식Lean Production System을 만들었습니다. 기존 자동차 회사의 생산·판매 모델이 지난 100여 년간 근본적으로 달라지지 않았다는 얘기입니다.

이처럼 대량생산과 판매로 마진을 남기는 자동차 산업에서는 신규 참여자가 합류하기도 어려울뿐더러 살아남기는 더더욱 어렵습니다. 일단 엔진·변속기·차체 등을 저렴하게 대량으로 만들려면 오래도록 축적된 자체 기술을 갖춰야 하고 엄청난 자본을 투입해야 하는데, 이 과정을 견뎌내기가 거의 불가능에 가까운 일이기 때문입니다. 게다가 미국·유럽·일본 등의 기존 플레이어들이 시장에 새로 진입하려는 회사를 가만두지 않지요. 오랫동안 쌓아온 가격 경쟁력과 시장 지배력, 부품 공급사 장악력 등으로 경쟁자를 죽인 사례가 자동차 산업 역사에 무수히 많습니다. 세계 주요 자동차 업체 가운데 제2차 세계대전 이후 완전히 새로 생긴 업체로 한국의 현대자동차(1967년 창립)가 유일하다는 것이 이를 증명합니다. 글로벌 메인 플레이어가 이렇게나 오랜 기간 바뀌지 않고 지속된 업종도 다시 없을 겁니다.

차량을 넘어
모빌리티 서비스의 기반이 되는
테슬라의 전기차

테슬라는 기존 자동차 회사의 방식과 다릅니다. 즉, 자동차를 서비스의 수단으로 봅니다. 기존 업체들의 미션은 사실상 차를 파는 것에서 완료됩니다. 즉, 그들의 관점에서 자동차 사업의 정의는 소비자들이 사줄 만한 차를 만들어 판매하는 겁니다. 더 저렴하게 만들어서 더 비싸게 팔아 마진을 남기는 것이 수익 모델이죠.

물론 테슬라로서도 차를 더 매력적으로 만들면서 원가를 줄이는 것은 중요합니다. 테슬라의 전기차는 배터리와 고성능 모터뿐 아니라 값비싼 고성능 컴퓨터와 센서 등이 기본으로 탑재되기 때문에 제조원가가 일반 차량보다 높은 편입니다. 그렇다고 다른 회사의 차보다 너무 비싸게 팔면 소비자가 선택을 해주지 않겠지요. 하지만 테슬라가 원가를 고민하는 건 어디까지나 전기차를 많이 보급해 이를 기반으로 서비스 사업을 더 제대로 하기 위함이지, 차량 자체의 판매 마진을 늘리기 위한 것이 아닙니다. 다만 밑지고 팔거나 차량 판매에서 수익을 내지 못한다면 자신들이 원하는 수익 모델을 구축하기도 전에 회사가 망할 수도 있을 테니, 사업을 지속하기 위해 제조원가를 낮추고자 하는 거라고 이해하면 됩니다.

그럼 테슬라가 어떻게 기존 자동차 회사를 이길 수 있다는 것인지, 테슬라 입장에서의 전략으로 설명해볼까요?

'현재 1등이 잘하는 방식으로 백날 갈고닦아봐야 이기기 어렵다. 기존의 연장선 위에서만 과제를 풀려고 하지 말고, 과제를 아예 새로 설정하는 능력이 필요하다.'

전략의 기본이지만 실천하기는 어려운 것에 대해 얘기해보겠습니다. 왜 테슬라가 혁신성이나 매력뿐 아니라 실제 '가격 경쟁력'에서도 도요타를 이길 가능성이 있는지에 대해서입니다.

우선 자동차 업계에서 무엇보다 중요한 '원가'라는 개념을 생각해보죠. 대부분 제조업이 그렇지만, 자동차 산업에서는 특히 원가가 생명선입니다. 내연기관차는 1대당 2만 개에서 3만 개의 부품이 조립돼 만들어지기에 '제조업의 종합예술'이라고도 불릴 정도니까요. 누가 더 저렴하게 더 좋은 제품을 만드느냐가 경쟁력의 핵심이죠. 대중차만 그런 게 아니고 벤츠나 BMW 같은 고급차 브랜드도 마찬가지입니다. 고급차라고 해도 시장에서 받아들일 수 있는 가격엔 한계가 있죠. 그 한계 내에서 더 고급스럽게, 게다가 요즘 필수인 인포테인먼트·주행보조장치까지 더 좋은 것을 집어넣어서 시장에 내놓아야 겨우 소비자 눈에 들 수 있습니다. 그러려면 모든 게 돈, 돈이죠. 제조원가를 낮추지 못하면 이런 장비를 다 넣으면서도 경쟁력 있는 가격에 차를 내놓을 수 없게 되고, 그러면 제아무리 프리미엄 자동차라고 해도 도태되고 말 겁니다.

자동차 원가 경쟁이 얼마나 치열하냐면, 단가 몇 원 또는 몇십 원을 아끼기 위해 업체들끼리 '박 터지게' 싸운다는 겁니다. 예를 들면 어떤 버튼에 라이트를 내장하느냐 마느냐, 스티어링휠에 회사 로고를 그냥 찍느냐 아니면 금속 재질로 한 번 씌우느냐와 같은 결정이 원가 계획에서 아주 큰 문제에 속할 정도입니다. 그렇게 하지 않으면 살아남기 어려울 만큼 엄청나게 치열한 시장이라는 거죠.

이런 원가 경쟁력의 노하우는 지난 100년간 자동차 역사에서 계속 발전해왔는데요. 이 노하우의 정점을 찍은 회사가 도요타입니다. 부품과 제조 과정의 원가를 줄이고 또 줄여 소비자에게 경쟁사보다 낮은 가격, 또는 같은 가격에 더 높은 가치를 담은 차를 제공해왔습니다.

도요타가 기존 업계 1등인 이유, 그리고 1등을 뛰어넘을 방법

도요타 가격 경쟁력의 근본은 '도요타생산방식TPS'이라고 불리는 '낭비 줄이기' 노하우에 있는데요. 'TPS의 아버지'로 불리는 오노 다이이치大野耐一 전 도요타 부사장 때 집대성된 이후 지난 반세기 동안 끊임없이 진화하며 지금에 이르렀습니다. 앞서 말씀드렸듯이 TPS는 미국·독일 업체들도 오랫동안 배워왔고, 특히 미국에선 '린 생산방식'이라고 해서 TPS를 현지화해 꽤 효과를 보기도 했지요. 물론 TPS의 근원을 따지고 들어가면 100년 전 포드의 생산방식으로 이어지겠지만 말입니다.

한국에서도 지난 수십 년간 수백만 명이 일본 연수도 가고, 교육과정·세미나·강연에 참석해 TPS를 배웠습니다. 하지만 결과가 그리 신통치 못한 듯합니다. TPS의 겉모습을 배운다고 해서 도요타만큼 할 수 있는 건 아니거든요. 결국은 철학이고 문화이기 때문에 구성원이 마음으로 받아들이지 않으면 100% 효과를 내기 어려운 시스템이죠. TPS 배운다고 돈만 잔뜩 들이고 효과는 제대로 못 낸 대한민국 기업들이 허다합니다.

근본적인 것을 생각해보면, TPS의 본류이자 원가 경쟁력 측면에서 세계 최고인 도요타를 따라 한다고 해서 도요타를 이기긴 힘듭니다. 전략의 기본이죠. 1등이 하던 방식을 그대로 따라 한다고 1등이 되는 건 아닙니다. 이제까지 잘해왔고 지금도 쉬지 않고 단련해

나가는 1등을 어떻게 이기겠습니까.

그래서 자동차 업계에서는 아주 오랫동안 도요타의 시가총액이 글로벌 1위였던 겁니다. 도요타는 연간 1,000만 대 정도를 만들지만, 폴크스바겐은 물론이고 르노·닛산·미쓰비시 연합도 다 그 정도는 만듭니다. 그런데도 도요타 시가총액이 압도적으로 높았던 것은 물량뿐 아니라 원가 경쟁력, 이익 창출 능력이 최고라고 인정받았기 때문입니다.

이런 구조에서는 도요타가 스스로 넘어지기 전엔 누구도 1등 자리를 빼앗을 수 없습니다. 그런데 도요타는 자만하는 법이 없거든요. 오늘도 열심히 원가절감 활동을 하고, 고객을 위해 노력하고 또 노력합니다. 창업자의 직계 손자인 현 도요다 아키오豊田章男 사장 이하 37만 전 직원이 일심동체가 되어 열심히 달리고 있습니다. 이래서는 자동차 업계 1등을 빼앗을 가능성이 거의 없지요. 어떻게 해야 할까요?

2018년에 손태장孫泰蔵(일본명 손타이조) 미슬토Mistletoe 회장을 싱가포르의 미슬토 본사에서 만났습니다. 재일교포 3세인 손태장 회장은 손정의孫正義(일본명 손마사요시) 소프트뱅크 회장의 친동생으로 열다섯 살 터울입니다. 자수성가한 재외동포 사업가 중 한국 국적을 유지하는 몇 안 되는 인물 중 하나이기도 하지요. 손태장 회장은 일본 최대 온라인 게임 업체인 겅호GungHo 온라인엔터테인먼트를 창업해 억만장자 반열에 올랐고, 현재는 이후 창업한 벤처투자사 미슬토를 경영하고 있습니다. 그는 제게 이렇게 얘기했습니다.

"세계에는 논리적 사고력이 뛰어난 엘리트들도 풀지 못하는 과제가 산더미처럼 존재한다. 정치·경제 상황에서 보듯 세계는 서로 관계를 맺으면서 많은 요소가 얽혀 돌아가는 복잡계다. 과제를 해결하기가 갈수록 어려워지고 있다. 그래서 나는 '과제 해결의 시대는 끝났다'라고 생각한다. 그렇게 말하면 '네? 지금부터가 과제 해결의 시대 아닌가요?'라고 물을지도 모른다. 하지만 사실은 과제를 '해결'하는 것이 아니라 과제를 새롭게 '설정'하는 힘이 중요한 시대인 거다."

이게 무슨 얘기냐고요? 한 가지 예를 들어보겠습니다. 서울 도심과 근교를 연결하는 전철·버스가 수용 인원을 감당하지 못해 심각한 문제라고 해보죠. 이 과제를 '해결'하는 일반적인 방법은 무엇일까요? 네, 철로나 도로를 늘리고 더 많은 교통편을 투입하는 겁니다. '이층버스는 이미 나왔고, 이것도 안 되면 이층전철을 만들어 수용 인원을 2배로 늘리면 어떨까?' 뭐 이런 식의 접근이 될 겁니다.

그러나 손태장 회장은 이런 식으로는 안 된다고 말합니다. 대신 과제를 새롭게 '설정'하라는 겁니다. 즉 '만원 전철과 버스로 사람들이 고통받는다면, 굳이 출근하지 않고도 쾌적하게 일할 방법을 찾으면 되지 않을까? 왜 모든 사람이 꼭 같은 시간대에 출퇴근을 해야 할까? 일하는 방식을 바꾸는 게 더 좋지 않을까?'라는 식으로 과제를 새롭게 설정하는 능력이 21세기에는 절대적으로 필요하다는 것입니다. 즉 인공지능이 갈수록 진화하는 시대에 인간이 가치를 인정받고 살아남으려면, 과제를 새롭게 설정하는 능력을 반드시 갖춰야 한다는 것입니다.

그럼, 이 글의 주제인 도요타와 테슬라가 '가격 경쟁력'을 바라보는 결정적 차이에 대해 얘기해보죠. 손태장 회장이 말한 대로, 21세기의 과제를 풀기 위해서는 전통적 방식의 해결이 아니라 과제를 새롭게 설정하는 능력이 중요하다는 것. 이를 테슬라의 사례를 통해 알아보겠습니다.

테슬라는 신생 자동차 기업입니다. 테슬라가 지금부터 도요타생산방식을 열심히 배우고 따라가서 원가를 낮춰 전기차를 판다고 생각해보죠. 그렇게 해서 도요타를, 또는 도요타가 앞으로 만들어낼 전기차를 가격으로 이길 수 있을까요? 일론 머스크는 생각했을 겁니다. '답이 안 나오는걸?'이라고요.

도요타는 자동차의 설계와 부품 구매 단계부터 개당 단가를 1원이라도 낮춰 최종 제품 경쟁력을 최고로 높이는 신기神技, 즉 이 목표를 향해 전 구성원이 하나의 생물체처럼 움직이는 놀라운 능력을 갖추고 있습니다. 테슬라가 똑같은 경쟁에서 어떻게 도요타를 이기겠습니까.

물론 일론 머스크는 드리머dreamer인 동시에 사업가이므로, 파트너와 가격 협상을 할 때 냉혹한 면을 보여준다고 합니다. 당연히 그래야겠죠. 그렇다고 해도 도요타를 이길 만큼은 안 될 겁니다. 도요타가 원가를 낮추는 방식은 매우 장기적이고 선행적이고 섬세하거든요.

그렇다면 테슬라는 어떻게 도요타의 무시무시한 원가 경쟁력을 이길 수 있을까요? 선동 방식으로는 해결할 수 없습니다. 아예 과제를 새로 설정해서 도요타가 따라올 수 없는 경쟁력을 구축해야 합니다.

무선 업데이트로
차량의 가치를 지속적으로
높이는 테슬라

일론 머스크는 원가 경쟁력에서 도요타를 이기기 위해 과제를 어떻게 새로 설정했을까요? 판매 단계에서 가성비가 가장 뛰어난 차를 제공하는 것이 아니라, 판매된 이후에 차의 가치가 계속 커지는 방식을 생각해냈습니다. 약간 어려운 말로 하면, '소유 기간 내의 총비용TCO, Total Cost of Ownership'이라는 관점에서 접근한 겁니다. 일반적인 차량은 구입 후 시간이 지날수록 감가減價가 일어납니다. 도요타처럼 내구성이 좋고 사람들이 많이 찾는 차는 감가율이 상대적으로 낮지만, 그래도 사는 시점부터 차량 가치가 계속 떨어진다는 점에서는 예외가 아닙니다.

머스크는 차량의 가격 경쟁력, 원가 경쟁력을 TCO의 관점에서 바라봤습니다. 그리고 IT의 힘을 통해 이를 어떻게 극복할 수 있을지 연구했죠. 일단 모델3처럼 차의 가격을 일반인이 구매할 수 있는 수준까지 낮추는 노력도 게을리하지 않았습니다만, 여기에 더해

차를 구입한 이후에도 가치가 좀처럼 떨어지지 않는 차를 제공하기로 한 겁니다. 그렇게 된다면 소비자는 초기에 가격이 조금 비싸더라도 테슬라 차를 구입해주겠지요. 차를 오래 타도 가치가 유지된다는 만족감을 느끼고, 혹시 나중에 되팔 때도 다른 차보다 더 많은 돈을 받을 수 있으니까요.

이는 현재 판매되는 모든 차 가운데 테슬라에서만 제대로 구현되는 차량 기능의 무선 업데이트^{OTA, Over The Air}를 통해 실현됩니다. 차를 새로 구입하지 않아도 OTA를 통해 차량 기능이 개선되기 때문에 가치가 유지되는 거죠. 특히 테슬라에 탑재된 주행보조기능은 업데이트를 통해 계속해서 성능이 더 좋아지고 있습니다. 탈 때마다 기능이 좋아지니까 차량 가치가 좀처럼 떨어지지 않습니다. 판매 시점의 가격을 도요타처럼 낮추기는 어렵더라도, 판매 이후 가치가 유지되고 오히려 더 좋아지니까 결국엔 테슬라가 도요타를 이길 수 있다는 논리입니다.

게다가 2020년 7월 22일 머스크는 테슬라의 2분기 실적발표 이후 콘퍼런스콜에서 다음과 같이 놀라운 이야기를 했습니다.

"풀 셀프 드라이빙^{FSD, Full Self Driving}이 앞으로 계속 발전하고 또 규제 문제만 해결된다면, 기존 테슬라 차량의 가치가 최소 5배 이상 상승할 수 있다."

참고로 테슬라의 주행보조기능은 두 가지로 나뉩니다. 기본적인 주행보조기능은 '오토파일럿'이라 부르며 모든 차량에 기본 탑재됩니다. 그리고 자율주행에 근접한 높은 수준의 주행보조기능이 바로 FSD인데, 모델3 기준으로 한국에선 900만 원을 더 줘야 합니다. FSD는 향후 지속적인 무선 업데이트를 통해 진짜 자율주행기능까지 제공하게 됩니다. 한마디로, 이 기능이 계속 발전하면 내가 산 차의 가치가 5배나 오를 수 있다는 겁니다. 예를 들어 5,000만 원 주고 산 차가 자율주행기능 업데이트를 통해 2억 5,000만 원의 값어치를 하는 차가 될 수도 있다는 얘기입니다.

이 무슨 황당한 이야기일까요? 구입한 차의 가치가 떨어지는 게 상식인데 오히려 크게 올라간다는 이 말을 곧이곧대로 믿어야 할까요? 물론 머스크 특유의 과장 화법을 고려할 필요는 있겠지만, 아주 말이 안 되는 것도 아닙니다.

지금은 규제나 기술적 한계로 운전자의 개입이 필요 없는 자율주행은 불가능하죠. 그런데 머스크의 말대로 이런 문제가 해결되어 내가 소유한 테슬라 차량이 업데이트를 통해 자율주행이 가능한 차로 바뀌었다고 생각해봅시다(현재 테슬라의 기술 수준에 대해선 꽤 논란이 있지만, 일부 전문가는 테슬라가 앞으로 구현할 가능성이 있다고 봅니다). 그러면 어떤 일이 가능할까요? 내가 차를 쓰지 않는 시간대에 '무인無人 우버'처럼 다른 사람에게 내 차를 빌려주고 돈을 받을 수도 있게 됩니다. 우리는 보통 자신이 원할 때 차를 이용하기 위해 비싼 돈을 주고 구입한 후, 대부분 시간을 주차장에 세워두죠. 하루 24시간 중에서 차를 이용하는 시간은 얼마나 될까요? 만약 평균적으로 하루에 2시간만 사용한다면, 나머지 22시간은 가동을 안 하는 겁니다. 24시간 기준으로 가동률을 단순 계산하면 8%에 불과하죠.

그만큼의 돈을 생산설비에 투자했다고 생각해봅시다. 생산설비에 들어간 돈은 고정비에 속합니다. 고정비를 많이 들였다면 가동률을 높여 투자비를 빨리 뽑아내야겠지요. 그래서 대부분 공장은 하루 2교대로 20시간 가까이 가동해 설비 능력을 최대한 뽑아내려고 합니다. 그런데 차량은 대부분 시간을 대기 상태로 있기에 그만큼 낭비된다고 볼 수도 있습니다.

머스크의 말은 이렇게 낭비되는 대부분의 시간을, 차량 소유자에게 돈을 벌어다 주는 시간으로 바꿀 수 있다는 겁니다. 물론 이 과정에서 중개를 해주고 테슬라가 수수료를 챙길 수도 있겠지요. 그렇더라도 차량 소유자에게 크게 득이 되는 일입니다.

도요타와 테슬라의 가격 경쟁력 차이를 이런 관점으로 바라볼 수도 있습니다. 도요타는 정말 잘해왔습니다. 전통적인 원가절감 능력에서 도요타를 따를 자가 없습니다. 따라서 기존 경쟁자들이 도요타와 같은 방식으로 경쟁한다면 큰 변화는 일어나기 어렵겠지요.

변화는 업계의 기존 구성원이 아니라 '굴러들어온 돌'이 만들어내고 있습니다. 최근에 도요타가 자동차 업계 시가총액 1위 자리를 테슬라에 내준 사건도 이런 맥락에서 봐야 합니다. 어떤 차를 구입했는데, 내가 안 타는 시간에 스스로 돈을 벌어다 주는 차라면 어떻겠습니까? 이 차의 '가격 경쟁력'을 당해낼 차가 있을까요? 테슬라는 과제를 완전히 새롭게 설정함으로써 자동차 산업의 경쟁구도에 일대 변혁을 일으키고 있습니다.

테슬라는
시장과 소비자를
어떻게 다르게 보는가

테슬라가 시장과 소비자를 보는 관점은 기존 자동차 회사들과 많이 다릅니다. 그 차이를 알아보기 위해 기존 자동차 회사들이 가장 민감하게 반응하는 것이 무엇인지부터 살펴보겠습니다.

자동차 회사는 외부 자극에 둔감한 업종으로 유명하지요. 소비자 요구도 잘 받아들이지 않고, 어떤 결함 문제가 불거져도 대개는 인정하려 들지 않습니다. 한국뿐 아니라 전 세계적으로 자동차 회사들에서 공통으로 볼 수 있는 특징입니다. 규모가 크고 느리게 움직이는 산업의 특징이라고도 할 수 있지요. 그런데 이런 자동차 회사들을 민첩하게 움직이게 하는 요인이 딱 두 가지 있습니다.

첫 번째는 시장 점유율(또는 판매 증감률)입니다. 판매량이 줄고 점유율이 낮아지면 자동차 회사는 난리가 납니다. 당장 인센티브를 더 제공해서라도 점유율을 잃지 않으려고 안간힘을 씁니다. 그다음으로는 페이스리프트^facelift^(부분 변경)에 더 신경 쓰고 돈을 더 들여서 판매량을 늘리려 하죠. 경쟁사보다 더 나은 차를 내놓기 위해 더 많은 노력을 기울이고요. 반대로, 점유율이 유지되고 판매량이 줄지 않는다면 외부 자극에 크게 반응하지 않습니다.

두 번째는 정부 규제입니다. 자동차는 대표적인 공해 유발 산업이자 안전 산업이죠. 따라서 어떤 시장에 차를 내놓기 위해서는 배기가스나 안전 등 아주 다양하고 세세한 규제를 충족시켜야 합니다. 이런 규제를 하는 곳이 바로 정부이므로 정부 감독 당국에 항상 촉각을 곤두세울 수밖에 없습니다.

전기차 생산의 동인,
정부 규제

한마디로, 전기차가 선진국 중심의 환경·배기가스 규제의 산물이었다는 겁니다. 특히 캘리포니아의 특정 기준에 따른 배기가스 무배출 자동차^ZEV, Zero Emission Vehicle^ 의무제도 등이 큰 역할을 했죠. 자동차 회사들이 그동안 전기차를 만들어온 동인動因은 지구를 구하거나 더 나은 세상을 만들자는 것이 아니라, 해당 시장의 당국이 가하는 규제였던 거죠. 냉정히 말해 규제를 피하려는 목적이 거의 전부였습니다.

1996년에 미국 GM에서 세계 최초의 양산형 전기차인 EV1을 출시했는데 이 역시 규제에 의한 결과였습니다. 1990년대 들어 미국 캘리포니아주의 대기자원위원회CARB가 캘리포니아주에서 자동차를 판매하는 업체들은 배출가스가 전혀 없는 ZEV를 일정 수만큼 함께 판매해야 한다는 법규를 만들었고, 이에 따라 주요 메이커들이 전기차를 준비하기에 이르렀습니다. 하지만 이후 자동차 업계와 석유 메이저들의 로비 등으로 이 법규가 무력화되면서, 전기차 대량보급에 대한 계획은 철회되고 말았습니다. 그 결과 EV1 프로젝트는 2002년에 중단됐고, 기존 차량들도 회수돼 폐기되는 운명을 맞았습니다.

당시 GM은 전기차 판매와 관련해 아주 중요한 고객 데이터를 얻게 됐는데, EV1의 고객 평균 소득이 연 30만 달러 이상이었다는 것입니다. EV1 초기 모델은 현재 전기차에 주로 사용되는 리튬이온배터리에 비해 성능이 많이 떨어지는 납축전지(후기 모델은 니켈수소배터리)를 사용해 주행거리도 짧고 최고 속도도 내연기관차에 미치지 못했습니다. 그런데도 상당한 고소득 계층이 이 작은 전기차를 구매했습니다. 즉 전기차가 조금이라도 더 많은 매력을 제공한다면 기꺼이 더 많은 돈을 주고서라도 사겠다는 사람들이 존재한다는 거죠.

하지만 이 데이터는 GM 내에서 완전히 잊히고 무시됐습니다. 기존 자동차 회사들 역시 이 데이터의 의미를 이해하지 못했거나 애써 무시했습니다. 전기차를 만들어야 한다는 법적 규제가 없다면 굳이 전기차를 만들 생각이 없었으니까요. 기존에 만들던 내연기관차를 계속 만드는 것이 마진에서 유리했으니까요.

소비자를 가르치려 들지 말고
차별화된 매력을 어필하라 ─────────

이후 시간이 흘러 최근까지 각국 주요 자동차 업체는 다시 전기차를 만들어야 하는 쪽으로 움직이게 됐습니다. 테슬라 이전에도 수많은 전통 자동차 회사가 전기차를 만들었으나 보급은 그리 성공적이지 못했습니다. 전기차를 순전히 규제를 충족시키기 위한 '곁가지'쯤으로 생각했기 때문입니다. 규제 때문에 전기차를 만들긴 하되, 대당 제조 비용을 최대한 줄이고 싶어 했죠. 작은 차체에 작은 배터리를 얹어 전기차를 만드는 시늉만 한 겁니다. 이미 2000년대 중반부터 GM 볼트, 닛산 리프, 미쓰비시 아이미브 등 기존 업체에서 다양한 전기차가 나왔지만, 실은 광고만 거창했을 뿐 진정으로 매력적인 전기차를 만들어 대량보급하겠다는 생각은 없었다고 봐야 합니다. 그런 터라 전기차 자체가 주는 매력도 덜했고 전기차 충전 인프라도 생각만큼 빨리 보급되지 못했습니다. 그러니 더 많은 소비자의 선택을 받지 못한 거죠.

하지만 테슬라의 전기차에 대한 마케팅 접근은 기존 자동차 회사와 완전히 달랐습니다. 테슬라는 GM의 EV1, 즉 최초의 양산형 전기차를 사준 소비자의 평균 소득이 연 30만 달러 이상이었다는 사실이 무엇을 의미하는지 깊이 연구했습니다. 테슬라가 내놓은 결론은 소비자의 선택을 받으려면 전기차가 '지구를 구한다'라는 명제에만 충실해서는 안 되며 전기차 자체의 매력으로 화제를 불러일으켜야 한다는 것이었습니다. 테슬라의 전기차를 사줄 고객들은 금전적 여유가 충분한 사람들입니다. 그들은 환경친화적인 차를 타는 것이 자신들의 매력을 떨어뜨리는 일이 되기를 원치 않았죠.

전기차를 보급하기 위해선 제품 자체로 대중에게 강한 매력을 어필해서 사고 싶은 마음이 강렬해지게 하는 것이 먼저였던 거지요. 테슬라의 전기차 마케팅의 본질이 바로 여기에 있는 겁니다. 그래서 내연기관차를 능가하는 가속력, 차별화된 사용자 인터페이스, 자율주행 기술, 차별화된 고객 경험 등으로 전기차를 포장했죠.

이런 점에서 일론 머스크의 마케팅 능력이 애플의 스티브 잡스를 연상시킨다는 말이 나왔습니다. 기존의 전기차와 달라야 한다는 것, 특히 자신이 궁극적으로 달성하려는 목표로 가기까지의 과정에서 전기차를 더 빨리 더 많이 보급하기 위해 계획을 어떻게 짜느냐가 남달랐던 거죠. 테슬라는 기본적으로 전동화·자율주행을 통해 더 친환경적이고 안전한 차를 보급해 사회에 기여한다는 비전을 얘기합니다. 이는 많은 사람에게 감동을 주어 테슬라의 비전에 동참하고 싶게 하지요. 마케팅 측면에서도 훌륭합니다. 그러나 테슬라가 자사 차량을 세상에 더 많이 깔아 그 차를 통해 얻어지는 서비스로 돈을 벌기 위해서는 우선 사람들이 테슬라 차량에 매력을 느끼게 만들어야겠지요. 사람들은 전기차이기 때문에만 테슬라 차량을 사는 것이 아닙니다. 전기차이면서 다른 전기차와는 차별화된 가치를 제공하기 때문에 선택하는 거죠.

반면에 기존 자동차 회사들은 여전히 전기차 대량보급에 딜레마를 안고 있습니다. 점점 더 조여오는 환경 규제를 맞추려면 전기차를 팔기는 팔아야죠. 하지만 너무 적게 팔려도 문제, 너무 많이 팔려도 문제입니다. 너무 적게 팔리면 비싼 배터리를 넣어 만든 전기차에서 규모의 경제를 달성하지 못해 원가가 올라가는 것은 물론이고, 선진국 환경 규제를 못 맞춰 거액의 벌금까지 물어야 하죠. 그렇다고 너무 많이 팔려도 문제입니다. 현재 기존 자동차 회사들은 전기차를 팔아 수익을 내기가 매우 어려운 구조입니다. 일단 배터리가 차량 전체 원가의 30~40%에 달할 만큼 비싸고요. 오랫동안 원가 경쟁력을 갈고닦아온 내연기관차만큼 원가를 낮추기가 어렵기 때문입니다. 또 전기차가 너무 많이 팔려 자사 내연기관차가 덜 팔리는 것도 심각한 문제입니다. 아직은 돈이 안 되는 전기차만 팔리고, 수익성이 좋은 내연기관차 특히 고급차·대형차가 덜 팔린다면 당장 회사의 수익성이 악화될 테니까요.

다시 말하면, 테슬라처럼 전기차만 만드는 회사와 내연기관차로 주된 수익을 내지만 환경 규제 등의 이유로 어쩔 수 없이 전기차도 만들어야 하는 기존 자동차 회사는 지향점 자체가 아예 다르다는 것입니다.

테슬라는 더 좋은 성능, 더 저렴한 가격의 전기차를 만드는 데만 전념하면 됩니다. 그것이 회사의 매출과 수익을 극대화할 유일한 길이니까요. 하지만 기존 자동치 회사는 목표 자체가 혼란스럽습니다. 전기차를 많이 만들어 환경 규제를 피해야 하지만, 현 상황에서 전기차를 많이 만들어 돈을 벌 회사는 테슬라 빼고는 거의 없거든요. 결국 겉으로는 뛰어난 전기차를 대량으로 만들어 테슬라를 압도하겠다고 하지만, 실제로는 현실화되지 못할 가능성이 있습니다. 테슬라를 따라 하겠다고 전기차에만 올인했다가는 산토끼 잡으려다 집토끼까지 놓치는 꼴이 될 수도 있으니까요.

테슬라의
비즈니스 모델은
정확히 무엇인가

테슬라의 비즈니스 모델은 기존 자동차 회사들의 모델과 완전히 다릅니다. 테슬라는 자사의 자율주행 기술(아직까지는 완전자율주행을 구현하지 못했으며, 엄밀히 말해 현재 단계는 주행보조 기술에 머물러 있음)과 소프트웨어를 구현할 하드웨어를 차량에 미리 장착해놓고 소프트웨어를 업데이트해 기능을 계속 높여나갑니다.

이는 기존 자동차 회사에서 하기 매우 어려운 방식입니다. 기존 자동차 회사는 대당 단가를 낮추는 데 극도로 민감합니다. 부품 하나당 몇십 원 또는 몇백 원을 줄여 이익을 높이는 엄청난 능력의 소유자들이죠. 그렇기에 대당 최대 수백만 원이 추가되는 컴퓨터 통합제어 플랫폼과 무선 업데이트 기능을 자동차에 기본 장착한다는 생각을 하기가 매우 어렵습니다. 기껏해야 자사의 고급차에만, 그것도 고급사양으로 제공하는 방식을 생각할 겁니다.

반면 테슬라는 컴퓨터 통합제어 플랫폼과 무선 업데이트가 가능한 시스템을 엄청난 비용과 인력과 시간을 들여 개발하고, 값비싼 비용을 감수한 채 자사의 모든 차량에 기본으로 제공합니다. 왜일까요? 자동차가 수익을 내는 기반이 아니라 서비스를 제공하기 위한 디바이스 또는 수단일 뿐이기 때문입니다. 따라서 모든 디바이스가 나중에 서비스를 구현할 수 있도록 준비가 돼 있어야 하지요.

새로이 부상하는
데이터 플랫폼 비즈니스,
선두 주자는 테슬라 ─────────

메리츠증권의 김준성 애널리스트는 2020년 9월 〈데이터 전쟁Data War〉이라는 제목의 보고서에서 테슬라는 기존 자동차 업체보다 아마존·페이스북·구글 같은 데이터 플랫폼 비즈니스 업체와 더 닮았다고 말했습니다.

지난 10년 동안 전 세계 데이터 발생량은 20배가 증가했는데, 앞으로 10년 동안 또 그만큼 증가한다고 합니다. 인지하든 인지하지 못하든, 이미 우리는 컴퓨터나 모바일 디바이스를 사용하면서 많은 데이터를 데이터 플랫폼 업체에 제공하고 있습니다. 업체들은 이를 통해 돈을 벌고 그렇게 번 돈으로 더 나은 서비스를 더 싼값에 제공함으로써 플랫폼의 지배력을 강화하죠. 이런 선순환 구조를 통해 회사의 가치를 계속 높여나가는 겁니다.

그런데 이런 데이터 플랫폼 비즈니스에서 아직까지 완성은 고사하고 이제 시작 단계인 분야, 제대로 개발만 된다면 어떤 분야보다 규모가 크고 돈을 더 많이 벌 수 있는 분야가 있습니다. 바로, 자동차를 사용하고 이동하는 과정에서 발생하는 데이터를 기반으로 하는 비즈니스입니다.

현재 데이터 시장을 보면 아마존이나 페이스북 같은 업체는 어떤 유형의 디바이스도 갖지 않은 채 사업을 확장해왔지요. 디바이스를 기반으로 데이터 플랫폼 사업을 확장하고 있는 거의 유일한 기업이 애플입니다. 애플은 아이폰·아이패드·애플워치 등 모바일 디바이스를 통해 데이터 플랫폼 비즈니스를 키워나가고 있습니다. 그런데 자동차를 디바이스로 활용해 데이터 플랫폼 비즈니스를 구축해나가는 기업은 아직 존재하지 않습니다. 이제 막 테슬라가 성과를 보이기 시작하는 단계일 뿐입니다.

2020년 7월, 테슬라의 시가총액이 이전의 1위였던 도요타를 넘어선 이후 계속해서 우상향 곡선을 그리고 있는 것도 테슬라가 자동차 분야에서 아마존·페이스북·구글 같은 플랫폼 비즈니스 기업으로 성장하리라는 기대를 반영한 것으로 봐야 합니다.

테슬라의 연간 자동차 판매량은 2019년 37만 대에 불과하지만, 현재의 판매와 공장 증설 추세를 종합해볼 때 2020년 50만 대, 2021년 90만 대, 2025년에는 300만 대까지 늘어날 것으로 예상됨니다. 일론 머스크는 2020년 9월 자사의 배터리 등 신기술 성과를 공개하는 '배터리데이Battery Day' 행사에서 2030년이면 연간 판매량 2,000만 대가 될 것이라고 얘기하기도 했습니다. 2030년 얘기는 아직까지는 머스크의 머릿속에서만 존재하는 목표에 불과하지만, 만약 그 목표가 달성된다면 테슬라의 데이터 플랫폼 비즈니스가 엄청나 힘을 갖게 되리라는 것을 쉽게 짐작할 수 있습니다.

애플은 현재 디바이스 매출이 70%, 서비스 매출이 30% 정도라고 할 수 있는데요. 앞으로는 서비스 매출의 비중을 계속 높여나가겠다고 합니다. 애플 사례를 테슬라에 적용해보면 어떨까요? 테슬라의 목표대로라면, 앞으로 5~6년 안에 디바이스 매출만 10배 가까이 늘어날 수도 있습니다. 게다가 테슬라는 자사 차량의 기능을 소프트웨어상으로 업데이트해주고 상당한 돈을 받는 서비스 수익 모델을 이미 적용하고 있습니다. 테슬라 모델3의 경우 주행보조장치인 FSD를 미국에선 8,000달러, 한국에서는 900만 원을 받고 따로 팔면서 무선으로 업데이트를 해줍니다. 애플이 아이폰의 성능을 업데이트해준다고 수십만 원, 수백만 원을 요구하는 것은 상상하기 어렵지요. 그러나 테슬라는 그렇게 하고 있고, 앞으로도 새로운 소프트웨어와 서비스를 만들어 수익을 낼 여지가 많습니다.

이미 FSD에 이어 캘리포니아 지역에서 테슬라 전용 보험상품을 내놓았지요. 테슬라 차량에 달린 8개의 카메라와 각종 센서가 수집한 주행 데이터를 기반으로 보험 대상과 요율을 정밀하게 적용하는 상품입니다. 기존 보험사들은 성별이나 나이, 주행 경력 등 눈에 보이는 지표만으로 보험료를 설계합니다. 그리고 차량 사고가 발생했을 때 정확한 비용을 산정하는 데 많은 비용을 들이면서도 어려움을 겪습니다. 각각의 차량이 어떻게 움직이고 운전자가 당시 어떤 상태였는지 정확히 알 수 없는 경우가 많기 때문입니다. 테슬라는 주행 데이터를 29단계로 알고리즘화하고 이를 통해 보험료를 책정하고 있습니다. 데이터 기반의 알고리즘 설계로 비교적 낮은 가격의 보험상품을 제공할 계획입니다. 통상 차량의 주행거리 10만 킬로미터당 평균 사고 발생률은 13% 정도인데요. 테슬라는 2%로 이보다 훨씬 낮습니다. 테슬라 차량에 장착된 주행보조기능이 경쟁사 차량보다 우수하기 때문에 사고 발생률이 낮습니다. 테슬라는 이런 전용 보험상품의 판매 지역을 2020년 12월 미국 전역으로 확대하고, 이어 중국과 유럽에도 진출할 예정입니다.

테슬라가 자동차 회사보다는 아마존·구글에 가깝다고 말하는 이유는 디지털 세계에서는 새로운 이용자를 획득해도 회사가 부담해야 하는 추가 비용이 거의 없기 때문입니다. 글로벌 투자은행 모건스탠리Morgan Stanley는 FSD가 낳는 수익이 2025년 시점에 테슬라 매출액의 6% 정도로 예상되지만, 총이익에서는 25% 가까이 차지하게 될 것으로 추정했습니다. 데이터 플랫폼 기업이 그렇듯이, 일단 플랫폼을 장악하면 서비스 제공을 통해 매출 대비 이익률을 크게 높일 수 있습니다.

만약 2025년까지 차량 판매에서만 매출이 10배 증가한다면 FSD와 보험상품, 그 외에 앞으로 더 출시될 소프트웨어 기반 서비스 등

을 고려할 때 2025년까지 매출이 15배에서 20배 상승하는 것도 기
대해볼 수 있습니다. 김준성 애널리스트는 "2025년 전후로 전 세계
에 테슬라 차량이 1,000만 대 정도가 깔려 있다고 본다면, 연 매출
30조 원 정도가 데이터 비즈니스에서만 나오게 될 수 있다"라고도
말했습니다.

테슬라와 애플의
비즈니스 모델

테슬라의 비즈니스 모델을 애플과 비교해봅시다. 2020년 말 현재
애플의 시가총액은 2,300조 원 정도로 현재 세계 기업 가운데 1위
입니다. 테슬라의 시가총액은 600조 원 정도로, 2020년 자동차 업
계에서는 1위이지만 애플에 비하면 4분의 1 수준입니다. 그런데 모
빌리티 산업이 본격화될 경우 관련 시장의 규모가 7,000조 원으로
추정된다면 어떨까요? 이 시장은 모바일 서비스 관련 시장보다 10
배 정도 큽니다. 어디까지나 아직은 상상 수준이지만, 모빌리티 서
비스 시장이 제대로 열리고 그 시장에서 테슬라가 모바일 시장의
애플과 같은 지위를 얻을 수 있다면 테슬라의 가치가 어떻게 될지
는 충분히 예상할 수 있습니다.

테슬라 주가가 거품이라고 말하는 것은 아직까지 상상일 뿐이라
는 점 때문일 테고요. 그럼에도 이제 상승의 시작이라고 하는 것은

머스크가 꿈꾸는 '모빌리티 제국'이 완성됐을 경우를 상정해 기대를 선반영했기 때문일 겁니다.

특히 모빌리티 서비스 시장에서는 차량에서 얻는 고품질의 데이터가 매우 중요합니다. 차량에서 그런 데이터를 뽑아내려면, 일단 그 차량에 고성능 센서와 컴퓨터가 탑재돼 있어야 하고, 데이터를 뽑아낼 수 있는 소프트웨어 실력과 데이터 운용 능력이 있어야 하는데요. 현재 이 모든 것을 갖춘 유일한 업체가 테슬라입니다.

모빌리티 서비스 시장에서 자신들만의 제국을 건설하려면 어떤 구조를 가져야 할지, 어떻게 해야 진입장벽을 갖출 수 있을지에 대해 명확한 설계가 필요합니다. 그러나 기존 자동차 회사는 테슬라와 같은 자체 소프트웨어 알고리즘을 아직 갖고 있지 않습니다. 자체 AI 칩이나 자체 통합 전자제어 플랫폼도 갖고 있지 않죠. 차량과 통신할 수 있는 자체 충전소나 자체 통신망을 갖춘 곳도 테슬라 외에는 없습니다.

따라서 이 모든 모빌리티 서비스를 구성하는 각각의 사업 주체와 협업해나가면서 테슬라에 대적해야 하는 상황입니다. 그러나 사업 주체마다 생각이 다르고, 특히 자동차 회사와 통신사, IT 업체들 간에 주도권·이권 다툼이 발생할 소지도 많습니다. 이를 조율하는 과정에서 엄청난 비용과 시간을 투여해야 할 텐데, 그사이에 이미 수직통합 구조를 완비한 테슬라가 더 빨리 더 세련된 모빌리티 서비스로 앞서나갈 수 있다는 것이 테슬라가 유리하다고 보는 쪽의 관점입니다. 즉 기존 자동차 회사들은 테슬라와 달리 모빌리티 서비스의 수직통합 구조를 구축하지 못한 채, 전기차라는 한 부분만을 따라가려고 한다는 얘기입니다.

자동차 회사가 모빌리티 서비스로 돈을 벌고 싶어도, 테슬라와 같은 매끄러운 수직통합 구조를 만들지 못하면 돈을 벌 방법을 찾기는 어렵습니다. 따라서 기존 자동차 회사가 설령 뛰어난 전기차를 만들어 대량으로 판매한다고 한들 과연 테슬라가 추구하는 것과 같은 서비스 수익 모델, 데이터 플랫폼 비즈니스 모델을 구축해 실제로 돈을 벌 수 있겠느냐 하는 의문이 여전히 존재합니다.

20세기 헨리 포드와 21세기 일론 머스크의 공통 무기

IT 업계에서는 일론 머스크를 제2의 스티브 잡스에 빗대기도 하지만 자동차 업계, 특히 미국 자동차 업계 전문가들은 포드자동차의 창업자 헨리 포드Henry Ford의 환생으로 보는 경우도 많습니다.

샌디 먼로Sandy Munro 먼로앤드어소시에이츠Munro&Associates 대표를 최근에 인터뷰한 적이 있는데요. 테슬라 모델3, 모델Y 등을 분해해 경쟁력을 분석한 유튜브 동영상으로 유명한 분이죠. 그는 머스크의 리더십을 헨리 포드에 비유했습니다.

"우리는 오랫동안 이런 리더를 만나지 못했다. 머스크 이전에 자동차 업계에서 최근에 있었던 인물이라면 헨리 포드와 찰스 케터링Charles F. Kettering 정도 아닐까? 두 사람이 나온 뒤로 100년이 흘렀다. 아마도 100년마다 누군가가 나타나 모든 걸 바꾸는 게 아닐까 싶다. 그게 머스크일지 모르겠다."

참고로, 헨리 포드는 대량생산 시스템을 만들었고, 찰스 케터링은 1920년대부터 GM의 연구개발을 이끌며 전기점화장치 등 혁신적 기술을 개발했습니다. 케터링은 "선입견만 없다면 평범한 사람도 놀라운 일을 해낼 수 있다"라는 말을 남기기도 했죠.

아무튼, 정확히 말해 헨리 포드와 일론 머스크의 무엇이 비슷하다는 걸까요? 바로 '수직통합', '수직계열화'입니다.

필요한 일을 스스로 다 한다,
수직통합·수직계열화

전문가들은 '테슬라 제국'의 가장 강력한 경쟁력으로 사업의 수직통합, 수직계열화를 꼽습니다. 이 두 단어는 거의 같은 말이라고 봐도 무방하며, 어렵게 생각할 필요가 전혀 없습니다. 간단히 말해, 자기 사업에 필요한 일을 스스로 다 한다는 겁니다.

일론 머스크 입장에서 '전기차 사업을 통해 궁극적으로 어떻게 모빌리티 서비스 시장을 지배하고 부를 창출할 것인가'를 한번 생각해보죠.

당장 전기차를 팔아 돈을 버는 것은 어렵습니다. 시장에서 팔릴 수 있는 가격은 정해져 있는 반면, 전기차 제조 비용은 여전히 비싸니까요. 내연기관 중심의 기존 자동차 회사들이 지금까지 적극적으로 뛰어들지 않은 이유도 바로 이것입니다.

그럼 테슬라는 어떻게 돈을 벌려고 하는 걸까요? 어떻게 돈을 벌고 자기만의 영역을 구축해 경쟁자들이 쉽게 침범하지 못하도록 하겠다는 걸까요? 한국을 비롯해 전 세계적으로 모빌리티 기업이 아주 많습니다. 그런데 우버 같은 모빌리티 공유 서비스 기업만 보더라도, 세계적으로 다양한 사업을 벌이고 있지만 충분한 수익을 낼 수 있는 비즈니스 모델은 확립하지 못했습니다. 모빌리티 서비스를 통해 돈을 버는 왕도를 찾은 기업이 한 군데도 없는 겁니다.

그럼 어떻게 돈을 벌 수 있을까요? 테슬라의 계획을 다시 설명하기 전에, 소비자 관점에서 어떤 서비스가 필요할지를 먼저 생각해보죠. 소비자의 선택을 받으려면 모든 모빌리티 서비스가 매끄럽게 연결돼야 합니다. 스마트폰을 예로 들어볼까요. 디지털 카메라, MP3 플레이어, 휴대용 동영상 재생기, 전자 번역기 등 모든 것이 스마트폰이라는 하나의 디바이스로 통합됐습니다. 특히 애플 제품은 아이폰·아이패드·애플워치 등이 모두 아주 매끄럽게 연동되지요. 한번 애플 제품을 쓰면 그 편리함에서 헤어나오지 못해 계속해서 애플만 쓰게 된다는 것도 바로 이런 이유입니다. 이전에는 각기다른 제품과 서비스였던 것들이 하나로 통합된 것입니다. 그 각각의 서비스에 대한 고객 체험이 아주 매끄럽게 연결되어 있는 것이지요.

글로벌 콘텐츠 플랫폼 기업인 넷플릭스의 예도 한번 볼까요? 넷플릭스의 강점 중 하나는 모든 서비스를 내가 가진 모든 영상 디바이스에서 아주 쉽고 편리하게 연동해 즐길 수 있다는 것입니다. 넷플릭스 이전에는 이런 서비스가 당연한 것이 아니었지요. 하지만 지금은 어떻습니까. 모든 동영상 스트리밍 서비스가 넷플릭스와 같은 매끄러운 사용자 경험UX, User Experience을 그대로 따라가고 있습니다.

모빌리티 서비스 시장에서도 비슷한 일이 벌어지지 않을까요? 지금은 자동차 회사는 자동차 회사대로, 통신사는 통신사대로, 보험사는 보험사대로 각각의 서비스를 만들어 고객들에게 제시하고 있습니다. 이러저러한 장점이 있다고 열심히 홍보는 하지만, 사실 고객들로서는 눈이 휘둥그레질 만큼 매력적인 서비스, 도저히 안 쓰고는 못 배길 정도의 이점이라는 생각이 들진 않습니다.

국내에 최근 생겨나고 있는 모빌리티 서비스 전문 기업들도 다른 기업들과의 협업을 열심히 발표하지만, 실제로 고객들이 꼭 써야 하는 이유를 제공하진 못하고 있습니다. 그 결정적인 이유는 각 사업자가 자신들의 사정에 따라 저마다 서비스를 제공하기 때문입니다. 소비자 입장이 아니라 공급자 입장에서 사업을 벌이기 때문이죠. 소비자 입장에서는 각각의 서비스를 각기 다른 사업자가 만들어 제공하는 것이 불편합니다. 각각에 별도의 과금이 일어나고, 관리·개선 서비스도 각각 이뤄지니 너무나 불편한 거죠.

소비자가 전기 자율주행차에서 기대하는 서비스 역시 이런 것입니다. 예를 들어 배터리 충전량이 얼마 남지 않았을 때, 내 차 안에서 음성으로 "가장 가까운 충전소를 찾아줘"라고 부탁할 수 있겠지요. 그러면 차가 가까운 충전소의 선택지를 제공하고, 내가 그중 하

그림 1-1 모델3 차량에서 고속충전소를 검색한 화면

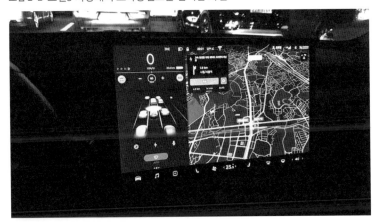

테슬라는 자체 고속충전소인 '수퍼차저'를 운영하고 있다. 차량에서 내비게이션으로 수퍼차저를 검색하면, 가까운 곳의 수퍼차저와 사용 가능한 충전기 숫자 등을 알려준다. 그 충전소 중 한 곳을 목적지로 선택하면, 충전소에 도착하기 전까지 차량의 배터리 상태를 고속충전에 최적인 상태로 만들어주는 '프리 컨디셔닝' 작업에 들어간다. 충전기와 차량이 서로 통신하기 때문에, 충전이 끝난 뒤에 결제를 위한 별도의 수고를 들일 필요도 없다. 이렇듯 테슬라는 타사 전기차에 비해 충전과 관련된 사용자 경험이 더 편리하고 매끄럽다는 것이 강점이다. ©최원석

나를 선택하면 차가 알아서 움직이든 또는 현 단계에서는 최적의 경로로 안내해주든 하겠지요. 물론 출발 전에 충전 가능한 충전기 숫자 등의 정보가 일목요연하게 떠야 할 겁니다. 가는 도중 어떤 변수가 발생할지 등에 대한 대책도 필요하고요. 또 충전소에 도착해서 충전을 할 때는 차량의 충전 소켓에 충전기를 꽂는 것만으로 충전과 과금이 자동으로 진행된다면 더 편하겠지요. 또 자동차보험처럼 해마다 갱신해야 하지만, 이 가격이 최선인지 의심스럽고 또 무척 번거로운 일 등은 몇 번의 버튼 또는 음성 조작으로 알아서 끝내

줬으면 하는 바람도 있을 겁니다. 앞서도 말했듯이, 머지않아 내 차를 주차장에 세워놓을 시간에 다른 사람에게 빌려주고 돈을 벌 수도 있게 될지 모릅니다. 그럴 때 차량에 장착된 카메라·센서·컴퓨터 등이 내 스마트폰과 연동돼 아주 편하게 타인에게 차를 빌려주고 돈을 받는 거래를 진행할 수도 있겠지요.

그런데 이런 서비스가 소비자 입장에서 아주 편하고 매끄럽게 진행되려면 자동차뿐 아니라 여기에 들어간 컴퓨터와 통신, 소프트웨어 서비스가 하나로 통합되는 쪽이 유리하다는 게 전문가들 분석입니다. 즉 애플이나 넷플릭스가 이룩한 것처럼, 모든 기기와 서비스가 연동돼 자신들의 생태계 안에 들어온 소비자가 높은 만족을 느끼게 만들어야 한다는 얘기입니다.

공급자로서는 저마다 다른 회사들이 들어가 모바일 서비스를 펼쳐 돈을 벌고 싶겠지만, 이것은 어디까지나 공급자 관점일 뿐이라는 겁니다. 소비자의 관점으로 바꿔보면 얘기가 완전히 달라집니다. 소비자는 나에게 가장 편리한 서비스를 제공하는 업체에 돈을 몰아줄 가능성이 큽니다. 소비자는 스마트폰처럼 바뀔 자동차를 활용해 편리한 서비스를 즐기고 싶을 겁니다. 그리고 그 모든 서비스를 끊김 없이 높은 품질로 편하게 즐기고 싶어 하겠죠. 그러려면 모든 서비스가 유기적으로 연결돼야 하고, 이를 뒷받침할 기술이 완비돼야 합니다. 쉽게 말해 애플처럼 하드웨어와 소프트웨어 기반을 모두 갖춰야 하는데, 자동차 업계에서 그게 가능한 유일한 기업이 테슬라라는 것입니다.

테슬라의
폐쇄적 수직계열화

현재는 오직 테슬라만이 전 과정에서 '폐쇄적 수직계열화'를 이루고 있습니다.

소비자 → 운영체제 → 클라우드센터 → OTA → ECU → AI반도체 → 고성능 전기차 → 충전소 → 통신

조금은 어려워 보이지만, 이를 소비자에서 출발해 모든 서비스와 연결된 가치사슬의 관점에서 정리해보면 다음과 같습니다.

1단계: 소비자

모든 출발은 소비자다. 공급자 관점에서 보면 길이 안 보인다. 소비자 요구는 단순하다. 고품질 서비스를 매끄럽고 편하게 즐기는 것이다. 모빌리티 서비스에서 다른 회사보다 더 뛰어난 가치를 제공한다면 선택할 것이고, 그렇지 않다면 외면할 것이다.

2단계: 운영체제(소프트웨어)

테슬라는 서비스를 제공할 소프트웨어 운영체제, 응용 프로그램 등을 자체적으로 갖추고 있다. 특히 (자율주행으로 이행할 예정인) 주행 보조 시스템과 관련해 자체적인 인공 신경망 기술을 통해 앞선 능

그림 1-2 테슬라의 기술·서비스 수직통합 구조

단계	각 가치사슬별 사업 내용	경쟁자
1단계	소비자 기술자가 아닌 소비자 관점에서 가치를 판단함	
2단계	운영체제 테슬라 서비스를 구현할 기본 프로그램 자체 개발	안드로이드 오토, 애플 카 플레이
3단계	클라우드 센터 차량과 서비스센터를 원활히 연결해주는 클라우드 센터도 직접 운용	아마존, MS
4단계	OTA(무선 업데이트) 차량 소프트웨어를 무선으로 인터넷에 연결해 업데이트	NXP, 인피니언, 각 자동차 기업
5단계	ECU(전자제어유닛) 스마트폰처럼 '똑똑한' 소프트웨어를 받쳐주는 전자부품 제작	없음(현재 다른 자동차 회사는 구현 불가능)
6단계	AI반도체 자율주행기능까지 염두에 둔 고성능 반도체 장착	엔비디아, 인텔
7단계	고성능 전기차 전기모터, 센서, 내외부 카메라 등 고성능 전자부품 개발	GM, 도요타 등 주요 자동차 회사
8단계	충전소 자체 충전소인 '수퍼차저' 보급. 차량과 무선으로 연결해 위치, 거리 정보 등 제공	한국전력 등 전력·발전 기업
9단계	통신 테슬라 차량과 자체 인공위성을 연결해 정보 수집. 현재 800개	인텔샛, SES, 비아샛

력을 축적하고 있다.

3단계: 클라우드센터

소프트웨어가 차량에서 원활히 운용되려면, 그 중간에 강력한 클라우드센터가 필요하다. 테슬라는 AI 클라우드 서비스에 대한 기술을 확보하고 있다.

4단계: OTA(무선 업데이트)

소비자가 원하는 모빌리티 서비스를 고품질로 구현하려면, 차량이 인터넷으로 연결돼 각 기능을 무선으로 업데이트할 수 있어야 한다.

5단계: ECU(전자제어유닛)

테슬라 전기차는 현재 판매되는 지구상의 모든 양산차 가운데 차량에 탑재된 강력한 성능의 컴퓨터가 차량의 움직임, 인포테인먼트, 자율주행 등을 모두 중앙에서 통합제어하는 유일한 모델이다. 좀더 간단히 말하면, 다른 차량은 피처폰 수준이거나 PDA 수준에 머물러 있는데 테슬라 차량만 스마트폰 성능을 구현할 하드웨어가 마련돼 있다는 얘기다. 전기차라는 차량뿐 아니라 거기에 탑재된 통합 전자제어유닛ECU까지 테슬라는 자체적으로 구축해놓았다.

6단계: AI반도체

ECU에는 아주 강력한 두뇌가 필요하다. 특히 자율주행기능 등을 수행하려면 대량의 데이터를 아주 빠르게 처리해줄 AI반도체가 필수다. 테슬라는 이 AI반도체를 스스로 설계한다.

7단계: 고성능 전기차

테슬라의 전기차는 단순히 전기모터로 빠르게 달릴 수 있는 것만이 매력이 아니다. 같은 무게로 같은 거리를 주행할 때 전기 에너지를 가장 적게 소모한다. 그만큼 에너지 효율이 가장 높다는 것으로, 관련 기술이 앞서 있다는 의미다. 또 테슬라 전기차는 외부에 8개의 카메라, 내부 카메라를 비롯하여 각종 센서와 액추에이터가 다수 포진돼 있어 OTA 등을 통해 차량의 대부분 기능을 통제할 수 있다.

8단계: 충전소

테슬라는 자체 충전소인 '수퍼차저supercharger'를 보급하고 있다. 자체 충전소이기 때문에 차량과 무선으로 연결된다. 예를 들어 테슬라 차량에서 가까운 충전소를 내비게이션으로 검색하면, 근처 수퍼차저의 위치와 거리뿐 아니라 현재 충전 가능한 충전기 대수까지 알려준다. 또한 도착 시간에 맞춰 배터리를 고속으로 충전하기에 최적의 상태로 미리 세팅해준다.

9단계: 통신

테슬라 전기차의 에너지 공급망으로 수퍼차저가 있다면, 정보 공급망으로는 '스타링크 프로젝트'가 있다. 지구 저궤도에 1만 2,000개

그림 1-3 일론 머스크의 '스타링크 프로젝트'

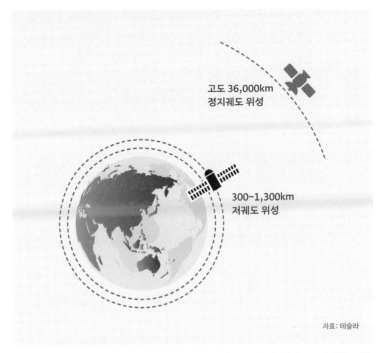

고도 36,000km
정지궤도 위성

300~1,300km
저궤도 위성

자료: 테슬라

지구 저궤도에 1만 2,000개의 소형 위성을 띄워 지구 전체를 초고속 인터넷망으로 연결하는 사업.
2020년대 중반까지 완성 예정이다.

의 인공위성을 띄워 전 세계를 돌아다니는 테슬라 차량과 통신으로 연결하는 사업이다. 로켓 기업 스페이스X를 보유한 머스크이기에 가능하다. 이미 800개를 쏘아 올렸고 2020년대 중반까지 완성할 계획이다.

게다가 테슬라는 제품 생산을 외부에 위탁하는 애플과 달리 차량도 모두 자체적으로 생산합니다. 2019년에 모델3가 제대로 양산되지 못해 파산설에 휩싸이기도 했는데, 그렇게 하면서까지 자력 생산을 고집하는 이유는 자동차 산업의 특성 때문입니다. 스마트폰은 작고 가벼우니 위탁 생산을 해도 괜찮지만, 자동차는 훨씬 더 복잡하고 무거우며 빠른 속도로 달리는 물건이기에 생산을 내재화해야 전체 서비스의 만족도를 높일 수 있다고 믿기 때문입니다.

테슬라가 여타 전기차 생산 업체와 다른 점은 앞의 8단계와 9단계에서 짚었듯이, 전용 고속충전시설(수퍼차저)을 갖추고, 전용 위성통신망을 준비 중이라는 것입니다. 특히 '스타링크'라는 이름의 전용 위성통신망은 모든 테슬라 차량이 데이터를 주고받게 해줍니다. 충전소와 통신까지 자체 네트워크를 만드는 이유는 이 두 가지가 테슬라의 차량을 더 편하고 즐겁게 사용하는 데 중요한 역할을 하기 때문입니다.

그렇다면 다른 자동차 회사들은 어떨까요? 아직까지는 이 수직 계열화된 가치사슬에서 전기차만을 만들고 있을 뿐입니다. 그것도 테슬라처럼 높은 수준의 무선 업데이트와 중앙집중식 전자제어에는 이르지 못하고 있지요. 전자제어 분야만 해도 2020년 초 일본의 자동차 전장(전자장비) 전문가들이 모여 테슬라의 모델3를 뜯어보고 "이 차의 ECU 수준은 자동차 업계 최고인 폴크스바겐·도요타보다 최소 6년 앞서 있다"라고 결론 내렸으니 이마저도 아직은 갈 길이 멀다고 할 수 있습니다.

자동차왕의
재림

먼 길을 돌아왔습니다. 다시 일론 머스크와 헨리 포드의 관계에 대해 생각해봅시다. 도대체 왜 수직계열화로 머스크와 100여 년 전의 자동차왕이 엮이는 걸까요? 자동차에 대해 조금 아는 분들은 이것이 의아할 수 있습니다. 수직계열화라는 용어가 몇 년 전까지만 해도 자동차 업계에서 '한물간 개념'이었기 때문이죠. 과거에는 모기업에서 1·2·3차 협력사(부품 업체)로 연결되는 피라미드식 수직통합 구조가 자동차 회사의 경쟁력이었지요.

그러나 자동차에 적용할 기술이 급격히 늘어남에 따라 이런 구조가 오히려 부담이 되기 시작했습니다. 모기업의 울타리 안에서 지시에 충실히 따르는 데 익숙해진 업체들만으로는 빠르게 대응하기가 어려워진 겁니다. 이런 이유로 자동차 회사가 최종 제품을 만들기까지 모든 과정을 수직적으로 통합해 관리하는 것은 이제 해서는 안 되는 일처럼 여겨졌습니다.

최근에는 자동차 회사들도 수평분업을 충분히 활용함으로써 제품 경쟁력을 높이는 전략을 썼습니다. 자동차 설계 철학도 기존의 폐쇄형에서 개방형 구조로 바뀌어가는 중이었죠. 자동차 설계를 규격화·단순화해서 서로 다른 자동차 회사, 부품 업체끼리도 원활하게 협력할 수 있도록 하는 게 트렌드였습니다. 혼자 다 만들려고 하는 것보다 파트너들끼리 수평분업을 하는 것이 더 효율적이라는 생각이 대세였습니다.

그런데 테슬라는 정반대입니다. 수평분업이 아니라 무조건 수직통합입니다. 혼자서 다 합니다. 어찌 된 일일까요? 바로 얼마 전까지만 해도 자동차 업계에서는 혼자서 다 하는 수직통합 구조를 만들지 말고, 파트너들과 함께 일하는 수평분업 구조를 만들어야 한다고 했는데 말입니다.

그 이유는 기존 자동차 회사들이 생각하는 수직계열화와 테슬라가 생각하는 수직계열화가 전혀 다르기 때문입니다. 기존 자동차 회사들의 수직계열화란, 자동차라는 제품을 만들기 위한 것이었습니다. 그런데 테슬라가 생각하는 수직계열화는 자동차라는 제품이 아니라 전기차에서 시작해 모빌리티 서비스·에너지·통신으로 연결되는, 자신들이 하고자 하는 전체 사업을 위한 거죠. 기존 회사들과 테슬라가 생각하는 비즈니스의 영역이 다르기 때문에 양쪽에서 말하는 수직계열화의 개념 자체가 다른 것입니다.

그리고 수직계열화를 하는 기업이 경쟁력을 갖는 것은 산업이 완전히 성숙하기 전에 자신들만의 철옹성을 구축할 수 있기 때문이었죠. 지금의 전통적인 자동차 제조업은 지난 100년 동안 성숙할 대로 성숙했기에 굳이 혼자 다 할 필요가 없습니다. 각각의 경쟁력을 갖춘 곳끼리 모여 분업 형태로 일하는 것이 더 효율적입니다. 그래야 차를 좀더 저렴하게 만들어 더 많은 판매 차익을 얻을 수 있으니까요. 즉 자동차를 팔아 거기서 남은 수익으로 사업을 유지하는 관점에서는 수평분업으로 가는 게 맞습니다.

그러나 이런 자동차 제조업에서도 초창기에는 수직통합이 엄청난 힘을 발휘했습니다. 시작은 100년 전 헨리 포드가 만든 미시간주 루즈 공장이었죠. 루즈 공장은 여의도 면적보다도 더 넓은, 지구상에서 가장 큰 산업복합단지였습니다. 철광석만 들여오면 자동차가 돼서 나오는, 자동차 제조의 완벽한 수직통합이 이뤄진 곳이었죠. 당시에는 정말 획기적인 개념이었습니다. 자동차가 이제 막 대량생산 시대로 접어드는 시기였고 전 세계 어디에서도 차를 어떻게 하면 더 효율적으로, 저렴하게, 대량으로 만들 수 있을지에 대한 답을 찾기 어려웠습니다. 결국 모든 것을 한곳에서 집약해 제조 과정을 매끄럽게 연결함으로써 최대의 효과를 낼 수 있었던 거죠. 자동차 제조에 관해 아직 누구도 제대로 길을 만들지 못한 상황에서 헨리 포드가 제조의 완벽한 수직통합을 통해 그 길을 보여준 거죠.

이를 테슬라가 열어젖힌 모빌리티 서비스 산업에 빗대어보죠. 전문가들은 궁극적으로 연간 7,000조 원의 모빌리티 서비스 시장이 열릴 것으로 추정합니다. 단일 산업 중 최대라는 자동차 제조업의 연간 2,500조 원보다도 3배 가까이 큰 엄청난 시장이지만, 아직까지는 누구도 돈을 버는 모델을 확립하지 못했죠.

테슬라가 모빌리티 서비스 산업의 관점에서 수직계열화를 하는 이유는 이 시장이 현재 태동 단계이기 때문입니다. 헨리 포드가 루즈 공장을 만든 이유는 대량생산의 시대가 막 열리던 무렵, 외부 플레이어에 얽매이지 않고 가장 효율적으로 차를 만드는 법을 찾기 위해서였는데요. 그러기 위해서는 스스로 모든 능력을 구축하는,

그러니까 수직계열화 구조를 만드는 것이 최선이라고 봤을 겁니다. 지금 머스크도 마찬가지입니다. 모빌리티 서비스 산업은 이제 막 시작되는 단계에 불과합니다. 그런 상황에서 머스크가 자신만의 모빌리티 제국을 구축하려면, 어떤 외부 세력에도 좌우되지 않고 가장 효율적이고도 빠르게 사업을 추진할 필요가 있습니다. 바로 이럴 때 필요한 것이 사업의 수직계열화 능력이죠.

100년 전 헨리 포드가 자동차 제조의 수직계열화를 완성했을 때처럼, 현재 누구도 모빌리티 서비스 시장에서 정확한 길을 보여주지 못하기 때문에 머스크가 스스로 수직계열화 구조를 만들어나가고 있다고 봐야 하겠죠. 미국 업계 전문가들이 일론 머스크를 헨리 포드의 재림으로 여기는 이유입니다. 헨리 포드는 기존 자동차 산업의 발전 초기에 수직계열화를 창시함으로써 자동차 업계의 왕좌에 올랐지요. 일론 머스크 역시 자동차 모빌리티 산업의 발전 초기에 가장 먼저 수직계열화를 완성해나감으로써 이 분야의 왕좌에 오를 것이라는 가정인 거죠.

헨리 포드가 '제품 중심'의 자동차 산업을 완전히 바꾸는 혁신을 했듯이, 100년 뒤에 나온 일론 머스크가 기존의 자동차 산업 시스템을 '서비스 중심'으로 바꾼 두 번째 혁신가로 기록될지 모릅니다.

"테슬라는 기존 자동차 회사보다 분야별로 5~10년 앞서 있다"

샌디 먼로(먼로앤드어소시에이츠 대표)

"테슬라는 기존 자동차 회사보다 분야별로 5~10년 앞서 있다." 샌디 먼로 먼로앤드어소시에이츠 대표는 테슬라의 기술을 이렇게 평가했다. 이를 흘려들을 수 없는 이유는 그가 업계에서 '세계 최고의 차량 분해 전문가'이자 '제조·개발 능력 향상을 돕는 구루'로 통하기 때문이다. 그는 1978년 포드에 입사한 뒤 엔진·자동화 엔지니어로 일했고, 1988년 미국 미시간주에 먼로앤드어소시에이츠를 설립했다. 자동차 회사 등 다양한 고객사의 의뢰를 받아 특정 제품을 분해한 뒤, 원가나 경쟁력을 분석해 고객사에 컨설팅해왔다. 2017년 투자은행 UBS가 내놓은 쉐보레 전기차 볼트의 원가분석 보고서도 그의 손을 거쳤다. 볼트의 총 제조원가 중에서 배터리·모터·인포테인먼트모듈 등 LG그룹 부품의 비율이 56%나 됐다는 보고서 내용이 크게 화제가 됐다.

업계에서만 유명했던 그가 세계에 알려진 것은 2020년 3월 유튜브 채널 '먼로 라이브'를 개설하면서부터다. 테슬라의 최신 차량인 모델3와 모델Y를 직접 뜯어보면서 분석하는 영상을 90여 편에 나눠 올렸는데 이게 대박을 냈다. 전문적이고 어려운 내용인데도 회당 조회 수가 수십만 건에 달하며, 현재까지도 인기가 높다. 테슬라의 기술에 대한 고급 정보를 업계 최고의 전문가가 직접 나서서 공짜로 알려주는 콘텐츠는 지금껏 없었기 때문이다. 그 덕에 칠순의 이 할아버지 엔지니어가 갑자기 20대 테크 유튜버들과 격론을 펼치는 유튜브 스타로 떠올랐다.

먼로 대표와의 인터뷰는 한국 시각으로 2020년 9월 4일 밤 줌ZOOM을 사용해 화상으로 진행됐다. 먼로 대표는 미국 미시간주 어번힐에 있는 먼로앤드어소시에이츠 본사 사무실에서 인터뷰에 응했다. 만 71세의 나이에도 현역 엔지니어로 활약하고 있는 그는 1시간이 넘게 거듭된 질문에도 친절하고 열정적으로 대답해주었다.

━━ 지금까지 얼마나 많은 차를 분해했는가?

500대가량 분해했다. 자동차뿐 아니라 항공기·장난감·가전·의료 기기 등 다양한 제품을 분해한다. 분해만 하는 게 아니라 분해해서 얻은 정보를 바탕으로 고객사에 컨설팅하는 게 주 업무다. 대부분 고객 의뢰에 따른 것이라 비밀에 부치는 게 많지만, 그 외에 자체 분석 보고서도 만든다. 테슬라의 모델3, 모델Y는 우리가 자비로 차량을 사서 분해해 원가와 경쟁력 등을 분석했다. 그 내용을 보고서로 작성해 팔면서 일부를 동영상으로 만들어 유튜브에 올린 것이다.

━━ 테슬라 차량은 기존 전기차에 비해 어떤 강점이 있는가?

배터리, 전기모터, 인버터(배터리의 직류를 모터에 사용하는 교류로 바꾸는 일 등을 하는 장치), 전자 부품 등이 모두 뛰어나다. 특히 전자 부품은 다른 모든 업체보다 크게 앞섰다. 배선配線이 다른 전기차보다 단순하고 배선의 양도 적다. 모터는 경쟁 업체 것보다 가벼우면서도 파워가 더 세다.

테슬라가 분야에 따라 5~10년 앞서 있다고 본다. 캐스팅(제품을 주조하는 것)이나 하우징(제품을 보호·지지하는 틀을 짜는 것)은 10년, 모터 설계는 5년은 앞선 것 같다. 전자 플랫폼과 소프트웨어의 경우, 자체 엔지니어나 외부 칩 설계사 등의 분석을 종합해볼 때 8년은 앞서 있다고 본다. 다른 자동차 회사들은 내연기관과 변속기, 즉 기계 중심 설계이기 때문에 전자제어의 역할이 상대적으로 낮았다. 게다가 차종마다 설계가 제각각이고, 같은 차량 내에서도 차량 기능에 따라 전자제어 역시 따로따로였다. 이런 제각각의 설계를 모두 통합해 재설계하는 것은 아주 복잡하고 어려운 일이다. 테슬라처럼 아예 처음부터 새로 시작해 고도의 통합 전자제어를 설계하는 것보다 오히려 더 어려운 일이다.

테슬라 차량에는 다른 차를 분해했을 때 본 적이 없는 부품의 구성이나 재료가 많이 보인다. 차체의 경우 알루미늄과 강철을 조합해 쓰는데 그 조합 비율에 테슬라만의 마법이 존재한다.

━━ '마법'이 정확히 어떤 의미인가?

재료·부품 조합의 화학반응chemistry이 나머지 제조사와 확실히 다르다는 뜻이다. 알루미늄 주조 기술을 비롯해 모터·배터리의 재료와 기술 조합이 다르다. 비슷하게는 유추할 수 있지만, 아주 작은 결정적 차이를 알아내기는 어렵다. 주목할 점은 테슬라가 자체적인 재료과학 연구개발 그룹을 갖추고 있다는 것이다. 보통의 회사라면 이런 것을 직접 하지 않는다. 재료는 사다 쓰면 그만이기 때문이다. 하지만 테슬라는 재료과학을 직접 연구하기 때문에, 메가 캐스팅(차체의 큰 부분을 통째로 주조해내는 기술)처럼 다른 자동차 회사가 하기 어려운 제조 기술을 구사할 수 있다.

━━ 기존 자동차 회사들이 테슬라를 앞설 수 있을까?

어려울 것이다. 100m 달리기를 생각해보라. 다른 회사들은 이제 막 출발점에 섰지만, 테슬라는 이미 50m 앞에 있다. 게다가 테슬라는 가만히 있는 게 아니라 아주 빠르게 달려가고 있다. 테슬라는

NASA 출신의 많은 과학자와 엔지니어를 고용했다. 오바마 대통령 시절 NASA가 무너지면서 일자리를 잃고 나온 사람들이다. 그들이 테슬라를 위해 일한 지 벌써 10년이다. 그 결과물이 지금의 테슬라 차량에 담겨 있다.

우리는 많은 전기차를 분해해왔지만, 테슬라를 제외한 대부분 차량에서는 큰 변화를 발견하지 못했다. 아마도 큰 변화를 추구함으로써 조직 내 분란을 일으킨다든지 하는 위험을 감수하기 싫어서인 듯하다. 반면 테슬라의 최신 차량인 모델Y는 올해 3월에 나왔는데, 불과 5개월 만인 8월에 차체 주조에서 혁신적 기술을 선보였다. 내가 포드에 있을 때는 5년 걸려도 볼 수 없었던 변화다. 당신 회사에서 이렇게 말하는 사람도 있을 거다. "아니에요, 샌디. 당신이 잘 몰라서 그런 거예요. 그런 건 쉽게 되는 일이 아니라고요"라고 말이다. 이런 말 하는 사람들을 다 내다버려야 한다. 일론 머스크는 "베를린 공장(2021년 가동 예정)에서 만들 모델Y는 혁명적인 생산방식을 쓰게 될 것"이라고 했다. 캐스팅이나 섀시 제조에 관한 혁명이 있으리라는 예고다. 이런 일은 기존 자동차 업체에서는 좀처럼 보기 어려운 일이다.

━━ 테슬라는 제조·공장운영 노하우가 모자랐을텐데, 어떻게 가능했을까?

테슬라가 너무나 혁명적이고 다이내믹하고 스마트해서, 앞서나갈 수 있는 리더를 갖고 있기 때문이다. 우리는 오랫동안 이런 리더를 만나지 못했다. 머스크 이전에 자동차 업계에서 최근에 있었던 인물이라면 헨리 포드와 찰스 케터링 정도가 아닐까? 두 사람이 나온 뒤로 100년이 흘렀다. 아마도 100년마다 누군가가 나타나 모든 걸 바꾸는 게 아닐까 싶다. 그래서 머스크가 나온건지도.

━━ 테슬라와 기존 자동차 기업의 다른 점이 있다면?

세상에는 두 종류의 회사가 있다. 돈을 아끼는 데 중점을 두는 회사, 그리고 돈을 버는 데 중점을 두는 회사다. 자동차 회사는 새로운 전기차를 개발할 때도 기존의 부품이나 차체를 활용하려고 한다. 신규 투자를 줄여 돈을 아끼기 위해서다. 단기 목표를 달성하는 데는 좋을지 모르겠다. 하지만 여기에 너무 치중할 경우 본질적으로 그들에게 일어날 일은 폐업뿐이다.

테슬라는 돈을 버는 데 중점을 두는 회사다. 그들은 장기 투자를 한다. 일이 어떻게 될 것인가에 대해 아주 장기적인 관점을 갖고 있다. 현재의 주주들에게 신경 쓰는 대신, 5년 10년 뒤에 일어날 일에 대해서만 신경 쓴다. 다른 이들이 꿈도 꾸지 못할 많은 투자를 한다. 심지어 다른 이들은 그런 일을 할 생각조차 하지 않았다. 그래서 더더욱 긴 시야를 가진 테슬라가 계속 승리할 수 있다.

━━ 테슬라 차량이 비용 면에서 효율적이라는 얘기도 있다. 어떤 면에서 그런가?

비용을 절감한다는 것은 복잡성을 줄인다는 얘기다. 테슬라는 부품을 아주 적게 사용하는 데 능숙하기 때문에 비용 면에서도 효율적이다.

테슬라가 효율적인 이유 중 하나는 그들의 조직에 사일로(다른 부서와 담을 쌓고 내부 이익만 추구하는 것)가 없기 때문이다. 나는 옛날에 포드 엔진 부서에서 일한 적이 있다. 모두가 최고의 엔진을 원한다고 하지만, 실은 다들 각자의 사일로에서 일을 한다.

▬▬ 내연기관차 엔지니어로 평생 일했는데, 내연기관차가 사라지는 것이 슬프지 않은가?

아니, 내가 왜 그래야 하나? 그건 내가 말을 좋아하는데 말을 타지 못하게 돼서 슬프다는 것과 같다. 말은 어디서나 먹고 똥을 싸고 사람의 발을 밟고 심지어 물 수도 있다. 나는 말에 대해 신경 쓰지 않는다. 그런데 내가 왜 내연기관차가 사라지는 것을 슬퍼해야 하나? 내연기관은 대기를 오염시킨다.

나는 내연기관과 관련해서 아주 많은 회사를 도왔다. 지금도 우리 회사에서는 25개 정도의 내연기관엔진을 분해해 분석을 진행하고 있다. 내가 관여했던 펜타스타(크라이슬러의 3.6리터 6기통 주력 엔진)는 6년 동안이나 '올해의 엔진상'을 받기도 했다.

하지만 시대는 변한다. 당신에게 묻고 싶다. 지금 나팔바지를 입나? 하이버튼 슈즈(20세기 초에 유행한 부츠의 한 종류)를 신나? 지금 당신과 나는 넥타이를 매지 않고 화상 인터뷰를 하고 있다. 넥타이를 안 매서 슬픈가? 과거에만 머물 수는 없다. 과거에만 머물면 유물이 된다.

나는 이제 늙었지만, 집 안에 갇히고 싶지 않다. 사람들은 새로운 것을 접하면 그것을 없애버리려 한다. 하지만 끊임없이 진보하지 않으면 미래를 볼 수도 없고, 미래로 이끌려 갈 수도 없다.

━━ 테슬라의 기술을 분석하면서 전략에 대해서도 많이 얘기했다고 했는데, 테슬라 전략에서 특별한 강점은 무엇이라고 보는가?

그들의 전략은, 다시 말하지만, 전 세계가 이해하기 힘든 힘을 가지고 있다. 그들은 수직적 통합을 믿는다. 그런 관점에서 많은 전자제품을 디자인했다. 하버드의 경영학 교수들은 아마도 혼자 모든 것을 만들려 하지 말고 아웃소싱을 하라고 할 것이다.

그런데 우리가 해야 할 일은 과거의 룰에 얽매이지 않는 것이다. 나는 미숙련 기술자들에게 이렇게 얘기하고 싶다. "효과적이고 효율적인 최소 부품 수를 얻기 위해서는 과거에 배운 것이 미래에 도움이 되지 않습니다." 기존의 룰을 이제 더는 사용할 수 없다. 뭔가 다르게 일을 해야 한다.

내부적으로 모든 일을 하다 보면, 그것이 결국 심오한 지식이 된다. 에드워즈 데밍Edwards Deming 박사 얘기를 하고 싶다. 1993년에 세상을 떠났지만, 그와 나는 좋은 친구였다. 데밍 박사는 기술 기업이 성공하기 위해서는 핵심적인 기술을 반드시 회사 내부에 둬야 하고, 누구에게도 양보해서는 안 된다고 얘기했다. 그 심오한 지식을 반드시 사내에 둬야 한다고 몇 번이고 강조했다.

일론 머스크가 데밍 박사의 가르침을 알고 하는지는 모르겠지만, 그는 확실히 그렇게 일한다.

머스크가 초창기에 우리 회사를 방문한 적이 있다. 그는 매우 똑똑한 많은 사람들과 이야기를 나누면서 아이디어를 얻는다. 그리고 그 아이디어를 어떻게 실행할 수 있을지 알아내는 데 모든 노력을 쏟는다. 수직적 통합은 그들이 다른 모두를 능가할 수 있는 장점이다.

▬▬ 한국인을 위해 하고 싶은 말이 있는가?

꼭 얘기하고 싶은 게 있다. 수단과 방법을 가리지 않고 당신들이 동원할 수 있는 최고의 인재들을 전기차와 자율주행차에 투입해야 한다. 《손자병법》을 읽기를 추천한다. 그 책에서는 '당장 바깥으로 나가라. 그리고 나를 도울 수 있는 사람을 찾아라'라고 했다.

테슬라가 미래 산업, 반도체 업계에 주는 쇼크

테슬라의 수직계열화에 대해 또 한 가지 생각해봐야 할 점이 있습니다. 많은 전문가가 자동차와 전자 산업의 융합을 얘기해왔지만, 구체적으로 이것이 어디까지 진행될 것인가에 대해서는 불확실한 점이 많았습니다. 그런데 테슬라의 수직계열화에서 그 실마리를 찾을 수 있습니다. 자동차 산업뿐 아니라 반도체 산업에도 아주 강렬한 메시지를 주기 때문이죠.

반도체를 '미래 산업의 쌀'이라고도 하지요. 반도체 중에도 특히 인공지능을 운용하는 데 최적화된 반도체, 즉 AI반도체가 매우 중요하다고 얘기합니다. 그런데 이 AI반도체 분야에 테슬라가 주는 충격이 매우 큽니다.

테슬라는 자사 차량에 탑재되는 AI반도체를 직접 설계합니다. 지난 2019년 4월 자체 설계한 자율주행용 AI반도체를 공개했는데요. 현재 시점에서 디바이스에 사용되는 AI반도체 가운데 가장 성능이 뛰어나다고 할 수 있을 겁니다. 자동차 회사인 테슬라가 AI반도체 부문에서 반도체 전문 기업들을 앞서나간다는 사실을 어떻게 봐야 할까요? 이 하나만으로도 테슬라의 기술력과 비전, 실행력을 절대 과소평가할 수 없다는 사실을 알 수 있습니다.

미래 산업에 AI반도체가 왜 그토록 중요할까요?

AI는 클라우드 등 각종 IT 서비스, 자율주행 등을 효과적으로 구현하는 데 필수적인 요소입니다. 소프트웨어와 빅데이터를 활용해 엄청난 양의 계산을 빠르게 처리해야 하는데, 여기에 특화된 계산 장치가 바로 AI반도체이기 때문이죠. 그래서 AI반도체를 잡는 기업이 미래 반도체 시장의 승자가 될 것이라는 얘기도 나옵니다. 시장 분석 회사 가트너Gartner에 따르면, AI반도체 세계 시장 규모는 2020년 121억 달러, 2021년 181억 달러, 2022년 244억 달러, 2023년 343억 달러(약 38조 원)로 급격히 늘어날 전망입니다. 3년 만에 3배 규모가 되는 폭발적 성장세입니다.

AI반도체 장악에 나선 기업은 테슬라나 엔비디아Nvidia만이 아닙니다. 글로벌 IT 공룡들이 AI반도체로 영역을 속속 확장하고 있습니다. 구글이 2016년 첫 AI반도체를 내놓았고, 중국 전자상거래 업체 알리바바도 2019년 9월 AI반도체 '한광800'을 선보였습니다. 각 분야 산업에 활용되는 AI 비중이 엄청나게 커지다 보니, AI반도체를 외부에 의존하는 것보다 직접 개발하는 것이 더 효율적이라고 판단한 겁니다.

글로벌 IT 빅 플레이어들이 꿈꾸는 것은 이른바 'AI의 수직계열화'입니다. AI 관련 서비스, 소프트웨어, 고성능 컴퓨터 등을 통합해 내재화하겠다는 얘기입니다. 테슬라가 좋은 예죠. 테슬라는 전기차를 만들고, 거기에 자체 자율주행 소프트웨어를 얹었습니다. 테슬라는 반도체 전문 기업이 아니기 때문에 처음엔 자율주행을 구현하는 데 필요한 AI반도체를 외부에 의존했습니다. 그러나 결국엔 자체 개발로 선회했는데, 이 방식이 서비스 향상의 궁극적인 열쇠임을 깨달은 겁니다.

아마존이나 구글이 AI반도체에 뛰어드는 것도 같은 맥락입니다. 이미 소프트웨어 기반 서비스로 세계 시장을 지배하고 있지만, 지배력을 유지·강화하려면 AI를 더 많이 활용해 서비스 수준을 높여야 합니다. 그러자니 자사 맞춤형 AI반도체가 아주 많이 필요해진 거죠. 장기적 득실을 따져보니 남의 AI반도체를 사서 쓰기보다는 필요에 맞게 자체 개발하는 편이 훨씬 효율적이라는 계산이 나온 겁니다.

이렇다 보니 기존 반도체 강자들도 선제 방어를 위해 AI반도체 강화에 나서고 있습니다. 인텔은 2019년 말 이스라엘 AI반도체 기업인 아바나랩Habana Labs을 20억 달러에 인수했습니다. 아마존이나 MS 같은 클라우드 서비스 기업이 데이터 서버용 AI반도체를 스스로 설계하기 시작하면, 인텔의 주력 상품인 서버용 반도체가 크게 위협받겠지요. 이 때문에 미리 개발에 나서 고객 이탈을 막겠다

는 겁니다. 이에 앞서 인텔은 이스라엘의 자율주행 기업 모빌아이
MobilEye도 인수했지요. 모빌아이·아바나랩 등과의 협업을 통해 인
텔은 자율주행 시대에 자신들의 영역을 구축하기 위한 계획을 세우
고 있습니다.

한편 삼성전자도 AI반도체와 관련해 처음엔 파운드리(반도체 수탁
생산)에 집중한 뒤, 추후 AI반도체 설계도 하는 식으로 '두 마리 토
끼'를 잡는다는 전략입니다. 삼성전자는 2019년 말 중국 바이두의
AI반도체를 생산한다고 밝혔습니다. AI로 갈수록 메모리·프로세서
통합 관리가 중요한데, 삼성의 제조 경쟁력이 발휘될 수 있는 부분
입니다. 또 삼성은 소니에 이어 이미지센서 세계 점유율 2위라는 강
점도 가지고 있습니다. 이미지센서와 AI반도체 통합 제품을 만들면
자율주행이나 스마트팩토리 등에 폭넓게 사용될 수 있습니다. 이미
소니는 2020년 5월 이미지센서, AI반도체 통합 제품을 개발했다고
발표했습니다.

SK하이닉스도 2020년 7월 AI에 최적화된 고속 메모리 양산에 돌
입했다고 밝혔습니다. AI 기술을 잘 쓰려면 소프트웨어와 AI 연산
을 처리할 AI반도체뿐 아니라, 데이터를 빠르게 꺼내 쓸 수 있는 초
고속 메모리도 대량으로 필요합니다. AI용 메모리 시장은 2019년
206억 달러(약 23조 원) 규모였는데 2025년에는 604억 달러(약 67조
원)까지 커질 것으로 기대됩니다.

한국에는 아마존·구글·테슬라·애플처럼 AI 수직통합을 이룰
수 있는 기업이 아직 없죠. 그러나 김정호 카이스트 전기·전자공

학과 교수는 "삼성 등이 AI반도체 생산 분야에서 실력을 키우다 유망 업체를 인수하거나, 국내 IT 대기업이 더 커지며 AI반도체를 만드는 방식으로 AI 수직계열화를 이루게 될 가능성이 있다"라고 말하기도 했습니다.

그러나 현실적으로 한국에서 AI반도체의 수직통합이 이뤄지기는 쉽지 않은 상황입니다. AI반도체가 성공을 거두려면, 이를 필요로 하는 정확한 수요가 존재해야 합니다. 아마존·구글·테슬라 등은 모두 거대한 플랫폼 기업이거나 그런 기업을 목표로 하고 있지요. 즉, 자신들의 사업에 꼭 필요하기 때문에 최적화된 AI반도체를 만들게 된 것입니다. 물론 엔비디아 같은 곳에서 범용의 AI반도체를 만들고는 있지만, 이 역시 자사의 강력한 GPU 기술과 AI 개발 플랫폼을 기반으로 한 것입니다. 따라서 한국에도 이처럼 자사의 필요에 따라 AI반도체를 개발하거나 반도체 설계를 전문으로 하는 강력한 팹리스가 있어야 하는데, 어느 쪽에서도 당장은 기대하기가 어려워 보입니다. 우선 한국에는 미국처럼 글로벌 사업을 벌이는 플랫폼 기업이 존재하지 않고, 반도체의 경우에도 메모리나 파운드리 분야는 강하지만 팹리스 분야는 미국·중국 등에 대적할 만한 수준이 아니기 때문입니다.

006

지식노동으로 바뀐 자동차 산업, 일하는 방식도 완전히 달라진다

테슬라 쇼크를 고용의 관점에서 본다면 어떨까요? 최근까지 자동차 산업은 기술집약적이라기보다는 노동집약적인 산업이었습니다. 제조업 가운데 압도적으로 많은 고용 인원을 자랑한다는 것은 역으로 말하면 많은 인력의 힘을 통해 산업이 돌아간다는 의미죠. 엔지니어 숫자보다 자동차 조립 인력의 숫자가 훨씬 많은 것이 자동차 회사의 일반적인 형태입니다. 예를 들어 연구소에서 일하는 엔지니어가 1만 명이라면, 공장에서 차량을 조립하는 인력이 5만 명쯤 되는 식이죠.

여기에서 알 수 있듯, 내연기관 자동차 산업은 하이테크라기보다는 엄밀히 말해 로테크low-tech 산업에 더 가까웠습니다. 엔진 · 변속기 · 차체 등의 형태는 자동차 산업 100년 역사에서 대를 이어 전수

돼온 것들이죠. 지금의 자동차 회사들은 이를 기술적으로 조금씩 개선하는 정도에 그치고 있습니다. 이미 정해져 있는 기술과 부품으로, 얼마나 믿을 만한 품질과 낮은 가격의 차를 만들 수 있느냐에 집중하는 거죠.

반면 테슬라는 완벽하게 기술집약적인 회사입니다. 전기모터와 배터리로 달리는 전기차를 생산하는 게 전부가 아닌 거죠. 오히려 소프트웨어상으로 세밀하게 운용하는 데 많은 고급 엔지니어가 투입됩니다. 앞서 말씀드렸듯이 테슬라 차량에 기본 탑재되는 통합 전자제어 플랫폼에는 고도의 AI반도체, 그리고 통합제어를 위한 고도의 소프트웨어 운영체제가 들어갑니다. 차량에서 수집되는 엄청난 양의 데이터를 기반으로 딥러닝을 하고 관련 알고리즘을 개선해나감으로써 자율주행을 완성해나가는 회사죠.

따라서 테슬라는 완벽하게 엔지니어, 고급 기술자 중심의 회사입니다. 차량 조립 인력도 당연히 필요합니다만, 생산 부문에서도 단순 조립 인력보다는 생산 기술(차량이 설계된 대로 생산될 수 있도록 설비를 구축하는 것)이나 생산(차량이 설계대로 조립될 수 있도록 하는 것) 엔지니어들이 주류입니다. 도요타·혼다·아우디·GM·포드 등 기존 자동차 회사 출신의 톱 클래스 엔지니어들이 많이 스카우트돼 왔습니다. 생산에 필요한 소재와 공정의 혁신을 이뤄내는 일류 엔지니어들도 아주 많습니다. 즉 테슬라로 인해 자동차 산업이 완전히 지식노동의 형태, 지식노동자들이 집약된 산업으로 바뀌고 있는 것입니다.

여전히
로테크 산업에 머물러 있는
한국의 자동차 산업 ─────

하지만 한국의 자동차 산업에서는 아직도 이런 패러다임의 전환을 충분히 인식하지 못하고 있습니다. 이런 구조에서는 뛰어난 기술 인재들이 버티지 못하고 외국 기술 기업으로 탈출하는 사태가 점점 심해질 수도 있습니다. 지금도 뛰어난 한국 인재들이 테슬라·엔비디아·애플·구글, 심지어 도요타의 AI연구소 등으로 이직하는 경우를 많이 봅니다. 자동차 산업이 지식 산업이 돼가고 있다는 사실을 깨닫지 못한다면 우리 자동차 산업의 미래는 어두워질 것입니다.

최근 이와 관련하여 매우 비관적인 메시지를 전하는 사건이 하나 있었습니다. 2020년 9월 현대차에서 있었던 일입니다. 현대차 노사는 임금 동결 등을 주요 내용으로 하는 임금협상을 타결했지요. 11년 만의 기본급 동결이었습니다. 코로나19 사태로 인한 위기 극복을 위해 노사가 힘을 합쳐야 한다는 공감대를 형성한 결과라는 언론 보도도 있었습니다. 현대차 노동조합원 약 5만 명 중 절반이 넘는 52.8%가 노사 합의안에 찬성했죠.

그런데 사업장별 투표 결과를 뜯어보면 놀라운 사실이 드러납니다. 울산·아산·전주 등 공장의 생산직은 찬성률이 60~70%에 달한 것으로 알려졌습니다. 반면 현대차 연구개발의 본산인 남양연구소의 연구직은 거의 전원이 합의안에 반대했습니다. 남양연구소 직원은 1만 2,000명 정도인데, 투표권을 가진 노조원은 과거 직급 기준으로 대리 이하에 해당하며 전체 직원의 절반인 6,000명 수준입니다. 이들이 전원 반대표를 던져 전체 찬성률을 50%대 초반으로 끌어내렸다는 것입니다.

생산직이 찬성한 합의안을 왜 연구소의 엔지니어들은 반대한 걸까요? 직군별 임금 구조 차이 때문이었습니다. 생산직의 경우 근속연수가 20~30년에 달하는 직원이 많습니다. 이들은 근속연수에 따른 호봉 승급으로 이미 기본급이 상당 수준에 달해 있죠. 기본급이 동결되는 것은 아쉽지만, 성과금·격려금 등이 더 우선인 데다 사실상 정년까지 1년 연장되는 합의안이었기에 찬성표로 많이 돌아선 겁니다.

반면 연구직 중 투표권을 가진 직원들은 2010년대에 입사해 근속연수가 10년이 안 되는 이들이 대부분입니다. 이들은 기본급이 비교적 낮기 때문에 기본급이 오르는 것이 중요합니다. 또 이미 고령화된 생산직 직원에게는 당근 역할을 한 정년 1년 연장이 이들에게는 큰 의미가 없고요.

이 사례는 두 가지 측면에서 현대차, 그리고 현대차로 대표되는 한국 자동차 산업의 큰 장애 요인을 보여줍니다.

첫 번째, 처우 개선 측면에서 단순 생산직이나 하이테크 연구원 간에 크게 차이를 두기가 어렵다는 것입니다. 심하게 말하면 앞으로 점점 덜 중요해지는 생산직 노동자들이 많은 임금을 받고, 숫자도 훨씬 많으며, 노동유연성도 떨어진다는 것입니다. 반면 현대차와 한국 자동차 산업의 미래인 젊은 엔지니어들은 상대적으로 처우가 좋지 못할 수 있다는 것입니다. 이는 어떻게 봐도 말이 안 되는 거죠. 테슬라에서 연구개발에 종사하는 엔지니어들의 연봉은 어느 정도나 될까요? 테슬라에서도 생산직과 엔지니어들이 크게 차이가 나지 않는 연봉을 받을까요? 현대차의 노무 환경이라면, 젊고 유능한 엔지니어들이 상대적인 박탈감을 느낄 수밖에 없는 구조임이 분명합니다.

두 번째, 엔지니어의 능력에 따라 신상필벌을 하기가 어렵다는 것입니다. 현대차의 경우 입사한 지 10년 이내의 엔지니어들이 노조 소속인데, 이들의 입김이 세죠. 그러다 보니 뛰어난 엔지니어에게 더 많은 보상을 하기도 어려운 구조이지만, 일을 게을리하거나 자질 또는 노력이 부족한 엔지니어를 내치기도 사실상 불가능한 구조입니다. 즉 엔지니어에 따라 하는 일이나 성과가 엄청난 차이를 보일 수 있는데, 보상은 대부분 일률적이라는 거죠. 이런 환경이면 조직이 썩게 마련입니다. 특히 정말 뛰어나고 열심히 하려는 엔지니어들이 견디지 못하고 회사를 나가거나 의욕을 잃게 되기 쉽습니다. 젊은 엔지니어들을 관리해야 하는 중간 관리자들도 무력감을 느끼기 쉽습니다. 뛰어난 엔지니어에게 더 많은 보상을 하지 못하고, 무능한 엔지니어에게 불이익을 주거나 쫓아내지 못하면 일이 제대로 돌아가지 못하니까요.

'가장 일하고 싶은 회사'의

비결

적은 인원으로 놀라운 성과를 내는 기업으로 유명한 넷플릭스의 사례를 한번 볼까요? 이 회사는 2018년 미국 기술직 근로자가 뽑은 '가장 일하고 싶은 회사 1위', '직원이 행복한 기업 2위'에 올랐습니다. 그런데 넷플릭스 직원은 업계 최고 수준 연봉을 받지만 정해진 휴식 시간은 없습니다. 휴가 규정도 없어요. 식사 시간에도 제대로 쉬지 못하고 일에 몰두하는 직원도 많다고 합니다. 살인적인 업무 강도에도 넷플릭스가 인기 있는 일자리가 된 비결은 '자유와 보상'입니다. 넷플릭스 임직원은 자신이 맡은 일의 의사결정과 진행을 자신의 재량으로 할 수 있습니다. 자기가 결정한 내용을 상사에게 일일이 보고할 필요도 없습니다. 결과만 회사 전체와 공유하면 됩니다. 좋은 성과를 낸다고 해도 성과급은 따로 없습니다. 대신 매년 동일 분야 최고 수준의 연봉을 보장합니다. 넷플릭스에 남는 것 자체가 성과급인 셈입니다. 자유가 큰 만큼 책임도 큽니다. 넷플릭스는 경쟁 업체에 빼앗겨도 아쉬울 것 없는 직원이라면 망설임 없이 해고합니다.

현대차 엔지니어들의 근무 환경은 이와 정반대라고 보면 됩니다. 서식을 갖춰 보고해야 하는 것들이 매우 많고, 일을 아무리 잘해도 그에 맞는 파격적인 연봉은 꿈도 꿀 수 없습니다. 반대로 일을 못한다고 해서 회사에서 쫓겨날 위험도 적지요. 국가적으로 시행하고 있는 주 52시간 노동제 등의 이유로 일하는 시간조차 각자 자유롭게 정할 수 없습니다. 또 능력이나 아이디어가 탁월하다고 해도, 연차가 낮으면 조직 내에서 톱니바퀴 같은 역할에 만족해야 하는 경우가 많습니다. 유능한 직원이 동기부여를 받아 더 오래 더 열심히 일하려고 해도, 회사에 남아 있을 수 없습니다. 반대로 무능한 직원이더라도 정해진 시간만큼만 회사에 있으면 정해진 월급이 나오지요.

넷플릭스 CEO 리드 헤이스팅스Reed Hastings는 "직원들에게 줄 수 있는 최고의 보상은 최고의 직원들과 함께 일할 수 있게 해주는 것"이라고 말했습니다. 최고의 직원들이 같이 일할 때 서로 많은 것을 배우고 보람을 느끼게 된다는 거죠. 그는 이런 말도 했습니다.

"최고의 직원들 사이에 무능한 직원들이 섞이면 팀 전체의 퍼포먼스가 급락한다는 것을 경험으로 알게 됐다."

테슬라의 일론 머스크 역시 엔지니어들을 뽑을 때 그 분야의 사내 관리자에게 "당신의 분야에서 반드시 일류만을 뽑아야 한다"라고 강조한다고 합니다.

업무 강도는 테슬라가 넷플릭스보다 더할지 모릅니다. 테슬라에서 1년 일하는 것은 다른 자동차 회사에서 5년 일하는 것과 같다는 얘기가 나올 정도입니다. CEO가 현장을 수시로 돌아다니는 데다, 요구사항도 많고 엄청 까다롭기 때문에 직원들이 버텨내기가 쉽지 않습니다. 실제로 더는 못 견디고 중간에 퇴사하거나 해고당하는 경우도 적지 않죠. 그런데도 테슬라는 미국 공대생들이 졸업 후 가고 싶은 기업 순위에서 스페이스X와 함께 1, 2위를 달립니다. 테슬라에 입사하기를 원하는 경력직 엔지니어들도 줄을 섭니다. 헤이스팅스가 말했듯이, 테슬라의 그런 힘든 업무 과정에서 진짜 뛰어난 이들이 살아남고 서로 경쟁하고 자극받으면서 더 많은 동기부여가 이루어진다고 봐야겠지요.

자동차 회사의 고용에
일어나는 변화

이야기를 조금 바꿔서, 지금 글로벌 자동차 회사들의 고용에 어떤 변화가 일어나고 있는지 살펴보겠습니다. 앞서 말씀드린 대로 자동차 산업이 노동집약·로테크 산업에서 기술집약·하이테크 산업으로 바뀌고 있지요. 그에 따라 전 세계 자동차 회사에서 생산직 노동자를 중심으로 감원이 진행되고 있습니다. 이를 두고 '카마겟돈carmageddon'이라는 말까지 생겨났죠. 짐작하다시피 '자동차'와 최후의 결전을 의미하는 '아마겟돈'의 합성어입니다. 성경에서 말하는 '선과 악의 최후의 결전'이라는 뜻을 살려 기존 자동차 기업들과 IT 기업들이 미래차 시장을 선점하기 위해 벌이는 전쟁을 의미하기도 합니다. 자동차 기업들은 IT 기업을 '악'으로, IT 기업들은 자동차 기업을 '악'으로 대상화한 전쟁이라고 해석할 수도 있겠습니다.

하지만 여기서 강조하고 싶은 것은, 현재 일어나는 일들이 선과 악의 대립은 아니라는 겁니다. 즉 자동차 회사에서 조립 라인 작업자를 감원하는 게 꼭 '악'은 아니라는 뜻입니다. 카마겟돈 공포는 18세기 말 방직공장 노동자들을 중심으로 일어난 '러다이트 운동Luddite Movement'과도 비슷한 측면이 있습니다. 러다이트 운동은 당시 영국 공장지대에서 노동자들이 주도한 '기계 파괴 운동'을 말합니다. 산업혁명 초창기 영국의 방직 업계에 사람의 일을 대신 해줄 새로운 기계가 도입되자, 노동 환경 변화에 위기감을 느낀 노동자들 사이에서 망치를 들고 기계를 부수는 운동이 일어났지요.

그런데 현재 자동차 산업에서 일어나는 구조조정이 인력을 절대적으로 줄이는 것을 의미하지는 않습니다. 단순 조립과 내연기관 엔지니어들 쪽에선 감원이 일어나고 있지만, 전자·소프트웨어 부문에서는 더 많은 수를 충원하기 때문이죠.

이는 자동화·혁신으로 대표되는 산업 흐름과 깊이 연관돼 있습니다. 세계 자동차 공장에서는 노동력에 덜 의존하면서 생산성과 효율을 높이는 기술 변화가 일어나고 있습니다. 폴크스바겐은 2020년부터 전기차 'ID' 시리즈 본격 생산에 돌입했는데요. 그 생산 라인에 AI로봇이 대거 투입됐습니다. 그만큼 인간의 노동력은 덜 필요해진 거죠. 포드는 이미 산업용 로봇 회사 쿠카KUKA와 협력해 조립 라인 대부분을 로봇과 노동자가 협업하는 방식으로 바꿔나가고 있습니다. 도요타도 2017년 이후 매년 조 단위를 투자해 모든 공장을 하나의 공장처럼 움직이게 만드는 통합 자동화 시스템을 도입하고 있습니다. 이 시스템이 완성되면 공장에서 필요한 인력이 많이 줄어들 것입니다.

테슬라 쇼크가 오기 전부터도 기존 자동차 회사들은 단순 조립과 내연기관 쪽 인력을 내보내는 대신 전기차·자율주행차에 대한 투자를 늘리고 인력을 대폭 충원 중이었습니다. 2016년 자율주행차 스타트업인 크루즈 오토메이션Cruise Automation을 인수하며 앞서나간 GM은 이후 자율주행·전기차 투자에 에너지를 집중하고 있습니다. GM은 최근에만 2만 명 가까운 감원을 했는데요. 감원 인력은 주로 내연기관차를 만드는 공장의 생산직이었습니다. 미래차 기술에 집중적으로 투자하면서, 내연기관 차량 중심의 대량생산 체제에서 탈피하고자 하는 사업 전략이 여실히 드러나는 결정이었지요.

경제·외교 분야에서 영향력 있는 미국의 브루킹스연구소Brookings Institution는 자동차 산업에서도 기계공학 엔지니어 자리가 줄고 소프트웨어 엔지니어와 에너지 관리 전문가, 데이터 전문가 수요가 폭증할 것으로 전망했습니다. 새로 필요한 인력은 고연봉을 자랑하지만 '사람이 없어 못 구하는' 상황입니다. 2017년에만 해도 미국 샌프란시스코 지역 자율주행차 엔지니어의 평균 연봉은 29만 5,000달러(약 3억 3,000만 원)였습니다. 이 지역 일반 노동자 평균 연봉인 6만 4,500달러의 5배에 달했는데요. 시간이 흐를수록 차이는 더 벌어지고 있습니다.

세계적인 전략컨설팅 회사 보스턴컨설팅그룹BCG은 최근 보고서에서 앞으로 10년간 자율주행차와 전기차 인력 수요가 60만 명에 달할 것으로 내다봤습니다. 하지만 관련 학위 등 자격을 가진 인력은 수요에 훨씬 못 미치는 10만 명에 불과합니다.

따라서 앞으로 카마겟돈의 가장 큰 피해자는 구조조정에 나선 기업이 아니라, 이를 실행하지 못한 기업이 될 것이라고 전문가들은 경고합니다. 다시 말해 현재 변화를 외면하고 안정적인 상황을 즐기는 자동차 기업이 결국에는 가장 먼저 위험에 처하게 될 가능성이 크다는 것입니다.

현대차 등 한국의 자동차 산업도 선제적 구조조정이 절실한데요. 강성 노조, 경직된 노동 환경 등으로 혁신이 어려운 상황입니다. 미래차 기술로의 전환, 특히 소프트웨어·컴퓨터·자율주행 관련 인재 확보도 글로벌 경쟁 기업에 비해 더디게 이뤄지고 있습니다. 한 자동차 애널리스트는 "노조 반대로 현대차의 인력 조정 관련 시도가 번번이 좌절되고 있어, 앞으로도 이런 상황이 쉽게 바뀌기는 어렵다는 것이 문제"라고 지적했습니다.

일하는 방식과
제도의 변화가 절실하다

이런 일들이 의미하는 바를 정리해보겠습니다. 최근 미국 상황을 예로 들어보죠. 미국에선 화이트칼라 중에서도 하이테크 기술직 외에는 임금이 오르지 않거나 오히려 내려가는 경우가 많아지고 있습니다. 단순 사무직은 말할 것도 없고, 대학교수들의 월급도 오르지 않습니다. 상대적으로 월급이 높다는 금융직군 역시 엔지니어링을 바탕으로 한 직군은 대우가 올라가는 반면, AI 등으로 보완 또는 대체가 가능한 직군은 아예 자리가 통째로 사라지거나 인원이 절반으로 줄거나 급여가 줄어드는 사태도 발생하고 있습니다.

화이트칼라 쪽도 이럴진대, 생산직군은 더 말할 것도 없겠죠. 한국처럼 준선진국 반열에 오른 나라에서는 단순 생산직을 대규모로 유지해서는 미래가 없습니다. 생산직이라고 해도 높은 부가가치를 낼 수 있는 실력을 갖춘 쪽이 대우를 받고 유지돼야 합니다. 그리고 많은 부분에서 더 많은 부가가치를 낼 수 있는 인재, 하이테크 엔지니어 쪽의 인재가 더 늘어나야 합니다. 그러려면 먼저 이들을 감당할 수 있는 양질의 일자리가 늘어나야 하죠.

자동차 공장의 대표적인 생산직인 의장(조립) 라인의 인력은 얼마 안 가 절반은 필요 없어질 것입니다. 장기적으로는 지금 한국 완성차 회사에 근무하는 생산직의 10~20%만으로도 충분히 돌아가게 될 것입니다. 테슬라가 그런 환경을 가장 먼저 이끌 것이고, 다른 자동차 회사들도 살아남기 위해서는 어쩔 수 없이 따라가야 하니까요.

빈부격차가 고학력과 저학력 사이에서만이 아니라 고학력자 중에서도 직군, 분야에 따라 극명하게 갈리는 세상이 오고 있습니다. 테슬라가 보여주듯 자동차 산업의 하이테크화, 지식노동자 중심으로의 변화에 우리가 어떻게 대응할 것인지에 대한 논의는 앞으로도 계속될 것입니다.

한국은 제도 면에서도 대응하지 못하고 있습니다. 주 52시간 제도의 취지는 좋지만, 결국은 평균적인 인간의 삶에 맞춘 제도라고 할 것입니다. 이게 흐름이라고 해도, 실제로 테슬라가 지금까지 단기간에 이뤄낸 놀라운 성취는 이런 수량적인 재단이 아니라 성과 중심의 일하는 방식에 따른 것입니다.

테슬라에는 현재 AI 개발과 관련한 천재급 엔지니어들만 500명이 넘는 것으로 알려져 있습니다. 각 분야 엔지니어들을 합치면 일류 엔지니어만도 수천 명에 달합니다. 이들은 낮에도 일하고 밤에도 일하고, 점심시간에도 샌드위치 먹고 일하고, 필요하면 주말에도 일합니다. 물론 그에 합당한 보상이 따르겠지만, 중요한 것은 성과와 목표를 위해 엄청난 집중력과 강도로 일하면서 물리적으로도 오래 일한다는 것입니다.

반면 현대차 연구개발의 총본산인 남양연구소에는 1만여 명의 엔지니어가 있지만, 주 52시간에 묶여 있습니다. 더 일한다고 해서, 더 많은 성과를 낸다고 해서 그에 합당한 보상을 주는 체계도 갖춰져 있지 않습니다. 주 52시간이 문제라는 얘기가 아닙니다. 진짜 중요한 것은 일을 무조건 많이 해야 한다는 게 아니라 일을 제대로 하고 싶은 사람, 더 높은 목표를 달성하고 싶은 사람에게 그런 제도가 제약 요인이 되지 않게 해야 한다는 것입니다. 그리고 그런 사람에게 어떻게 충분한 보상을 줄 수 있느냐도 중요하고요.

기존의 관리조직형 직원들로 이뤄진 기업이라면 테슬라 같은 성취를 이룰 방법이 없습니다. 일하는 방식을 변화시키고자 할 때 물론 워라밸(일과 삶의 균형)도 중요하지만, 그와 더불어 원하는 것을 어떻게 제대로 이룰 것인가에 초점을 맞춰야 한다는 뜻입니다.

변화의 발목을 잡고 기업을 죽이는 '레거시 코스트'

테슬라의 전기차는 새로운 기술이 아니기 때문에 기존 업계가 마음만 먹으면 금방 따라잡을 수 있다는 시각도 꽤 있습니다. 물론 그럴 가능성도 있습니다. 아직은 기존 자동차 업체들의 반격이 본격적으로 시작되지 않았으니까요. 최종적으로 어떤 결말이 날지 확인하려면 시간이 좀더 필요할 듯합니다.

　하지만 앞서 말씀드린 대로, 기존 자동차 업체들이 테슬라를 추격하거나 제압하기란 생각보다 어려울 것입니다. 일본의 전장 전문가들이 모여 테슬라 차량을 뜯어보고 테슬라의 통합 전자제어 플랫폼이 얼마나 앞선 기술인지를 절감했다는 말씀도 드렸죠. 기존 자동차 업체들이 2025년을 지향점으로 추진하고 있는 전자제어 플랫폼을, 테슬라는 이미 2019년에 나온 자사의 모델3 차량에서 구현한 겁니다. 이를 달리 말하면, 기존 자동차 업계도 전기차를 '움직이는 고성능 컴퓨터'처럼 만드는 것이 자동차의 미래라는 것을 잘 알고 있다는 거죠.

그렇다면 답은 나왔습니다. 테슬라를 잡기 위해서는 테슬라보다 더 뛰어난 전자제어 플랫폼을 만들면 됩니다. 기존 자동차 업체가 테슬라의 장점도 모두 파악했고, 어떻게 해야 이길 수 있는지 기술적 방향도 다 알고 있다는 거죠. 그런데 테슬라를 추격하는 것이 왜 어려울까요?

혁신을 제약하는 성공 체험, 레거시 코스트

그 이유를 단 한 가지로 설명할 수 있습니다. 바로, '레거시 코스트 legacy cost(과거 유산의 비용)'입니다. 레거시 코스트란 어떤 혁신을 하려 할 때 이미 갖고 있는 조직이나 기업 문화, 조직 내의 사람들이 도움을 주는 게 아니라 오히려 제약 요소, 거대한 비용으로 작용하는 것을 의미합니다. 어렵게 생각할 것 없습니다. 당신이 국내 대기업 조직에 있거나, 꼭 대기업이 아니더라도 과거의 강력한 성공 체험이 고위급을 지배하고 있는 조직에 있다면 충분히 경험했을 만한 일들이니까요.

테슬라라는 거대한 변혁의 파도를 바라보는 자동차 업계의 반응도 똑같을 가능성이 있습니다. GM이 체질 개선에 성공하기 이전, 예전의 GM에 관한 유명한 농담이 있죠. GM의 한 조직이 회의를 하고 있었습니다. 회의실에 뱀이 들어왔습니다. 그러자 뱀을 어떻게 쫓아낼 것인가를 두고 격론이 벌어졌습니다. 결국 뱀을 쫓아낼 방법을 알려줄 컨설팅 업체를 선정하기로 했습니다. 그리고 컨설팅 업체를 어떤 기준으로 선정할지를 논의할 새로운 회의체를 구성하기로 했습니다. 그리고 나서는 그 회의체에 누구를 넣어 어떻게 만들지 논의하느라 또 시간을 보냈습니다. 그러는 사이 뱀은 사라져 버렸습니다.

GM 회의실에 등장한 뱀을 테슬라로 바꿔보면 어떨까요? 테슬라가 기존 자동차 업계에 큰 충격을 주고 있다면, 테슬라의 장단점을 파악해 장점을 빨리 따라잡고 단점을 공격해 물리쳐야 합니다. 나중이 아니라 지금 당장 말입니다. 누구든 나서야 합니다. 하지만 일단 누가 나설 것인지부터 책임 공방이 일어납니다. 아무도 총대를 메려 하지 않습니다. 각 조직의 수장들도 자기 조직을 보호하는 게 우선이고, 괜히 혼자 나섰다가 실패하기라도 한다면 그 책임을 온전히 뒤집어써야 할까 봐 걱정부터 앞섭니다. 성공한다고 해도 걱정입니다. 테슬라의 전기차나 통합 전자제어 플랫폼은 전형적으로 기존 시장을 파괴하는 성격의 기술입니다. 테슬라를 성공적으로 추격한다고 해도, 이미 돈을 잘 벌고 있는 자사의 내연기관차 사업에서 이익이 크게 줄어든다면 그 뒷감당을 어떻게 해야 할지도 걱정입니다. 성격이나 종류만 다를 뿐, 이런 일들은 지금도 어느 조직에서나 비일비재하게 일어나고 있습니다.

한편으로는 테슬라가 자동차 관련 기술을 충분히 축적하지 못했다는 것 때문에 비판을 많이 받지요. 2019년에는 머스크 자신도 "테슬라가 생산 지옥production hell에 빠졌다"라고 말할 만큼 큰 위기를 겪었습니다. 테슬라 최초의 보급형 차량인 모델3를 대량생산하는 과정에서 많은 문제가 발생해 고통을 겪었던 거죠. 양산 과정을 제대로 견디지 못하고 테슬라가 무너질 가능성도 있었습니다. 하지만 생산 관련 세계 최고의 전문가들을 모아 일단 생산 지옥을 통과했습니다. 물론 여기서 끝난 것은 아닙니다. 테슬라가 품질이나 유지보수 등 자동차 업체가 반드시 갖춰야 할 능력을 구비해나가는 과정에서 앞으로도 많은 시련이 있을 것입니다.

하지만 테슬라가 자동차를 잘 모르고 시작했기 때문에 겪는 여러 시행착오나 실패 가능성보다 기존 자동차 회사들의 레거시 코스트가 더 문제일 수 있습니다. 이를 2007년 애플이 아이폰을 내놓았을 때의 사례와 비교해보겠습니다.

당시 애플은 피처폰을 제대로 만들어본 적도 없고, 관련 기술을 갖고 있는 것도 아니었습니다. 반면 노키아는 피처폰의 세계 최강자였죠. 노키아가 애플보다 기술력이 뒤처졌을까요? 엔지니어의 수준이 떨어졌을까요? 벌어놓은 돈이 부족했을까요? 모든 것을 갖추고 있었지만, 결국 애플에 대적하지 못하고 무너지고 말았습니다.

다시 말해, 아무리 많은 기술과 인재와 돈을 갖고 있는 조직이라고 해도, 레거시 코스트가 일정 수준을 넘어가면 혁신을 이루기가 매우 어려워질 수 있다는 것입니다. 그러므로 설령 처음에는 기술이나 인재가 부족할지라도 아예 새로 시작하는 것이 더 효율적일 수 있다는 얘기입니다.

영원할 줄 알았던
GM과 노키아

지금 아무리 대단해 보이는 조직과 외형을 갖고 있다고 해도 그것이 혁신 앞에 얼마나 빠르게 무너질 수 있는지, 과거의 취재에서 뼈저리게 깨달은 적이 있습니다. 두 가지를 말씀드리겠습니다.

첫 번째는 2007년 겨울이었습니다. GM의 릭 왜거너^{Rick Wagoner} CEO 겸 회장을 만나기 위해 호텔을 나섰지요. 당시 GM은 2006년에 판매 대수 1위 자리를 도요타에 내줬고, 최고 전성기 때 70%에 달했던 미국 시장 점유율이 20%대 중반까지 떨어진 상태였습니다.

GM 본사의 위용은 대단했습니다. 디트로이트 도심에서 가장 높은 르네상스 타워 꼭대기에는 푸른 바탕에 하얀 글씨로 거대한 GM 로고가 새겨져 있었습니다. 크기와 화려함에 압도된 채 건물 안으로 들어갔습니다. 10여 평 크기의 인터뷰 룸에 왜거너 회장이 편안한 자세로 앉아 있었습니다. 거대 기업의 보스 풍모가 대단했습니다. 그는 "GM은 영원하다"라고 했습니다. 하지만 그로부터 1년여 뒤, GM은 기업파산이라는 운명을 맞았습니다.

두 번째는 2013년 핀란드에서 만난 노키아입니다. 크리스마스를 한 주 앞둔 날, 헬싱키 시내에서 택시를 탔습니다. 모바일 업계 거인이었던 노키아가 2007년 등장한 애플 아이폰 때문에 급속히 무너져내린 결과, 모바일 사업부와 본사 건물이 MS에 통째로 매각됐다는 소식이 나온 직후였지요.

서쪽으로 25분쯤 달려 마주친 핀란드 제2 도시 에스포의 맑고 평온한 호숫가. 그 너머로 투명하게 빛나는 거대한 복합 단지. 노키아 본사였습니다. 참 아름다웠습니다. 본사 리셉션 건물엔 노키아의 과거 영광을 상징하는 유명 휴대폰 계보가 실물과 함께 전시돼 있었습니다. 하지만 사무실은 대부분 비어 있었고 몇 군데는 이사 준

그림 1-4 핀란드 에스포에 있는 노키아 본사

본사 건물과 모바일 사업부는 2013년 마이크로소프트에 매각됐다. ©노키아

비로 분주했습니다. 그때 느꼈지요. 거대한 건물 따위는 허상에 불과하다는 것을요.

원래 혁신의 상징이었던 노키아의 기업 문화는 회사가 성장할수록 관료적이고 안정지향적인 문화로 바뀌어갔습니다. 노키아는 2000년대 후반까지 핀란드 젊은이들의 입사 선호도 1순위였는데요. 이곳에 들어가 혁신을 하고 싶기 때문이 아니라 가장 많은 월급을 받고 안정적인 삶을 누릴 수 있기 때문이었지요. 혁신과 모험을 통해 휴대폰 시장을 평정했던 노키아가 가장 모험을 싫어하는 기업으로 바뀐 겁니다.

결국 GM이나 노키아나 과거에는 수많은 혁신이 쏟아져나온 기업이었지만, 어느 순간부터 기존의 조직이 혁신에 도움이 되기는커녕 거대한 레거시 코스트로 작용하게 된 겁니다. 반면, 테슬라는 레거시 코스트에서 자유로운 회사입니다. 백지상태에서 시작했기 때문에 일론 머스크가 추구하는 이상향을 향해 최고의 인재를 끌어모아 최고의 플랫폼을 만들어나갈 수 있습니다.

영국의 자동차 산업과
미국의 산업용 로봇

레거시 코스트가 얼마나 위험한 것인지 제조업 역사에서 증명하는 일이 또 있습니다. 하나는 반세기 전까지만 해도 미국과 함께 세계 자동차 산업의 쌍두마차였던 영국 자동차 산업의 몰락이고요. 또 하나는 산업용 로봇 관련 원천기술을 대부분 개발했던 미국의 현주소입니다.

영국은 산업혁명의 발상지인 동시에 현대 기계 발명품의 대부분이 시작된 엄청난 나라입니다. 1960년대까지만 해도 영국 자동차 산업의 위세는 대단했습니다. 롤스로이스 · 벤틀리 · 재규어 · 랜드로버 · 애스턴마틴 · 로버 · 미니 같은 자동차 브랜드가 전부 영국 것이었지요. 현재는 외국에 전부 매각되거나 공중분해돼 자국 양산차 브랜드가 하나도 남아 있지 않습니다. 영국 자동차 산업이 망한 것은 기술력이나 인재가 없어서가 아니었습니다. 본업 대신 정치로 싸웠기 때문입니다. 자동차 회사는 지역정치의 희생양이었죠. 전문가들은 지역고용이니 균형발전이니 하는 명분으로 연구소와 공장을 자기 지역구로 유치하려는 포퓰리즘 정치가들에게 굴복했습니다. 비효율이 차츰 심해졌고, 결국 자동차 산업의 경쟁력은 무너져 내렸습니다.

산업용 로봇은 자동차를 생산할 때 반드시 그리고 대량으로 필요합니다. 스마트팩토리가 보급되면서 그 역할이 갈수록 강조되고 있지요. 산업용 로봇의 원천기술은 대부분 1950년대 미국의 대학과 군軍에서 왔습니다. 그렇지만 현재 세계의 주요 산업용 로봇 회사 가운데 미국 기업은 보이지 않습니다. 일본 기업, 몇몇 유럽 기업이 전부입니다.

왜 미국은 산업용 로봇의 원천기술을 제공했으면서도 관련 산업을 일구지 못했을까요? 그리고 왜 영국 자동차 회사들은 전부 망했을까요?

1970년대 영국과 한국을 비교해보면 그 이유를 알 수 있습니다. 당시 영국 자동차 엔지니어는 차 만드는 모든 법을 알았습니다. 하지만 경쟁력을 스스로 갉아먹는 사회 분위기와 정치적 조치 때문에 위축되어 갔습니다. 그에 비해 한국 자동차 엔지니어는 모든 것을 배워야 했습니다. 누가 제대로 가르쳐주는 것도 아니어서 외국인에게 어깨너머로 또는 훔치다시피 배워야 할 때도 많았습니다. 하지만 좋은 차를 만들고자 하는 열망이 경영자·엔지니어·현장 노동자 모두를 하나로 만들었습니다.

당시 현대차는 영국 최대 자동차 회사 브리티시레일랜드, 제2차 세계대전 때 전투기를 만들던 기술력을 보유한 미쓰비시그룹 계열의 미쓰비시자동차에서 유명 엔지니어들을 스카우트했습니다. 이들이 한국으로 온 결정적 이유는 자국에서 몸담았던 회사의 경영에 대한 실망감 그리고 새로운 환경에서 더 좋은 차를 만들어보고 싶다는 열망 때문이었습니다. 즉 영국이 자동차 기술이 모자라 자국 자동차 회사들이 망해간 게 아니라는 얘기입니다. 마찬가지로, 미국이 산업용 로봇 분야에서 뒤처진 것도 기술이 부족해서가 아니라는 얘기죠.

오늘날 테슬라의 약진을 보면, 1970년대 한국 자동차 산업의 태동을 보는 것 같기도 합니다. 당시 현대차는 새로운 기술을 배우는 데 무섭게 파고들었고, 문제가 있으면 밤을 새워 해결해나갔습니다. 그런데 최근 들어서는 한국의 자동차 제조 분야도 과거 영국 자동차 산업이 무너진 것처럼 레거시 코스트에 얽매여 있지 않나 하는 생각이 들 때가 있습니다.

다만 기존 자동차 업체들이 이대로 무너질 것 같지는 않습니다. 뛰어난 몇몇 업체는 이미 테슬라의 위협에 대한 원인 분석을 끝냈을 것이고, 내연기관과 전기차의 판매 밸런스나 통합 전자제어 플랫폼의 개발과 전개 수준 등에 대한 전략도 수립했을 것으로 생각합니다.

이때 한 가지 중요한 점이 있습니다. 과거에 피처폰 업체들이 애플 아이폰의 위협을 간과하고 대응을 늦췄다가 회사 존립까지 위협받았던 것과 비슷한 상황을 초래하지 않으려면, 위협을 매우 심각하게 받아들이고 이를 계기로 내부의 레거시 코스트를 없애나가는 데 전력을 다해야 한다는 겁니다. 그게 가능한 회사라면 살아남을 것이고, 그게 안 되는 회사라면 미래를 기약하기 어렵습니다.

TESLA

2장
테슬라의 진짜 경쟁력은 눈에 보이지 않는 곳에 있다

SHOCK

TESLA SHOCK

모방하기 힘든
'하드웨어 3.0'의 비밀

테슬라의 진짜 경쟁력은 어디에 있을까요?

앞서도 한번 짚어봤지요. '전기차는 새로운 기술이 아니기 때문에 마음만 먹으면 테슬라 차량의 성능은 금방 따라잡을 수 있다'라는 시각에 대해서 말입니다.

정말 그럴까요? 전기차라는 '하드웨어' 중에서 눈에 보이는 부분만 따지면 그렇게 생각할 수도 있겠지요. 차체 설계와 조립·마감 능력은 기존 자동차 회사들이 더 뛰어날 테고, 배터리와 모터 등은 어차피 외부에서 가져다 쓰면 되니까요.

하지만 전기차 하드웨어의 경쟁력은 사실 눈에 보이지 않는 부분에 있습니다. 눈에 보이지 않는 부분이라는 게 뭘 의미할까요? 이를 아주 구체적으로 분석한 사례가 있습니다. 2020년 초, 일본 자동차 전문지 〈닛케이 오토모티브〉가 테슬라 최초의 본격 양산차인 모델3를 뜯어 분석한 뒤 발간한 보고서 자료입니다. 이들이 모델3를 분해해보고 가장 놀란 것은 차량에 탑재된 통합 전자제어 플랫폼의 높은 완성도였습니다. 테슬라에서는 이 플랫폼을 '하드웨어 3.0'이라고 부르는데요. 일본의 한 자동차 회사 엔지니어는 이를 들여다본 뒤 "우리 회사는 이렇게 만들 수 없다. 우리보다 최소 6년 앞섰다"라면서 백기를 들었다고 합니다.

ECU 3개로
차량의 모든 기능을
제어한다

그렇다면, 통합 전자제어 플랫폼이라는 게 무엇이고 이것이 왜 중요한 걸까요?

통합 전자제어 플랫폼이란, 자율주행이나 차량 성능의 업데이트가 쉽게 되도록 모든 기능을 중앙에 집중해 제어하게 만든 플랫폼을 말합니다. 모델3의 통합 전자제어 플랫폼은 초고성능의 ECU(전자제어유닛) 딱 3개로 구성돼 있습니다. 이 3개로 차량의 모든 기능을 제어하고 검증·보완까지 할 수 있도록 설계된 거죠. 소수 정예의 ECU만으로 차량의 모든 기능을 통합 관리하는 겁니다.

이 3개라는 숫자가 얼마나 적은 것인지는 다른 회사 차량의 ECU

숫자를 보면 알 수 있습니다. 보통은 ECU 숫자가 수백 개에 달합니다. 크고 작은 ECU가 가기 다른 기능을 제어하는 분신형 진자제어 방식에 머물러 있기 때문입니다. 테슬라 차량은 중앙의 두뇌가 차량에서 일어나는 모든 일을 인식하고 처리해 명령을 내리는 반면, 다른 회사 차량은 그런 처리 과정이 제각각 일어난다는 얘기입니다. 그나마 정리가 잘돼 있다는 폴크스바겐의 최신 차량조차 ECU가 70개 이상 들어 있고, 통합제어에서 앞서 있다는 닛산 신형 전기차 리프에도 ECU가 30개가량 들어 있습니다.

전기차 1대당 ECU 숫자가 테슬라는 3개, 닛산은 30개, 폴크스바겐은 70개, 그리고 나머지 브랜드는 수백 개라는 얘기입니다. 수준 차이가 느껴지시나요? 테슬라는 ECU 숫자를 극단적으로 줄여 중앙에서 통합 관리함으로써 자율주행기능이나 차량 성능을 무선으로 업데이트OTA해줄 수 있습니다. 스마트폰의 운영체제가 업데이트 되면 스마트폰을 새로 사지 않아도 향상된 성능을 즐길 수 있는 것과 마찬가지입니다.

차량 기능을 무선으로 업데이트할 때 소프트웨어 오류를 최소화 하려면 차량 내 ECU 간의 호환성이 높아야 하고, 플랫폼 전체의 동작을 효과적으로 검증해야 합니다. 당연하게도, ECU 수가 적을수록 이런 과정의 수고를 줄일 수 있죠. 또 ECU가 줄어들면 각 ECU 간의 배선도 줄일 수 있어 경량화나 공간 절약에도 도움이 됩니다. 이런 모든 것을 고려해 개발한 것이 바로 테슬라의 통합 전자제어 플랫폼입니다. 이런 설계가 제대로 돼 있지 않다면 테슬라처럼 무선 업데이트를 하기가 어렵고, 한다고 하더라도 소프트웨어상의 오류가 더 많이 발생할 수 있습니다.

기존 자동차 업체들도 테슬라 차량처럼 OTA 등을 구현하기 위해 통합 전자제어 플랫폼을 개발 중입니다. 그러나 업계에서는 '실용화는 2025년 이후'라고 말해왔습니다. 테슬라가 현행 전자제어 플랫폼인 하드웨어 3.0을 자사 차량에 보급하기 시작한 게 2019년 초부터니까 최소 6년은 앞서 있는 셈입니다. 테슬라는 자율주행 시스템의 진화에 맞추어 이 플랫폼을 쇄신하고 있습니다. 2014년 9월에 1세대를 투입한 이후, 2~3년마다 한 번이라는 매우 짧은 주기로 버전을 업데이트해 현재 3세대(하드웨어 3.0)에 이르렀습니다.

테슬라의 '전기차+자율주행차 플랫폼'은 처음부터 높은 수준의 통합제어와 OTA 기반을 완비했기 때문에 기존 자동차 회사가 따라 하기 어렵습니다. 그 이유를 보여주는 사례가 바로 벤츠와 엔비디아의 차량용 통합 전자제어 플랫폼 개발 건입니다.

두 회사는 2020년 6월, 자율주행 기술을 탑재하는 차량의 컴퓨팅 아키텍처를 공동 개발하여 2024년부터 양산한다고 발표했는데요. 벤츠의 S클래스부터 A클래스까지 모든 차세대 모델에 탑재할 예정입니다. 여기서 주목할 것이 탑재된 차량이 나오는 시기입니다. 2024년이죠. 엔비디아는 자율주행 쪽에서 강력한 개발 능력을 보유한 업체이고, 벤츠는 자동차 업체 중 소프트웨어 개발 능력과 이해도가 가장 높은 기업 중 하나로 꼽힙니다. 두 일류 기업이 총력을 기울여 개발에 나섰지만, 성과물이 나오는 것은 빨라야 4년 뒤라는 겁니다. 이것이야말로 테슬라의 통합 전자제어 플랫폼 기술이 얼마나 선진적인지를 보여준다고 하겠습니다. 벤츠와 엔비디아가 이럴진대, 다른 자동차 회사들이 뛰어난 성능의 통합 전자제어 플랫폼을 양산차에 얼마나 빨리 탑재할 수 있을까요.

통합 전자제어 플랫폼 경쟁의
승자는 누가 될까

일대일 비교는 어렵지만, 2007년 애플의 아이폰이 나온 후 기존 휴대폰 업계 강자들의 대응을 생각해보면 이해하기가 쉬울 것입니다. 아이폰은 단말기 내에 강력한 통합 전자제어 플랫폼을 탑재해 다양한 기능을 매끄럽게 구현했고, 무선 업데이트로 전체 성능을 개선할 수 있도록 했습니다. 노키아, 삼성 등은 처음에는 이를 가볍게 봤습니다. 자체 개발한 플랫폼을 통해 아이폰에 곧 맞설 수 있으리라고 여겼죠. 그러나 아이폰 같은 성능의 제품을 내놓는 게 쉽지 않다는 것을 곧 깨달았습니다. 결과는 다들 알고 계시는 대로입니다.

현재 테슬라의 경쟁력도 비슷한 맥락에서 바라볼 수 있습니다. 테슬라 차량에 탑재된 통합 전자제어 플랫폼은 다른 자동차 회사 차량에 탑재된 것들과는 비교할 수 없을 만큼 강력한 중앙집중식 컴퓨팅 파워를 갖고 있습니다. 이런 성능이 필요한 이유는 테슬라가 현재 운용하고 있는 주행보조 시스템, 그리고 앞으로 OTA를 통해 성능을 높여나갈 자율주행기능과 관련된 모빌리티 서비스를 제대로 구현하기 위해서입니다.

테슬라는 처음부터 전기차로 시작했기 때문에 처음 설계 때부터 자신들이 마음먹은 가장 이상적인 시스템을 구현하기 위해 선택과 집중을 할 수 있었습니다. 하지만 다른 자동차 회사들은 내연기관에서부터 시작한 오랜 역사가 있죠. 따라서 차량 제어도 내연기관차가 기본입니다. 이런 이유로, 갑작스럽게 전기차와 통합 전자제어 플랫폼으로 이행하기는 처음부터 전기차로 시작한 테슬라보다 훨씬 더 복잡하고 어렵습니다.

기존 자동차 업체의 엔지니어들이 테슬라의 통합 전자제어 플랫폼을 보고 '우리는 할 수 없다'라고 말한 것은 그들의 개발 능력이 부족해서만은 아닙니다. 도요타나 폴크스바겐 같은 일류 회사들에는 소프트웨어·전자제어 관련 인재가 아주 많습니다. 산하의 개발 업체도 많고요. 그런데도 테슬라 같은 통합 전자제어 플랫폼으로 쉽게 가지 못하는 큰 이유는 기존 부품·개발 업체와의 관계 때문이기도 합니다. 시스템을 뜯어고치려 한다면, 지금까지 자동차 회사의 성장을 뒷받침해온 견고한 공급사슬을 파괴하고 새로 시작해야 하는데요. 그러자면 엄청난 손실과 고통이 따를 수밖에 없습니다.

테슬라의 통합 전자제어 플랫폼을 이기기 위해선 기존 자동차 업체들이 테슬라보다 더 빨리 움직여야 합니다. 그러나 자동차 회사의 경쟁력을 뒷받침해왔던 '과거의 유산'들이 발목을 잡습니다. 이제야 테슬라와 비슷한 형태의 통합 전자제어 플랫폼 개발에 나서고 있는데, 얼마나 빠르게 진전될지는 아직 미지수입니다.

반면 테슬라는 하드웨어 3.0의 차기 버전인 하드웨어 4.0을 2021년 말에 내놓을 예정입니다. 현재 버전도 기존 업체보다 6년은 앞서 있다고 하는데, 2021년이면 그 성능이 한층 더 향상될 것이라는 얘기입니다.

기존 자동차 업체들은 앞으로 어떻게 될까요. 자체적인 통합 전자제어 플랫폼 개발에 실패하고 무너질까요? 아니면 테슬라나 다른 IT 업체가 개발한 통합 전자제어 플랫폼과 소프트웨어 운영체제에 올라타 살아남을까요? 자동차 업체들이 결국에는 테슬라를 제압할 수도 있지 않을까요?

자동차 업계의 통합 전자제어 플랫폼 경쟁이 앞으로 어떻게 전개될지 궁금해집니다.

테슬라는
제조업의 본질까지
꿰뚫고 있다

앞서 테슬라의 경쟁력 중 하나로 모빌리티 서비스를 혼자 힘으로 완전히 수행할 수 있게 하는 강력한 수직계열화를 꼽았습니다. 그런데 이런 수직계열화에서 유일하게 빠진 퍼즐이 바로 배터리입니다. 테슬라가 배터리를 싼값에 대량으로 생산할 방법만 찾는다면, 모빌리티 서비스 확대를 위한 전제조건인 차량 보급이 더 빨라질 수 있겠지요. 만약 테슬라가 지금보다 더 성능이 좋고 더 저렴한 배터리 기술을 개발한다면, 수직계열화의 완성을 알리는 동시에 기존 업체들이 테슬라를 추격하기가 더욱 어려워질 겁니다.

2020년 9월 23일 열렸던 테슬라의 배터리 신기술 발표 행사 '배터리데이'를 보면서 그렇게 될 가능성도 있다고 느꼈는데요. 배터리데이에서 경쟁사를 압도할 어떤 혁신기술이 나왔기 때문이 아닙니다. 오히려 저는 소프트웨어로 앞서가는 테슬라가 '가격'과 '제조' 경쟁력에서도 업계 강자가 될 수 있음을 보여주었다는 점이 너무 두려웠습니다. 테슬라가 실리콘밸리에서 온 '이단아'가 아니라, 이제는 자동차 제조에서 업계 리더가 될 수도 있다는 생각이 들었습니다.

물론 시장을 놀라게 할 만한 신기술이 등장한 것은 아니어서, 단기적으로 주가에 부정적일 수도 있습니다. 이번 발표의 핵심인 '반값 배터리'도 아직은 계획 단계일 뿐 실현되기 전이니까요. 그러나 실현되는 게 시간문제일 뿐, 이번 발표 내용이 매우 위협적이라고 보는 전문가들도 꽤 있습니다. 배터리데이에서 알게 된 정말 중요한 점은 반값 배터리를 가능케 하는 테슬라의 제조업에 대한 오랜 학습과 깊은 이해, 그에 따라 무섭게 발전하는 제조 경쟁력이 아닐까 합니다.

우선 배터리데이의 핵심 내용 세 가지를 짚으면서 어떤 의미인지 알아보겠습니다.

배터리데이의
세 가지 핵심

- 전고체배터리, 100만 마일 배터리 등의 혁신기술은 나오지 않았다.
- 배터리 원가를 56% 낮춘다. 시작은 12~18개월 뒤부터. 완전 실행엔

3년쯤 걸릴 것. 이를 기반으로 2만 5,000달러(2,800만 원)짜리 전기차를 내놓겠다.

- 배터리 원가를 낮추는 데 필요한 배터리셀의 자체 생산을 시험하는 공장을 가동한다.

혁신기술은 나오지 않았다

배터리데이 전에는 전고체배터리 같은 혁신기술이 나올 수 있다는 루머가 있었지만 언급되지 않았습니다. 전고체배터리는 지금의 리튬이온배터리에 비해 성능이 더 뛰어나고 화재위험도 거의 없는 꿈의 배터리입니다. 삼성이나 도요타 등이 가능성을 흘리고 있지만 아직 상용화하진 못했죠. 제대로만 나온다면 배터리 업계 게임체인저가 될 수 있을 텐데요. 아직은 시간이 좀더 필요할 것 같습니다. 또 100만 마일(160만 킬로미터)까지 주행할 수 있는 초^超장수명 배터리가 발표될 거라는 예측 보도도 있었지만 역시 나오지 않았습니다. 이날 주가가 하락한 것도 테슬라가 시장을 뒤흔들 만한 혁신기술을 발표하지 못한 데 대한 실망 때문이었을 겁니다.

배터리 원가를 56% 낮추고, 2만 5,000달러짜리 전기차를 내놓겠다

배터리 원가를 56% 낮추겠다고 한 것은 매우 큰 의미가 있습니다. GM이 자사의 차세대 배터리 '얼티엄'을 개발해 기존보다 원가를 30% 낮추겠다고 했는데요. 테슬라는 이보다 더 나아간 셈입니다. 테슬라의 배터리 원가는 2019년 기준 킬로와트시^{kWh}당 156달러로 추정됩니다. 원가가 56% 낮아지면 kWh당 70달러 이하가 되는 셈입니다. 배터리값이 이 정도로 낮아지면 전기차를 내연기관차보다 더 저렴하게 만들 수 있습니다. 이는 테슬라가 보조금 없이 순수 판매가로만 2만 5,000달러짜리 전기차를 내놓고도 이익을 낼 수 있는 단계로, 테슬라의 전기차 보급이 대중차 시장에도 큰 영향을 미치는 일이 몇 년 안에 벌어질 수 있다는 얘기입니다.

배터리셀의 자체 생산 공장을 시험 가동한다

테슬라가 배터리셀(배터리 시스템 구성의 기본 단위)을 자체 생산하는 공장을 가동한다는 것인데요. 국내 배터리 업계 등에 미치는 영향이 큽니다. 테슬라는 지금도 배터리 시스템을 자체 생산하고 있지만, 배터리 시스템에 들어가는 배터리셀은 일본 파나소닉, 한국 LG화학, 중국 CATL 등에서 공급받습니다. 이것에 당장 변화가 생길 리는 없겠지만, 별도로 자체 생산도 하겠다는 겁니다. 그런데 시험 생산치고는 규모가 어마어마합니다. 연간 10기가와트시^{GWh}거든요.

게다가 테슬라는 2022년에 100GWh, 2030년엔 무려 3테라와트시^{TWh}까지 생산을 늘리겠다고 밝혔습니다. 이게 얼마나 큰 것이냐면요. 2020년 상반기 세계 전기차 배터리 시장 점유율 1위인 LG화학의 연내 목표 생산 능력이 연간 100GWh입니다. 테슬라가 2년 뒤에 100GWh를 얘기했다는 것은 파나소닉, LG화학, CATL에 메시지를 던지는 것이기도 합니다. 세 회사는 테슬라에 납품하기 위해 서로 경쟁하는 것만이 아니라, 테슬라 내부 제품과도 경쟁해야 하는 거죠. 이를 통해 배터리 가격은 더 내려가고 성능은 더 높아지겠지요. 테슬라가 노리는 바가 이것일 겁니다.

업계에 미칠 영향

이번 발표에서 정말 중요한 부분이 무엇이고, 각 내용이 업계에 어떤 영향을 미칠지를 세 가지로 분석해보겠습니다.

테슬라가 제조업의 본질을 꿰뚫고 있다

배터리데이에서 일론 머스크 테슬라 CEO의 발표를 보면서, 그가 자동차라는 제조업의 본질을 꿰뚫고 있다고 느꼈습니다.

머스크는 이렇게 말했습니다. "프로토타입을 만드는 것보다 양산하는 게 100배 더 어렵다", "신기술이 있다고 해도 실제로 제조하는 것은 지극히 어렵다"라고요. 머스크가 제조업이 어떤 것임을 제대로 깨달았다는 얘기로 들립니다. 제조업의 본질과 성스러움에 대해 머스크가 솔직히 고백하는 것임은 물론, 그럴싸한 계획이나 프로토타입 하나 만들어놓고 곧 큰일이라도 일어날 듯 포장하고 주가나 띄우려는 무리에게 '제발 헛소리 집어치우라'고 일침을 날리는 것이기도 하죠.

그는 또 제조와 소프트웨어의 융합에 대해서도 아주 깊이 있는 이야기를 했습니다. "테슬라 차량은 소프트웨어가 엄청나게 중요하다. 그런데 자동차에서만 중요한 게 아니라 공장을 운영하기 위한 소프트웨어도 정말 중요하다. 이것이 아주 근본적인 부분이다"라고요. 테슬라가 자율주행이나 구독경제에 대비한 차량 탑재용 전자제어 플랫폼이나 운영체제·소프트웨어 등에서 다른 자동차 회사를 압도하고 있다는 점은 여러 번 말씀드렸는데요. 이제 생산을 위한 소프트웨어의 중요성까지 머스크가 얘기하고 있는 겁니다.

그는 어떻게 이런 말을 할 수 있을까요? 실제 현장에서 몸으로 부딪치고 고통받으면서, 머리가 아닌 마음으로 깨달았기 때문일 겁니다.

이번 배터리데이의 방향은 딱 두 가지입니다. 배터리 가격을 낮추는 것, 그리고 더 많은 배터리를 하루라도 더 빨리 만들어내는 것입니다. 이를 위해 고성능이지만 비싼 재료, 비싼 기술은 안 쓰겠다고 못을 박았습니다. 시장의 방향과 현실을 정확하게 파악하고 있는 겁니다.

머스크는 배터리 원가를 56% 낮추겠다는 구체적 목표를 제시했지요. 56%라는 높은 숫자도 놀랍지만, 더 중요한 것은 테슬라가 어떻게 이 목표를 맞추느냐입니다. 소재, 공정, 차량과 배터리 구조 등 수많은 분야에서 개선한 숫자를 합치는 방식으로 달성하겠다고 밝혔지요. 소재에서 몇 퍼센트, 배터리의 규격을 바꿔 몇 퍼센트, 어떤 공정을 바꿔 몇 퍼센트, 중간 공정을 아예 없애서 몇 퍼센트, 배터리 탑재 방식을 바꿔 몇 퍼센트… 이런 식으로 수많은 부분에서 조금씩 조금씩 개선해 전체적으로 '반값 배터리'를 달성한다는 것입니다.

이는 도요타 같은 일류 자동차 회사들이 하는 방식입니다. 한 가지를 엄청나게 잘한다고 해서 시장에서 이길 순 없다는 거죠. 눈에 잘 안 보이지만 하나씩 하나씩 개선하고, 기존의 관행을 깨고 혁신해나감으로써 경쟁력의 총합으로 이긴다는 겁니다. 지금 테슬라가 보여주는 방식이 바로 이겁니다.

일본 자동차 산업 연구의 권위자 후지모토 다카히로藤本隆宏 도쿄대 교수는 최근에 제게 "테슬라의 무서운 점은 IT 기반으로 새로운 제안을 하는 것뿐 아니라, 제조업의 본질을 제대로 배워나가고 있다는 것"이라고 말했습니다.

기존과 다른 방식으로 문제를 해결한다

테슬라의 강점으로 기존의 사고방식에 매몰되지 않는다는 점을 꼽지요. 기존 자동차 회사들은 오랜 관행이 있어서 이를 좀처럼 깨기 어렵습니다. 공정 하나 바꾸는 것조차 쉬운 일이 아닙니다. 지금도 큰 문제 없이 돌아가는데 괜히 바꿨다가 문제라도 생기면 "책임은 누가 질 건데?"라는 얘기가 나오기 마련입니다. 그리고 개선이라는 것은 강력한 동기·의지·권한이 있어야 가능한데 '내가 그걸 왜 해야 하는지' 이유부터 찾기 어려울 수 있습니다.

하지만 테슬라는 그렇지 않지요. 일단 해결해야 할 과제가 생기면 실행에 나섭니다. 테슬라는 배터리 원가를 크게 낮추고, 더 빨리 더 많이 생산하기를 원합니다. 그래서 생각하죠.

'이제부터 배터리셀을 자체 생산할 거야. 그런데 공장을 빨리 늘리기가 쉽지 않네. 만약 공장 하나의 생산 속도를 2배로 늘리면 공장 2개를 만드는 거나 다름없지 않을까? 이렇게 속도를 계속 높이면 공장 하나의 생산량이 다른 공장 5개, 10개와 맞먹게 될 수도 있지 않을까?'

그러기 위해 테슬라는 배터리셀을 만드는 기계도 스스로 설계해 공정을 최적화했습니다. 공정에 들어가는 기계도 단순화, 단일화하여 효율을 더 높였습니다.

머스크는 공정 속도를 비약적으로 높이는 방법에 대해 고속 윤전기와 유리병의 고속 보틀링 공정에서 영감을 얻었다고 말했습니다. 초고속으로 생산할 수 있으려면 조립 라인이 신호등 없는 고속도로

그림 2-1 공정 속도를 높이는 방법에 대한 영감

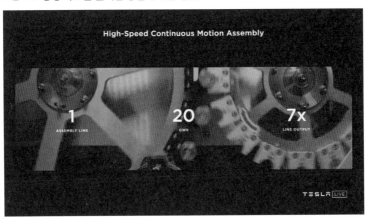

테슬라는 단일 조립 라인에서의 배터리셀 생산량을 최대 7배로 높일 것이라고 밝혔다. 이 아이디어를 고속 윤전기나 고속 보틀링 공정에서 얻었다고 설명했다. ⓒ테슬라 라이브 캡처

를 달리는 차처럼 빠르게 움직여야 하고, 또 모든 공정이 끊김 없이 연결돼야 한다는 거죠. 윤전기와 보틀링 공정을 철저히 연구해 이를 배터리셀 생산 공정에 차용한 겁니다.

꼭 새로운 기술이 아니더라도 인류가 생산 분야에서 축적한 지혜가 도처에 있는데, 보통은 내 영역이 아니라 생각하고 활용할 생각조차 하지 않죠. 테슬라의 장점은 업계의 기존 방법에만 의지하는 게 아니라 다른 분야까지 유연하게 연구하고 받아들여 그것을 문제 해결에 활용하고 자신의 능력으로 만든다는 데 있지 않을까 합니다.

이런 발표가 하나 더 있었습니다. 과거엔 비행기 날개 안에 연료탱크가 따로 들어가 있었다는군요. 그런데 요즘 어떤 비행기는 날개의 외형이 연료탱크의 케이스 역할도 겸한다고 합니다. 이렇게 하면 날개에 더 많은 연료를 실을 수 있지요. 그래서 테슬라는 배터리를 차량에 장착할 때 이 방법을 차용하기로 했습니다. 기존에는 별도 구조물이 배터리를 둘러싸 지지하는 식이었는데요. 배터리 자체가 구조물을 겸하는 형태로 바꾸기로 한 겁니다. 이렇게 함으로써 배터리 크기도 줄어들고, 더 가벼워지고, 구조물을 추가로 넣을 필요가 없기 때문에 배터리 넣을 공간도 늘어났습니다. 결국 형태와 구조를 바꿈으로써 비용을 아끼고 효율을 높인 거죠.

경쟁이 최고의 협력이다

비즈니스 세계에서 협력이란 무엇일까요? 어떤 기업이 협력업체에

그림 2-2 공간 창출 방법에 대한 영감

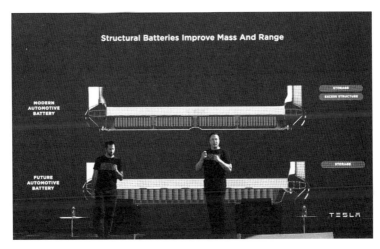

테슬라는 비행기에서 영감을 받아 배터리 자체가 구조를 지지하도록 형태를 바꿨다. 이를 통해 배터리 탑재 공간을 늘리고 효율도 높였다.

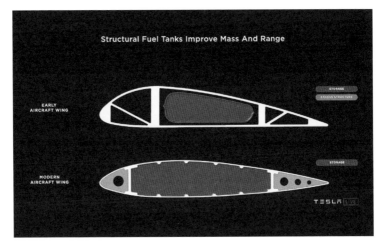

비행기의 날개 안에 따로 있던 연료탱크. 날개 자체가 연료탱크의 케이스 역할을 하면 연료를 더 많이 실을 수 있다. ©테슬라 라이브 캡처

이렇게 화를 낼 수 있겠지요. "왜 우리한테 더 협력하지 않는 겁니까?" 또는 "왜 우리에게 더 낮은 가격에 더 좋은 부품을 공급하지 않는 겁니까?"라고요. 그 협력업체가 만만하다면 강제 또는 협박으로 가격을 후려칠 수도 있겠고요. 만약 대체하기 어렵다면, 돈을 더 주고서라도 어쩔 수 없이 물건을 받아야 하겠죠.

그런데 이런 식으로는 협력업체를 제대로 다루기 어렵습니다. 납품 가격을 낮추려면 상대 사정이 어떤지 정확히 알아야겠지요. 또 상대가 원가절감 능력이 부족하거나 그 동기를 찾지 못한다면, 방법을 같이 찾거나 그들이 더 열심히 일하도록 자극을 줘야 합니다. 대체할 수 없는 협력업체에 대해서도 계속 달라는 대로 돈을 줄 수는 없지요. 그 회사가 마진을 얼마나 남기는지도 알 수 없는데 말입니다.

비즈니스의 세계, 전문가들의 세계란 그런 겁니다. 협력이란 것도 본질은 기브 앤 테이크인데, 내가 상대를 많이 알수록 얻어내는 것도 많아집니다.

만약 자동차 회사가 배터리 회사에 더 적극적인 협력을 원한다면, 테슬라처럼 하는 게 효과적일 수 있습니다. 스스로가 배터리 회사만큼 또는 그들보다 더 깊이 배터리를 파악하는 거죠. 그래서 상대방의 사업과 원가 구조를 꿰뚫어 보는 겁니다. 그러면 속일 수가 없지요.

테슬라는 한발 더 나아가 스스로 더 낮은 가격으로 배터리를 만들겠다고 선언합니다. 2021년까지 연간 10GWh, 2022년까지

100GWh, 2030년엔 3TWh라는 상상하기도 힘든 규모를 얘기합니다. 3TWh는 현재까지 테슬라를 뺀 모든 배터리·자동차 회사가 2030년까지 목표로 하는 배터리 생산량보다도 훨씬 많습니다.

여기에는 두 가지 목표가 있습니다. '우리가 필요로 하는 배터리 양이 엄청나게 많다. 여차하면 우리가 다 만들어 쓸 것이다'라고 배터리 회사에 메시지를 던지는 거죠. 그래서 배터리 회사에 더 저렴하게 공급하라고 압박하는 겁니다. 중요한 것은 무조건적인 협박이 아니라, 제대로 알고 들어오는 압박이라는 겁니다. 또 다른 목표는 '우리가 이렇게 기술 혁신을 하고 있으니, 우리와 함께 또는 서로 자극을 받아서 더 빨리 더 많은 배터리를 만들어 같이 성장하자'라는 겁니다. 배터리 회사로서는 테슬라가 배신하는 것 같고 비정한 것 같아 보이기도 하겠지만, 결국은 서로 팽팽한 긴장 관계에서 경쟁하고 자극받으면서 함께 성장하는 길이 아닐까 싶습니다.

"테슬라 무섭다,
제조업 본질까지 제대로 알고 있다"

후지모토 다카히로(도쿄대 대학원 경제학연구과 교수)

"테슬라의 무서움은 자동차 업계에 IT 기반의 새로운 제안을 한다는 것에만 있지 않다. 오히려 제조업의 본질을 제대로 꿰뚫고 있다는 것에 있다."

후지모토 다카히로 교수는 인터뷰에서 이렇게 말했다. 테슬라는 2020년 7월 도요타를 누르고 자동차 업계 시가총액 1위에 오른 이후 격차를 점점 더 벌리고 있다. 일본 내 자동차 산업 연구의 권위자인 그에게 테슬라와 자동차 산업의 미래에 대해 물었다. 후지모토 교수와의 인터뷰는 2020년 9월 초, 10여 차례 이메일을 교환하며 진행됐다. 그는 《모노즈쿠리》라는 책의 저자로도 잘 알려져 있다.

━━ 2007년 애플의 아이폰 출시로 피처폰 업계가 몰락한 것처럼, 테슬라가 '바퀴 달린 아이폰'인 자사 전기차로 기존 산업을 뒤흔들 거라는 분석이 있는데.

테슬라와 애플의 닮은 점은 폐쇄성에 있다. 인포테인먼트 같은 분야는 개방형으로 간다 치더라도, 나머지 부분은 철저히 폐쇄·통합 구조를 추구한다. 테슬라도 AI반도체, 그것에 연결되는 전자제어계, 급속충전 인프라, 모빌리티 서비스의 일환인 자동차보험까지 모두 폐쇄적으로 통합해나가고 있다. 이는 기존 자동차 메이커가 아웃소싱·모듈화하지 않으면 안 된다는 고정관념에 사로잡힌 영역이었다. 역으로 말하면, '오픈화·모듈러화만이 정의다'라고 하는 주장이 힘을 갖는 시대는 2010년대에 끝났다는 것이다. 테슬라의 폐쇄·통합적 설계 사상이 이를 잘 보여준다.

━━ 테슬라가 자동차 산업의 본질을 바꾸고 있다는 의견에 대해서는 어떻게 생각하는가?

코로나19로 시장이 위축되기는 했지만, 세계 자동차 산업은 대수로 연 1억 대, 매출 규모로 2,000조 원을 넘는 거대 산업이다. 글로벌 자동차 10대 그룹이 전체 시장의 70%를 차지하며, 현대·기아차를 제외하면 제2차 세계대전 이전부터 존재했던 기업들이다. 비교적 안정된 산업이며 파괴적 혁신이 빈번하지 않았다.

테슬라의 발전은 눈부시지만 아직 시장 점유율은 매우 낮다. 자본 시장에서는 매우 높은 평가를 받고 있지만, 이 회사가 메가 플랫폼이 되어 기존 기업이 망해간다고 하는 시나리오는 이 산업의 경쟁 로직이나 아키텍처를 생각할 때 당분간 있을 수 없다고 해도 좋을 것이다.

그렇다고 테슬라를 경시해도 된다는 건 전혀 아니다. 이 회사는 확실히 자동차와 관련 산업의 새로운 방향을 제시하고 있으며, 그중 몇 가지는 중요한 조류가 될지도 모른다. 예를 들어 인포테인먼트를 포함한 운전석 주변의 하드웨어·소프트웨어 설계는 이미 기존 기업을 리드하고 있다. 테슬라가 기존 기업의 존속에 직접적 위협을 가한다고 볼 수는 없지만, 테슬라가 제시하는 방향성을 무시하는 기업은 장기적으로 위험에 빠질 수 있다.

▬ 테슬라 경쟁력의 본질은 무엇인가?

세계 시장 점유율로 측정한다면, 테슬라의 표면화된 경쟁력은 아직 높지 않다. 자본 시장이 다소 과대평가하고 있다고 생각한다. 하지만 미래 자동차 산업의 형태를 균형 있게 선점할 잠재력은 높아 보인다. 과민반응할 필요는 없다고 해도, 눈을 뗄 수 없는 존재인 것은 분명하다.

자동차 산업은 디지털화가 급격히 진전된다는 것과 1톤 이상의 고속 이동체가 도로를 빠르게 이동한다는 현실이라는 양 측면이 존재한다. 따라서 한쪽만 보면 잘못 파악할 수 있는 복잡한 산업이다. 테슬라가 무서운 것은 이 양쪽에 대한 이해가 전부 깊어지고 있다는 데 있다. 디지털화·전동화 시대의 새로운 제안을 하면서도, 자동차라고 하는 고속 중량물을 설계하는 게 간단치 않다는 현실도 빠르게 파악했다. 차체 성능도 꾸준히 개선되고 있다. 이런 이상주의와 현실주의의 균형이 일론 머스크가 이끄는 테슬라의 경쟁력 원천이라고 본다.

━━ 세계 신차 판매에서 전기차 비율은 아직 1%대이지만, 테슬라의 전년 대비 판매 성장률이 50%에 달하는 등 전기차 보급이 빠르게 늘고 있다. 전기차는 얼마나 빨리 보급될까?

전기차는 친환경적인 부분에서 장점을 가지면서도 충전상의 불편 등 한계를 안고 있다. 세계 신차 판매의 절반을 넘는 정도까지 가려면 시간이 꽤 걸릴 것으로 보인다. 2030년 이후까지 생각해야 하는 장기전이 될 것이다.

━━ 테슬라의 자율주행 기술을 어떻게 평가하는가?

자율주행 기술의 발전은 중요한 추세이지만, 그 기술의 차별화만으로 세계 자동차 산업 구조가 크게 변화하리라는 건 당분간 생각하기 어렵다. 자율주행은 장기적 추세라는 측면과 단기적 유행이라는 측면을 모두 가지고 있기 때문에, 후자에만 휘둘리지 않고 장기적 관점을 가질 필요가 있다.

확실히 전기차와 자율주행은 궁합이 맞지만, '전기차+자율주행' 콤비네이션이 세계 시장에서 압도적 점유율을 차지하는 일은 앞으로 10년간은 없을 것이다. 자율주행기능은 관련 기술이 아예 안 들어가는 레벨0을 제외하면, 가장 낮은 수준인 레벨1에서 가장 높은 수준인 레벨5까지 다양하며, 보급 정도와 속도에 각각 차이가 있다. 전기차 · 자율주행의 기술 경쟁은 장기전이며, 지금 당장 테슬라가 기존 거대 기업에 위협이 되는 것은 아니다.

—— 테슬라가 제조업 관점에서도 경쟁력이 있을까? 전기차의 로봇 생산 등은 어떻게 생각하는가?

2010년 테슬라가 도요타와 제휴하고 도요타 소유의 캘리포니아 공장을 취득했다는 사실이 시사하듯, 오히려 테슬라가 기존 산업의 능력(예를 들면 도요타 방식)을 급속히 배웠다고 해야 할 것이다. 반대로 테슬라로부터 파괴적 생산 기술이 나오고 있다고는 생각하지 않는다. 자동차 경량화를 위해 얇은 철판을 복잡하게 짠 모노코크 바디가 주류이고, 포드 시스템 이래 연속식 컨베이어 생산이 지금도 유효한 생산성 향상 수단이다. 이런 점을 고려할 때, 최종 조립의 급격한 로봇화는 간단히 실현되지 않을 것이다. 테슬라가 무엇인가 새로운 생산방식으로 자동차 산업을 이끌어간다는 것은 아직 먼 이야기다.

오히려 테슬라가 기존 자동차 기업의 차체 설계 기술과 생산방식을 빠르게 배워 좋은 성능의 차체를 만들 수 있게 됐다는 점이 경이롭다. 쉽게 안 될 것으로 봤던 일을 평범하게 해냈다는 것이 테슬라의 무서운 점이다. 장래에는 기존 자동차 회사에 위협이 될 수 있을 것이다.

━━ 일론 머스크에 대해서는 어떻게 평가하는가?

이상주의와 현실주의의 균형이 좋은 걸출한 경영자일 가능성이 크다.

━━ 테슬라가 최근 자사 차량을 대상으로 하는 자동차보험업에 뛰어들었는데.

20여 년 전에도 포드의 잭 내서Jacques Nasser 사장이 픽업트럭·SUV에서 벌어들인 돈으로 보험·렌터카 회사를 매수해 카라이프(자동차·메인터넌스·모빌리티·론·보험·인포테인먼트 등) 사업에 진출한 적이 있다. 장대한 구상이었지만 실패했다. 자동차 제조업의 폐쇄적 특성과 카라이프 사업의 개방적 특성을 고려해 전략을 짜지 못한 탓이었다. 잭 내서 사장 때 실패로 끝났던 카라이프 사업을 테슬라가 재도전한다는 것이 지극히 흥미롭다.

━━ 기존 업체는 레거시 코스트 때문에 테슬라 같은 회사를 추격하기 어렵다는 의견도 있다. 이에 대해서는 어떻게 생각하는가?

테슬라가 전기차 제조 업체에 머무는 한, 세계 시장 점유율에서 기존 대형 메이커에 직접적 위협이 되는 일은 당분간 없을 것이다. 다시 말해 테슬라는 기존 업체가 제압해야 할 존재가 아니다. 오히려 그들의 자동차관, 설계 사상, 비즈니스 모델, 아키텍처 전략 등에서 기존 기업에 없는 아이디어가 있다면, 그것을 유효하게 포섭할 수 있는 기존 기업이 경쟁에서 우위에 설 가능성이 있다.

테슬라도 과거에 여러 실패를 했으며 지금의 구상이 모두 성공하리라고 볼 수도 없다. 테슬라 자체가 소멸할 가능성도 제로는 아니다. 하지만 그들이 제시하는 아이디어에는 기존 기업이 새겨들어야 할 중요한 메시지가 담겨 있다. 그것을 자기 것으로 만들 수 있을지 어떨지는 개개의 기업에 달려 있다. 역사적으로 볼 때 기존 기업이 신흥 기업에 대항하지 못하고 무너지는 사례가 많긴 하지만, 기존 자동차 기업들도 그 점을 이미 잘 알고 있다. 변혁이 쉽지는 않지만, '어차피 못 바꾼다'라는 운명론에 얽매일 필요는 없다.

테슬라 파워트레인 · 주행 성능의 경쟁력

전기차는 유해가스를 배출하지 않기 때문에 보급이 늘어날 수밖에 없습니다. 선진국 중심으로 자동차 환경 규제가 점점 심해지고 있기 때문이죠. 또 전기차와 자율주행 기술은 함께 가는 측면이 많기 때문에 이 역시 전기차의 미래를 밝게 해주죠. 그런데 전기차의 특징에는 이 두 가지만 있는 게 아닙니다. 전기차는 내연기관차와 주행 특성이 다릅니다. 이것이 앞으로의 자동차 시장에 어떤 영향을 미칠지 전망해보려 하는데요. 오로지 주행 성능 관점에서만 풀어보겠습니다.

승차감 또는 주행감이란 무엇일까요? 여러 가지 정의가 있겠지만, 스티어링휠과 가속·브레이크 페달을 조작했을 때 차가 내가 원하는 대로 잘 달리고 잘 돌고 잘 서는 것을 의미하겠지요. 그럴 때 중요한 것이 내가 의도한 대로 매끄럽게 움직이는 것입니다. 조금 어렵게 얘기하면 리니어^{linear}하게, 즉 선형적으로 움직여야 한다는 겁니다. 움직임에서 불규칙하게 끊기거나 거친 부분이 있으면 안 되지요. 또 고속주행 중 급격한 핸들 조작 등을 했을 때 차가 자세를 안정적으로 유지하고 원 상태로 빨리 회복되는 것도 중요합니다. 주행 성능이 좋은 차는 평소에 차를 몰 때만 만족을 주는 것이 아니라, 위험 상황에서 더 안전하게 빠져나올 수 있도록 해줍니다.

무게 배분이 용이해
주행 성능을 높이는 데
유리한 전기차

이런 전체적인 주행감을 좌우하는 중요한 요소가 '무게중심'입니다. 무게중심이 높은 차, 즉 무거운 부품이 자동차의 아래쪽으로 깔리지 않고 위쪽에 있는 차들은 급격한 거동을 할 때 휘청거리고 불안해지기 쉽습니다. 무거운 모래주머니를 허리에 차고 좌우로 빠르게 움직이는 것과 모래주머니를 머리에 이고 좌우로 빨리 움직이는 것을 생각해보면 금방 이해가 갈 겁니다. 그래서 내연기관차 회사들은 무거운 부품을 가능하면 아래로 깔기 위해 많은 비용과 기술을 투입합니다. 더 아래로 깔수록 주행 성능이 좋아지거든요.

예를 하나 들어보겠습니다. 수평대향$^{水平對向, \text{ Horizontally-Opposed}}$ 엔진

이라는 게 있습니다. 보통의 엔진은 연료를 태워 폭발력을 내는 부품인 실린더가 직각으로 세워져 있거나 비스듬하게 자리 잡고 있죠. 그런데 수평대향 엔진은 실린더가 수평으로 누워 서로 마주 보게 배치돼 있습니다. 실린더 내부 양쪽 피스톤의 움직이는 형상이 권투선수가 서로 치고받는 것과 비슷하다 해서 복서boxer 엔진이라고도 하죠. 수평대향 엔진의 장점은 무거운 부품인 실린더가 수평으로 눕혀져 바닥에 깔린다는 겁니다. 그러니 무게중심이 낮지요.

세계적으로 양산 자동차 회사 가운데에는 독일의 포르쉐와 일본의 스바루만 수평대향 엔진을 씁니다. 포르쉐가 수평대향 엔진을 쓰는 것도 이 회사 차량의 주행 성능이 좋은 이유 중 하나입니다. 하지만 스바루가 수평대향 엔진을 쓴다는 걸 아는 사람은 많지 않은데요. 스바루는 여기에다 좌우대칭형 사륜구동 시스템까지 사용합니다. 무게중심이 낮은 데다 좌우의 작동 구조와 무게 배분이 비슷한 사륜구동 시스템까지 쓰니 어떨까요? 차량의 거동이 불안정해지기 쉬운 눈길에서도 상대적으로 안정적입니다. 그래서 특히 눈이 많이 내리는 지역에서 스바루 차량에 대한 고객 충성도가 높습니다.

그러면 전기차는 어떨까요? 기존 내연기관차를 전기차로 개조한 차 말고 처음부터 전기차로 개발한 전기차, 즉 테슬라의 모델3를 몰아본 경험을 토대로 얘기해보겠습니다. 모델3는 가장 무거운 부품인 배터리가 차량 중앙의 바닥에 깔려 있습니다. 게다가 엔진 같은 무거운 부품이 위쪽에 배치될 일도 없지요. 엔진 자체가 존재하

그림 2-3 스바루의 수평대향 엔진

무거운 부품인 피스톤이 차량의 바닥에 수평으로 눕혀져 있다. 이 때문에 차량의 무게중심이 낮아져 운동성능이 좋아진다. ©스바루

테슬라 모델3에서 가장 무거운 부품인 배터리는 차량 바닥, 그것도 중앙에 위치해 있다. 이 때문에 무게중심이 낮을 뿐 아니라, 전체적인 밸런스가 좋아지게 된다. ©일렉트렉

지 않으니까요. 모터도 앞뒤 차량의 구동축 사이에, 그것도 낮은 위치에 있죠. 그러므로 내연기관차보다 무게중심이 현저히 낮아 급격한 차선 변경이나 코너링을 해도 안정감이 뛰어납니다. 내연기관차는 무게중심을 조금이라도 낮추기 위해 온갖 기술을 구사해야 하고 그렇게 한다고 해도 한계가 있지만, 전기차는 낮은 무게중심을 아주 쉽게 구현할 수 있다는 얘기입니다.

또 중요한 것이 무게중심을 차량의 정중앙으로 최대한 몰아넣는 것입니다. BMW는 앞뒤 차축 간 무게 배분이 50:50으로 돼 있어 차량 밸런스가 매우 뛰어납니다. BMW는 이런 무게 배분을 만들어내기 위해 보통은 앞쪽 엔진룸에 배치되는 배터리를 차량 뒷좌석 뒤쪽, 트렁크 안쪽에 배치하기도 합니다. 자동차는 가장 무거운 부품인 엔진이 앞쪽에 있기 때문에 무게 배분이 앞쪽으로 쏠리기 쉽습니다. 구동계통 부품까지 앞쪽에 몰려 있는 전륜구동차는 말할 것도 없고요. 구동계통이 뒤 차축으로 연결되는 후륜구동차도 뒤 차축의 무게 배분율을 50%까지 높이기는 쉽지 않습니다. 그래서 BMW는 이상적인 비율을 만들어내기 위해 배터리를 뒤로 돌리는 수고까지 하는 겁니다. 그만큼 내연기관차에서 앞뒤 무게 배분이 중요하다는 거죠.

그런데 여기서 또 한 가지 볼 것이 있습니다. 무게중심을 중앙으로 맞추되, 어떻게 맞추느냐입니다. 예를 들어 앞뒤 차축에 실리는 무게를 똑같이 맞추려 할 때 뒤 차축에 실리는 무게가 많이 모자란다고 해보죠. 그럼 엔진룸에 있던 무거운 부품을 차량 뒤쪽으로 옮기면 되겠죠. 그래도 배분이 안 맞으면, 그 무거운 부품을 최대한 뒤로 빼서 차량 맨 뒤쪽에 달면 뒤 차축에 걸리는 무게가 더 늘어날 겁니다.

그런데 이런 식으로 하면 차량의 주행 성능이 훼손됩니다. 자동 차는 직진만 하는 게 아니라 좌우, 상하로도 움직이죠. 이럴 때 무 거운 부품이 차량 중앙에서 멀리 떨어져 있으면, 차량이 원하는 대 로 움직이지 않게 됩니다. 무거운 부품의 관성 저항이 커지기 때문 이죠.

그래서 내연기관차는 앞뒤 무게 배분을 최적화하면서도 무거운 부품을 가능한 한 차량의 중앙 쪽으로 끌어들이려고 합니다. 여기 에 또 많은 비용과 기술이 들어가지요.

고성능 내연기관차의 경우, 보닛 아래쪽의 엔진 위치가 운전석 쪽으로 최대한 끌어당겨져 있는 것을 볼 수 있습니다. 차량의 운동 성능을 조금이라도 높이기 위한 거죠.

제가 예전에 몰아본 차 중에 아우디 A6 4.2리터 콰트로(아우디의 사륜구동 시스템)가 있습니다. 이 모델은 8기통, 즉 무거운 쇳덩어리 인 실린더가 8개나 되는 무겁고 덩치 큰 엔진을 탑재했지요. 게다 가 기술적 제약 때문에 이 무겁고 큰 엔진이 앞쪽으로 많이 빠져 있 었습니다. 이 차는 서스펜션이나 차체 강성 등이 매우 훌륭한 톱 클 래스였지만, 고속주행 중 급격한 차선 변경이나 코너링 때는 앞쪽 이 꽤 흔들리더군요. 아무리 기술력으로 커버하려 해도 무거운 엔 진이 앞쪽에 쏠려 있기 때문에 운동 성능을 극대화하는 데 한계가 있었던 거죠.

내연기관차 가운데 무거운 부품이 차량 중앙에 가장 몰려 있는 차로, 포르쉐 복스터^{Boxster}를 들 수 있는데요. 복서 엔진을 단 로드스터(문이 2개 달린 2인승 오픈카)라는 의미입니다. 이 차는 무게중심을 낮추는 데 유리한 복서 엔진을 단 데다, 그 엔진이 차량 앞쪽에 있는 게 아니라 시트 바로 뒤쪽에 있습니다. 엔진이 차량 중앙에 최대한 가깝게 붙어 있는 셈이죠. 그 결과는요? 제가 몰아본 모든 차 가운데 밸런스가 가장 좋았던 것으로 기억됩니다.

전기차의 주행 성능 특성이
자동차 산업에 미칠 영향

다시 모델3로 돌아가 보겠습니다. 모델3는 가장 무거운 부품인 배터리가 바닥에 깔려 있을 뿐 아니라 중앙에 몰려 있습니다. 지금 차들은 배터리가 차량 바닥에 넓게 깔려 있지만, 앞으로 나올 차들은 배터리 크기가 더 작아지면서 좀더 중앙으로 몰리게 될 것으로 보입니다. 그렇게 되면 주행 성능이 더 좋아지죠. 이게 무엇을 의미할까요? 전기차는 차량 중앙으로 무거운 부품을 모으는 것 역시 내연기관차보다 훨씬 쉽고 간단하게 할 수 있고, 그 결과 주행 성능을 극대화할 수 있다는 겁니다.

또 내연기관차는 차량 앞쪽에 덩치 큰 엔진과 변속기 등을 넣어야 하기 때문에 주행 성능과 승차감을 좌우하는 서스펜션 부품을 최적 설계하기가 까다롭습니다. 서스펜션은 다양한 축으로 연결돼 있는데, 공간적 제약 때문에 이런 연결축들이 직선으로 뻗지 못하고 이리저리 휘어지는 경우도 많지요. 하지만 전기차는 엔진 등이 없기 때문에 차량 앞쪽의 서스펜션 부품을 설계할 때 이런 제약이 많지 않습니다. 더 간단하면서도 좋은 주행 성능을 낼 수 있는 서스펜션 설계가 가능해지는 거죠.

그러면 전기차의 이런 주행 성능 특성이 앞으로 자동차 산업에 어떤 영향을 미치게 될까요? 우선 주행 성능으로 독보적 위치였던 독일 차들의 우위가 점점 사라질 가능성이 있습니다. 테슬라는 본격적으로 차를 만든 지 10년도 안 됐지만, 모델3 같은 차는 주행 성능 면에서도 독일 고성능차에 필적한 수준입니다. 내연기관차에서는 독일 차 같은 주행 성능을 내기가 매우 어렵고, 따라서 다른 업체가 따라 하는 게 쉽지 않았습니다. 하지만 전기차에선 이런 격차가 사라질 것입니다. 웬만한 전기차 업체라면 뛰어난 주행 성능의 차를 만들어낼 수 있게 될 것이기 때문입니다.

이렇게 되면 중국 자동차 업체에 유리해질 수 있습니다. 중국 토종 자동차 회사들은 지난 수십 년간 중국 시장에서 외국 기업과 합작하면서 엔진 기술과 주행 성능을 높이는 기술을 배우려고 노력해 왔습니다. 하지만 아직도 중국 차는 독일 차 같은 성능을 내지 못하지요. 그러나 전기차 시대에는 이런 제약이 사라질 수 있습니다. 특별한 노하우를 보유하고 있지 않더라도, 전기차의 특성상 높은 주행 성능을 낼 수 있기 때문입니다. 따라서 10년, 20년이 지나 전기차가 더 많이 보급되는 시대에는 중국 자동차 산업이 지금보다 더 높은 위치를 차지할 가능성이 있습니다.

그렇다면 한국 자동차 산업에는 어떤 영향이 있을까요? 현재로선 좋은 점과 나쁜 점이 둘 다 있습니다. 한국 차 역시 내연기관차 시대에는 독일 차의 주행 성능을 완전히 따라가지는 못했다고 할 수 있죠. 그러나 전기차 시대로 간다면 상황이 달라집니다. 한국 차는 중국 차에 비해 제조 능력이 조금 앞서 있고, 특히 편의장비나 인테리어·디스플레이 등이 뛰어나죠. 이런 장점이 앞으로도 유지되면서 전기차 시대에 독일 차와의 주행 성능 차이마저 사라진다면, 오히려 한국 차의 경쟁력이 더 강화될 수도 있습니다. 다만, 중국 차가 걱정입니다. 한국 차보다 더 저렴하면서도 주행 성능은 큰 차이가 없는 중국산 전기차가 대량으로 쏟아져나올 수도 있으니까요. 그럴 때 한국 차가 어떻게 차별화해 살아남고 성장할지가 과제가 될 겁니다.

테슬라 모델3
시승기

이번에는 구체적으로 모델3를 타본 경험을 이야기해보겠습니다. 저는 지난 26년간 아주 많은 내연기관차, 즉 가솔린·디젤 엔진으로 구동되는 차를 타봤습니다. 어릴 때부터 차를 좋아했고, 또 꽤 오랫동안 자동차 취재를 했기 때문에 시승 기회도 많았습니다. 최고 출력이 400~500마력 정도 되는 고성능차도 숱하게 몰아봤지요.

이번에 몰아본 차는 모델3 퍼포먼스 모델이었습니다. 모델3는 국내에서 스탠다드, 롱레인지, 퍼포먼스 세 종류로 판매되는데요. 퍼포먼스는 이 가운데 가속력이 가장 좋은 차입니다. 정지 상태에서 시속 100km까지 가속하는 데 3.4초밖에 걸리지 않습니다. 실제로 체험해본 가속력은 수퍼카 급에 가깝더군요. 모델3는 전기차이기 때문에 가속할 때 변속 과정이 없습니다. 그냥 '우웅~' 하고 차가 매끄럽게 밀어 올려지는 느낌입니다. 고성능 내연기관차처럼 중간에 변속을 하면서 동력전달이 끊어지는 느낌이나 울컥거림이 존재하지 않는다는 겁니다. 처음에 타보면 약간 이질감이 느껴지지만 금방 익숙해지고, 익숙해지고 나면 오히려 모델3의 가속이 더 쾌적합니다. 그동안 타본 어떤 내연기관차에서도 경험하지 못한, 기이하지만 엄청난 가속감이었습니다. 전기차의 특성상 제원표보다도 더 빠르게 느껴지고, 가속이 특히 매끄럽습니다.

모델3 퍼포먼스의 가격은 2020년 서울시 기준으로, 보조금을 받을 경우 6,000만 원 조금 넘습니다. 테슬라가 자랑하는 주행보조기능인 FSD를 옵션으로 넣어도 7,000만 원 수준입니다. 가속력만 따지면 포르쉐 911터보(그냥 911보다 가속력이 더 좋습니다) 정도에 맞먹는데, 911터보는 기본 가격만 2억 원이 넘지요. 3분의 1 가격에 비슷한 가속감을 맛볼 수 있으니 주행 성능 면에서 모델3의 가성비가

그림 2-4 테슬라 모델3

외부 모습

내부 모습

뛰어나다고도 할 수 있겠습니다.

소비자 입장에서는 수퍼카 급 가속력과 현재 판매되는 모든 양산차 중 가장 앞섰다는 주행보조장치인 FSD를 함께 즐길 수 있으니, 가격 측면에서도 매력적이라고 볼 수 있습니다. 또 친구들에게 자랑하기도 좋으니 즐거움이 배가되겠지요.

그렇다 보니 국내에서 판매도 잘됩니다. 모델3는 2020년 상반기 한국에서만 약 7,000대가 팔렸습니다. 같은 기간 전기차 판매 2위인 현대차 코나의 약 4,000대, 기아차 니로의 약 2,000대를 가볍게 따돌렸지요. 한국 전기차 시장을 테슬라가 장악한 겁니다.

가격 대비 많은 가치를 주므로 세계적으로도 인기입니다. 모델3는 2020년 상반기에만 세계에서 14만 2,000대가 팔려 전기차 가운데 판매 1위를 차지했습니다. 2위 르노 조에(3만 7,000대), 3위 닛산 리프(2만 4,000대), 4위 폭스바겐 e골프(2만 1,000대), 5위 BYD 진프로 EV(2만 1,000대), 6위 BMW 530e(2만 1,000대) 등 2~6위의 판매 대수를 모두 합친 것보다도 많습니다.

모델3를 이리저리 몰아보며 차량의 움직임을 시험해봤습니다. 보통 전기차에는 대용량 배터리가 실리기 때문에 내연기관차보다 무겁고 거동이 둔할 수 있는데요. 모델3는 고속주행 중의 급격한 차선 변경이나 급격한 코너링 등에서도 예상보다 더 잘 버텨줬습니다. 차체 세팅이 꽤 잘돼 있다는 느낌을 받았고요. 특히 배터리 등 차량에서 가장 무거운 부품이 바닥 부분, 그리고 중앙 부분에 몰려 있기 때문인지 움직임이 꽤 안정적이었습니다. 즉 가속력만 좋

은 것이 아니라 그런 가속력과 고속주행을 버틸 만큼 차체 강성이
나 세팅이 받쳐준다는 얘기입니다.

다음은 테슬라가 자랑하는 주행보조장치를 시험해봤습니다. 모
델3의 경우 차간 거리와 차선 유지 기능 등은 기본으로 장착돼 있
는데요. 이것을 테슬라에선 '오토파일럿'이라고 부릅니다. 여기에
더해 조금 더 진보된 주행보조장치인 FSD라는 옵션이 있는데요.
자동으로 차를 주차시키거나 부를 수 있고, 주행 중 차선 변경도 자
동으로 할 수 있습니다. 또 노아NOA, Navigation on Autopilot라고 해서 내비
게이션 정보에 따라 차가 움직여주는 기능도 있습니다. 이 장치는
무선으로 계속 업데이트되는데, 테슬라 측에선 성능이 계속 향상될
것이라고 말하고 있습니다. 즉 현재는 주행보조장치이지만, 테슬라
의 기술이 더 발전하고 규제 부분만 해결되면 현재 소비자가 타고
있는 모델3의 하드웨어만으로도 소프트웨어 업데이트를 통해 진짜
자율주행기능을 구현할 수 있다는 얘기입니다. 그러면 고속도로나
고속화도로뿐 아니라 시내 주행에서도 운전자가 거의 신경을 쓰지
않아도 됩니다.

FSD를 조작하는 건 직관적이고 쉬웠습니다. 내비게이션으로 목
적지를 찍고 스티어링휠 오른쪽에 붙은 막대기를 두 번 연속 아래
로 쳐주면 바로 작동됩니다.

시내 도로에서부터 시작해봤습니다. 기능이 작동돼 시내에서 차
선을 따라 차가 알아서 가다가, 강변북로 진입로를 찾아 들어간 뒤
강변북로를 타는 데까지 문제가 없었습니다. 이후로도 차가 판단해

서 왼쪽 또는 오른쪽으로 차선 변경도 했고요. 이때 차가 운전자에게 '차선 변경을 허락해달라'라는 메시지를 주는데요. 운전자가 메시지를 거부하고 기존 차선을 유지시킬 수도 있고, 차선 변경을 원할 경우 왼쪽 또는 오른쪽 깜빡이를 켜면 차가 알아서 부드럽게 차선을 변경해줍니다.

타사 일부 차량에도 장착된 주행보조장치와 비슷하긴 하지만 내비게이션을 기반으로 차선 변경이나 도로 진출입 등도 가능하다는 점에서, 현재 시판된 시스템 가운데서는 가장 진보된 것임이 분명합니다. 하지만 우리가 상상하는 자율주행, 즉 차가 알아서 출발지부터 목적지까지 데려다주는 것과는 아직 상당한 차이가 있습니다.

트렁크는 뒤쪽에 꽤 큰 공간으로 마련돼 있고, 포르쉐 911 등 엔진이 뒤에 있는 차처럼 앞쪽에도 트렁크 공간이 있습니다(물론 911은 뒤 트렁크가 없지요). 앞뒤 트렁크 공간을 더하면 짐도 꽤 많이 실을 수 있습니다.

이번에는 충전에 관한 이야기입니다. 테슬라는 자체 고속충전소인 수퍼차저를 운영하고 있습니다. 서울에서라면 충전이 그리 불편하지 않습니다. 지방은 아직 충전소가 많지 않지만, 어댑터를 통해 일반 전기차 충전소에서도 충전이 가능합니다. 이 점을 고려하면 충전소를 못 찾아 낭패 볼 가능성은 그리 크지 않아 보입니다.

저는 서울 종로의 대형 빌딩인 '그랑서울' 지하에 있는 수퍼차저를 이용해봤습니다. 충전이라고 하면, 전기차에서 가장 번거롭고 재미없는 일일 거라고 생각했는데요. 모델3를 충전해보고 인식이 조금 바뀌었습니다. 내비게이션을 통해 근처의 가까운 수퍼차저를 검색하면 위치 정보가 뜨는데요. 각 수퍼차저에 충전기가 몇 개 있고 현재 사용 가능한 충전기가 몇 개인지까지를 실시간으로 안내해줍니다. 그랑서울 수퍼차저가 가장 가까웠고, 비어 있는 충전기도 많았기 때문에 목적지로 입력했습니다. 그랬더니 차량이 알아서 '프리컨디셔닝' 작업에 들어가더군요. 프리컨디셔닝은 충전소 도착시간에 맞춰 차량의 배터리를 고속충전에 최적의 상태로 맞춰주는걸 말합니다. 이 모든 과정이 매끄럽고 효율적이라고 느꼈습니다.

용량이 절반 이하인 상황에서 완전히 충전하는 데 30분 정도 걸렸습니다. 30분의 시간도 지루할 수 있을 텐데요. 모델3에서는 무선통신망을 통해 유튜브나 넷플릭스(별도 가입 필요) 등을 즐길 수 있습니다. 저는 유튜브를 통해 트와이스의 'More & More' 뮤직비디오와 뉴스 채널을 감상하면서 시간을 보냈습니다. 수퍼차저 충전비용은 무료였습니다(2020년 10월 말 이후 유료화, 일부 모델에 한해 무료 지속). 주차비는 따로 내야 합니다. 충전하러 간 날이 토요일이었는데요. 그랑서울은 주말 주차비가 시간당 1,000원이라서 1,000원을 냈습니다.

모델3 퍼포먼스 정도의 성능과 가격이라면, 앞으로 이런 차를 원하는 고객이 늘어날 게 분명해 보였습니다. 모델에 따라 1회 충전으로 400km 내외를 달릴 수 있으니, 과거의 전기차보다 충전 스트레스도 그리 크지 않습니다. 모델3의 기본인 스탠다드 모델은 FSD를 옵션으로 추가해도 실제 구입비가 5,000만 원 정도입니다. 퍼포먼스 모델보다 가속력이 떨어진다지만, 스탠다드도 정지 상태에서 시속 100km까지 가속하는 데 걸리는 시간이 5,6초에 불과합니다. 이 정도의 가속력도 내연기관차라면 300마력 이상의 고성능차에서나 가능하고, 대부분은 5,000만 원 이상이죠.

모델3의 크기는 준중형차 정도인데 내연기관차 준중형보다 널찍합니다. 전기차의 특성상 내부 공간을 많이 뽑아내기에 유리하기 때문입니다. 지붕 전체와 뒷유리가 하나의 유리로 연결돼 있는데요. 여름날 직사광선이 내리쬐면 좀 더울 것 같기는 하지만, 시원시원하고 운치 있습니다.

내장은 스티어링휠과 중앙의 대형 스크린이 거의 전부라고 할 만큼 심플합니다. 소재의 고급감은 일반 준중형차와 비슷하거나 약간 더 좋은 수준입니다. '와!' 할 만큼의 고급감은 없지만, 미니멀한 디자인을 좋아하는 사람이라면 인테리어에 큰 불만이 없을 겁니다. 전체적으로 만족스러운 성능, 가성비라고 할 수 있습니다. 여기에 FSD 기능까지 더해지면, 다른 차량과는 급이 다른 미래지향적인 체험이 가능해집니다.

한 가지 불만은 조립 품질입니다. 테슬라는 차를 본격적으로 만든 경력이 10년 정도에 불과하기 때문에 독일·일본 차나 현대·기아차의 마감 솜씨에 미치지 못합니다. 차량의 외형을 구성하는 철판끼리의 연결 틈새를 뜻하는 '단차' 역시 아무래도 기존 업체만큼 일률적이거나 정밀하지 않습니다. 실제 주행 품질과 안전에 영향을 미치는 요소는 아니라고 생각되지만, 내 차를 애지중지하고 외

관 품질의 디테일에 많이 신경 쓰는 사람이라면, 만족감이 떨어지는 요인이 될 것 같습니다.

저는 그동안 많은 내연기관차를 타보고 그 느낌을 즐겨 왔습니다. 하지만 모델3를 몰아본 뒤 그런 차들이 하나도 기억나지 않았습니다. 어떤 이는 미국산 8기통 가솔린 엔진의 그르렁거리는 사운드, 독일산 포르쉐 6기통의 '투다당'대는 그 특유의 진동과 사운드가 그립지 않냐고 합니다. 네, 그립지 않습니다. 모델3는 이제 시작이라고 생각합니다. 앞으로 다가올 전기차와 그 생태계가 그리게 될 새로운 자동차 세상이 무척 기대됩니다.

일류 설계 능력이
결정적 차이를
만든다

아마존과 야후에서 유저 인터페이스 최고책임자로 일했던 래리 테슬러Larry Tesler가 '복잡성 보존의 법칙'을 주장한 바 있습니다. 그에 따르면, 어떤 서비스나 제품에 포함된 복잡함의 총량은 정해져 있는데 만약 공급자가 복잡함을 더 짊어지면 그만큼 소비자는 심플함을 더 즐길 수 있게 된다는 겁니다. 반대로 얘기하면, 일류가 아닌 공급자는 제품의 복잡함을 스스로 소화해 정리할 능력이 부족하기 때문에 결국 소비자가 그 복잡함을 떠맡게 된다는 거고요.

많은 뛰어난 경영자, 자칭 전문가들이 전체 최적화를 하지 못하고 부분 최적화에만 매달리다가 조직과 사업을 망치곤 합니다. 반면 어떤 일의 최고 전문가, 일류들은 자기가 맡은 일이 아무리 복잡해 보일지라도 그 일을 단순화하는 능력을 갖추고 있습니다. 일류는 그간 쌓아 올린 수많은 지식과 경험을 통해, 그리고 전문가로서 본분을 지킴으로써 외부 압력에 휘둘리지 않고 전체를 꿰뚫어 보기 때문입니다. 즉 부분 부분에 매몰돼 그 한 부분에만 최적화된 설계를 하는 것이 아니라 전체에 최적화된 설계를 할 수 있는 거죠.

그리고 해당 전문가의 수준이 높으면 높을수록 전체 최적화의 수준도 더 높아집니다. 이런 설계가 완성되면, 전체 시스템 자체가 매우 복잡해 보일지라도 시스템의 실행자들은 훨씬 더 쉽고 효율적으로 일할 수 있습니다. 리더가 일류가 아니면 뭐가 중요한지 모르기 때문에 제대로 설계를 할 수 없습니다. 모르기 때문에 최고의 인재를 찾아 설계를 맡길 수도 없죠.

큰 그림을 그릴 수 있는
리더가 있는가

2016년 6월 삼성이 사내 통신망을 통해 "문제 해결 능력으로만 보면 삼성 인력의 1~2%만 구글에 입사할 수 있는 수준이다"라고 했다는 사실이 알려졌는데요. 일부 언론은 이에 대해 삼성이 뒤처진 소프트웨어 경쟁력을 끌어올리기 위해 채찍을 꺼내 들었다고 보도하기도 했습니다. 삼성이 많은 소프트웨어 인력에 비해 질적 성장을 이루지 못한 현실을 일깨우고 직원들의 분발을 촉구했다는 것입니다.

하지만 이를 다른 각도에서 생각해볼 수도 있습니다. 삼성 소프트웨어 엔지니어의 1~2%만 구글에 입사할 수 있다면, 이는 삼성이라는 회사의 소프트웨어 설계 능력이 구글의 설계 능력에 크게 뒤처진다는 것을 보여주는 것이기도 하죠. 삼성 소프트웨어 엔지니어들의 수준, 그리고 이를 제대로 평가하고 방향을 이끌어줄 경영진의 역량이 구글에 미치지 못한다고 볼 수도 있다는 겁니다. 이는 또 삼성의 상위 1%에 해당하는 리더들이 구글만큼 제대로 설계를 하지 못했기 때문이라고도 할 수 있습니다. '문제 해결 능력'이 뛰어난 엔지니어가 성장할 만한 환경을 회사가 제공해왔는지도 생각해봐야 할 것입니다.

다시 말해 삼성에서 정말 중요한 것은 구글에 입사할 수준의 엔지니어를 늘리는 것이 아니라 구글에 맞설 만한 설계가 가능한 1%의 인재를 얼마나 확보하고 있느냐, 그리고 그들의 능력을 100%, 아니 200% 뽑아낼 만큼 기술의 리더십을 갖추고 있느냐일 것입니다. 이는 단순한 소프트웨어 엔지니어의 차원을 뛰어넘는 것으로 소프트웨어 설계, 그리고 소프트웨어와 하드웨어의 통합에 대한 장기적이고 큰 그림을 그릴 수 있는 극소수 리더를 의미합니다. 이 1%가 제대로 설계하고 그에 맞춰 최고들이 육성될 수 있는 시스템만 갖춘다면, 나머지 99%는 천재가 설계한 최고의 시스템을 따라가는 것만으로도 성장해나갈 수 있습니다.

테슬라가 창업한 지 20년도 안 돼 어떻게 지금의 위치에 오를 수 있었는지를 설명해주는 게 정확히 이것입니다. 고도의 기술적 설계가 가능한 일론 머스크라는 슈퍼 엔지니어가 있었기에 가능했다는 것입니다. 그는 세상을 바꾸기 위해 소프트웨어·하드웨어적으로 어떤 설계를 해나가야 하는지를 비교적 초기 단계부터 정확히 알고 있었습니다. 아는 것만으로는 충분치 않습니다. 그런 사실을 알고 있는 전문가가 머스크만은 아니었겠지만, 머스크처럼 엄청난 자금과 인재를 투입해 실제로 밀어붙이고 끝까지 실행해나간 사람은 드물었죠. 즉 전문가들이 어떤 것에 대해 안다고 하더라도 실은 제대로 알지 못하는 것일 수 있습니다. 정말 알고 확신이 든다면 경영진을 끈질기게 설득해야 하고, 본인이 경영자라면 주주나 이해관계자를 어떻게든 설득해 기필코 관철해야 하죠. 알면서도 그렇게 하지 못했다면, 실은 모르는 것이나 다름없다는 겁니다.

머스크는 본인이 회사의 초기 멤버이자 대주주이고 CEO이기 때문에 의사결정이 쉬웠으리라고 생각하는 사람도 있겠지만, 꼭 그런 것도 아닙니다. 초기에 아무것도 증명되지 않은 상태에서 이해관계자들을 설득해 자신이 의도하는 바대로 이끌고 나가는 것은 절대 쉬운 일이 아니었습니다. 머스크는 전자결제 시스템 회사를 창업해 대기업에 매각하면서 벌어들인 거액의 돈을 이후 테슬라가 재정적 어려움을 겪을 때 쏟아붓기도 했습니다. 말은 쉽지만 개인 돈을 자기 사업체에 대량으로 계속 집어넣는 것은 기업가라 해도 쉽게 선택할 수 있는 일이 아닙니다.

현업에서 엄청나게 일을 하는 리더가
독립적인 사고도 함께 갖추는 것

또 하나 중요하게 볼 것이 있는데, 테슬라는 어떻게 이처럼 짧은 시간에 모빌리티 서비스에 필요한 수직계열화를 이뤘을까 하는 점입니다. 어떤 대기업도 이루지 못한 일인데 말입니다. 흔히 연결이라는 작업을 통해 가장 창조적인 것이 나올 수 있다며, 스티브 잡스가 말한 '점들의 연결connecting the dots'을 예로 들기도 하는데요. 미리 연결을 염두에 두고 점을 만들어가는 것은 아니지만, 인생의 경험을 통해 얻는 여러 가지 '점'이 어느 시점에 연결돼 위대한 것을 만들어낼 수도 있다는 의미일 겁니다.

그러나 스티브 잡스가 자신의 점들을 연결해 위대한 애플 제품을 만들어낼 수 있었던 것은 잡스가 경험으로 축적한 점들의 수준이 대단히 높았기 때문입니다. 점의 수준이 높다는 것은 점을 연결하는 사람의 수준이 높다는 뜻이기도 합니다. 역으로 말하면, 연결을 통해 최고를 만들어내려면 연결하는 사람 자체가 최고여야 한다는 거죠. 전문성과 깊이를 갖추지 못한 사람이 이것저것 연결한다고 해서 최고의 제품이 태어나는 건 아닙니다. 한 분야에서 최고의 것을 경험한 이들만이 그 영역을 넓혀나갈 수 있다는 얘기입니다.

결국 기술은 고급의 세계로 가면 다 통하기에, 어떤 기술에 통달하면 다른 분야에 대해서도 보는 눈이 열리게 되죠. 그런 의미에서 일론 머스크처럼 스스로 어떤 분야를 파고들어 최고 수준에 도달하려는 스타일의 경영자가 유리합니다. 다른 분야에 대한 시각도 열리고, 다른 분야의 일류들과 만나면서 전체를 아우르는 일류의 통합 설계를 할 수 있게 되니까요.

또 좋은 설계는 장기적이고 독립적인 사고를 필요로 합니다. 이것을 많은 이들이 간과하는데, 장기적이고 독립적인 사고 없이는 절대 테슬라가 그리는 모빌리티 서비스 제국의 설계도가 나올 수 없습니다. 당장의 일만 중시하는 구조에서는 좋은 설계가 나오기 어렵지요. 1년짜리 단기적인 계획에 매몰되거나 매년 사업 계획을 짜고 그 계획의 달성 여부로만 평가받는 구조라면, 테슬라가 만들어낸 통합 설계는 나오기 어렵습니다.

시장에서 수요가 몰리는 제품을 만드는 회사의 CEO나 사업부장이 있다고 해봅시다. 그는 현재 제품을 성공시키는 데 집중해야 합니다. 제품을 대량으로, 별문제 없이, 빨리 만들어 세계 시장에 내보내고 마케팅에도 총력을 쏟아야 합니다. 당장 성과가 나오지 않으면 올 연말, 내년에 내 자리가 없어질지도 모르기 때문입니다. 이런 상황이라면 현업을 담당하는 CEO나 사업부장에게 '지금 일도 잘하고, 20~30년 뒤 회사가 어떻게 먹고살지에 대한 그림도 그리라'라고 하는 것은 애초부터 어려운 일이겠지요.

그렇다고 현업을 잘 모르는 사람들을 모아 미래 먹을거리를 찾을 계획을 세우라고 하는 것도 무리입니다. 왜냐하면 미래를 바꿀 뛰어난 아이디어는 현업에서 부딪쳐가며 얻어지는 경우가 많기 때문입니다. 따라서 가장 좋은 모델은 '현업에서 엄청나게 일을 하는 리더가 독립적인 사고도 함께 갖추는 것'이라고 할 수 있습니다. 바로, 일론 머스크가 이런 유형이죠. 그는 1주일에 100시간씩 일하는데, 그 시간 대부분을 테슬라와 스페이스X 등 자신의 회사 현장에 머물면서 각 부문 전문가들과 함께 문제를 해결하고 전략을 짭니다. 즉 현업에 엄청난 강도로 몰입하면서도, 거기서 얻어진 경험과 지식을 활용해 남들에게 좌우되지 않는 독립적인 사고를 하는 인물이라는 겁니다.

뛰어난 통합 설계는 지금 당장의 현실에서 벗어나 장기적으로 보고 깊이 생각하는 데서 나옵니다. 좋은 설계 아이디어는 전문가들이 일상의 경험을 축적하는 데서 나올 수 있지만, 그 아이디어를 종합해 설계를 하기 위해서는 독립성이 보장돼야 합니다.

현재 대부분의 자동차 회사는 공장을 자체적으로 보유·운영하고 있습니다. 또 공장마다 수천 명의 작업자가 달라붙어 조립을 하는 노동집약적인 구조를 띠고 있습니다. 그런데 이를 애플 아이폰에 빗대어보면 어떨까요? 애플은 자체 공장을 가지고 있지 않습니다. 그럼 그 많은 아이폰은 대체 어디에서 만들까요? 네, 대만 기업 폭스콘Foxconn(홍하이정밀공업)이 대신 만들어줍니다. 폭스콘은 세계에서 가장 큰 전자제품 수탁 제조 업체입니다. 많은 IT 기업이 자체 생산설비 없이 폭스콘과 같은 수탁 제조 업체에 생산을 맡기고 있지요.

그렇다면 앞으로 자동차 산업에서도 이런 제조 방식이 생겨나지 않을까요? 특히 내연기관차에 비해 전기차는 구조가 단순하니 충분히 가능성이 있지 않을까요?

이런 상상의 현실 버전이 이미 2020년 말 등장했습니다. 자동차 판 수탁 제조 서비스가 중국에서 시작된 겁니다. 2020년 말 중국 베이징자동차^{BAIC}와 캐나다의 자동차 부품 업체 마그나인터내셔널^{Magna International}의 합작 공장(생산 능력 연간 18만 대)이 중국 장쑤성에서 가동을 시작했습니다. 이 합작 공장은 전기차 전용으로, 우선은 베이징자동차가 시장에 내놓을 예정인 고급 전기SUV를 생산합니다. 베이징자동차가 기대하는 것은 마그나의 차량 제조 기술입니다. 마그나인터내셔널은 다양한 자동차 부품을 만들며, 자회사인 마그나슈타이어^{Magna Steyr}를 통해 완성차 수탁 제조 서비스도 오랫동안 해왔습니다. 마그나슈타이어는 2019년 오스트리아의 그라츠 공장에서 4개 메이커 6개 차종, 총 15만 8,000대를 생산했습니다. 그중에는 BMW의 Z4, 도요타의 수프라 등도 있습니다. 특히 도요타처럼 그룹 내 자회사 정도가 아니면 생산을 위탁하는 일이 거의 없는 회사가 마그나에 생산을 맡겼다는 점이 인상적이지요. 도요타에서도 마그나의 생산 기술력을 높이 평가한다는 의미입니다.

마그나슈타이어의 그라츠 공장에서는 2018년부터 전기차 수탁 제조도 하고 있지요. 그라츠 공장에 마련된 재규어·랜드로버 전용 라인에서는 이 브랜드의 내연기관차와 전기차를 동시에 생산하고 있습니다.

마그나슈타이어는 엔지니어링 서비스도 하고 있는데요. 전기차를 포함하여 다양한 차량의 설계·개발에서 제조까지 일괄하청 서비스를 시작했습니다. 소니가 2020년 초에 선보인 전기차 콘셉트 카 'VISION-S'의 개발과 제조에서도 마그나가 중요한 역할을 맡았습니다. 앞으로는 전기차에 대한 브랜드 가치 창출 능력, 관련 비즈니스 전개 능력만 있다면, 전기차 개발·생산은 마그나슈타이어 같은 개발·제조 원스톱 수탁 업체에 맡길 수 있다는 얘기입니다.

내연기관 자동차의 대당 부품 수는 2만~3만 개인데요. 전기차의 부품 수는 그 3분의 2 수준입니다. 비슷한 기능의 부품을 하나로 통합하는 모듈화가 더 진행되면 내연기관차 부품 수의 절반 이하로도 조립이 가능해집니다. 마그나슈타이어는 바로 이런 점 때문에 전기차 수탁 제조 서비스에서 자신들에게 큰 기회가 있을 것으로 보고 있습니다. 마그나에 따르면, 신흥 전기차 회사들을 포함해 많은 기업에서 이미 제조 위탁 문의가 오고 있다고 합니다.

2030년
연간 2,000만 대 생산을
목표로 제시한 테슬라

테슬라 얘기로 돌아가 봅시다. 이미 전기차 부문에서 제조 혁명의 조짐이 보이는데요. 전기차에서 시장을 선도하고 있는 테슬라에서는 어떨까요? 테슬라가 전기차나 모빌리티 서비스 분야에서만 혁명을 일으키는 것이 아니라, 제조 분야에서도 혁명을 일으킬 가능성이 꽤 있어 보입니다.

테슬라의 CEO 일론 머스크는 2020년 배터리데이에서 2030년까지 연간 2,000만 대 생산을 목표로 한다고 밝혔습니다. 네, 200만 대가 아니고, 2,000만 대입니다. 도요타나 폴크스바겐 같은 기존 기업들도 연간 1,000만 대밖에 생산하지 못하고 있는데 말입니다. 테슬라는 2019년에 고작 37만 대를 생산·판매한 회사입니다.

이것이 도대체 어떤 의미일까요? 테슬라가 제조 부문에서도 혁명적인 변화를 준비하고 있다는 의미입니다. 왜냐하면 지금 벌어지는 일의 연장선에서는 2030년 연간 2,000만 대 생산이 불가능하거든요. 테슬라의 연간 생산량은 2020년 50만 대에 이어 2021년 90만~100만 대, 2022년 150만 대까지도 내다볼 수 있습니다. 테슬라의 첫 번째 공장인 캘리포니아 프리먼트 공장과 2019년 가동을 시작한 상하이 공장만으로도 2020년 50만 대 생산은 무난해 보입니다. 2021년엔 테슬라의 첫 번째 유럽 공장인 베를린 공장에서도 생산이 시작될 것이기에 2021년 90만~100만 대 목표도 실현할 수 있겠지요. 또 테슬라의 첫 번째 전기 픽업트럭인 사이버트럭을 생산하게 될 텍사스 공장이 2022년부터 가동될 예정이고, 상하이 공장도 연간 최대 100만 대까지 생산이 가능하도록 증설 중입니다. 이렇게 본다면 2022년쯤에는 연간 150만 대 생산까지는 바라볼 수 있습니다.

연간 150만 대도 결코 적은 숫자가 아닙니다. 독일 프리미엄 브랜드 BMW도 2012년에야 연간 판매 150만 대를 처음 달성했으니까요. 현재도 BMW의 연간 판매량은 200만 대 정도입니다. 업계에서는 테슬라가 2025년까지 연간 300만 대 생산·판매도 가능할 것으로 예측합니다. 2020년 배터리데이에서 머스크가 언급한 2만 5,000달러짜리 '반값 테슬라'가 2023년쯤 등장하고, 현재 생산 중이거나 확정된 공장 네 곳(캘리포니아·상하이·베를린·텍사스) 이외의 공장이 추가된다면 말입니다. 만약 테슬라가 2025년에 연간 300만 대 판매만 달성한다고 해도, 프리미엄 브랜드 가운데 현재 가장 성공적이라는 벤츠·BMW·아우디 등을 누르고, 세계에서 가장 많이 팔리는 프리미엄 브랜드 자동차 회사가 될 겁니다.

하지만 머스크는 2030년 연간 2,000만 대 생산을 목표로 한다고 얘기했습니다. 300만 대에서 5년 만에 2,000만 대로 퀀텀 점프 quantum Jump(비연속적 도약)를 할 방법이 있을까요? 자동차 산업 100여 년의 역사에서 어떤 뛰어난 자동차 회사도 아직까지 연간 생산량 1,000만 대의 벽을 뛰어넘지 못했는데 말입니다.

테슬라,
차량 생산에서
퀀텀 점프 가능할까? ──────────────

테슬라가 정말로 연간 2,000만 대를 생산할 수 있을까요? 앞으로 어떻게 될지 누구도 예측하기 어렵습니다만, 만약 가능하다면 네

가지 정도의 근거를 댈 수 있을 것 같습니다.

테슬라는 과거에 도요타·벤츠와 제휴함으로써
노하우를 제대로 습득했다

테슬라는 과거 도요타·벤츠 등과 자본제휴를 하면서 세계 최고의 대중차 회사, 프리미엄 자동차 회사로부터 기획·생산·설계에 대한 다양한 노하우를 배웠습니다. 이후 제휴 관계는 끝났지만 일론 머스크와 그의 조직은 자동차 업계에서 가장 뛰어난 학습 능력을 갖추었으며, 두 회사로부터 배운 지식은 고스란히 테슬라의 자산과 경쟁력이 됐습니다.

벤츠로부터는 프리미엄 자동차 회사가 가져야 할 기획·마케팅 능력을 배웠을 테지요. 벤츠는 일반인들이 알고 있는 것보다 훨씬 기술적으로 깊이가 있는 회사이고 특히 전 세계 자동차 회사 가운데 소프트웨어에 대한 이해도와 역량이 뛰어난 회사입니다. 테슬라에 맞선 자동차 진영에서 가장 본격적으로 대응에 나선 것이 엔비디아·벤츠 연합인데요. 두 회사는 2024년까지 테슬라에 장착된 통합 전자제어 플랫폼과 무선 업데이트 시스템에 맞설 수 있는 전자제어 플랫폼을 개발해 벤츠 신차에 장착할 예정입니다.

앞서 말씀드린 대로 엔비디아는 자율주행이나 전자제어 플랫폼, 이를 통한 모빌리티 데이터 플랫폼 비즈니스 등에 엄청난 야망을 가진 기업입니다. 젠슨 황Jensen Huang이라는 회사 창업자 겸 CEO 겸 슈퍼 엔지니어가 이를 진두지휘하고 있죠. 이런 엔비디아가 테슬라를 공격할 진용을 갖추기 위해 협업하는 파트너로 벤츠를 택했다는 것은 그만큼 벤츠가 소프트웨어와 차량 전자제어 부문에서 실력이 만만치 않음을 보여줍니다.

또한 테슬라는 도요타로부터 생산의 효율을 높이는 법을 배웠습니다. 테슬라의 첫 번째 자동차 공장인 캘리포니아 프리먼트 공장은 원래 도요타가 갖고 있던 생산시설인데요. 테슬라와 도요타가 자본제휴 중이던 2010년에 도요타가 테슬라에 싼값에 넘겨준 것입니다. 원래는 도요타와 GM이 합작해서 만든 누미NUMMI라는 이름의 공장이었죠. 1983년에 만들어져 GM이 파산한 2009년까지 26년간 운영된, 자동차 산업 역사에서도 매우 유명한 공장입니다. GM과의 합작이 끝나자 도요타가 이 공장을 2010년에 테슬라에 넘긴 거죠.

당시 테슬라는 도요타의 최신 생산 기술이 녹아 있는 누미 공장을 인수했을 뿐 아니라 도요타의 생산 기술 베테랑들에게 자동차 생산에 대한 많은 것을 배웠습니다. 특히 도요타의 자체적인 레고블록형 설계 방식과 생산 혁신기술인 TNGAToyota New Global Architecture 에 대해 많은 것을 습득했을 것으로 생각됩니다. 그리고 테슬라에는 도요타·혼다·GM·아우디 등 기존 주요 자동차 업체에서 기술과 경험을 쌓은 전문가들이 많이 일하고 있습니다. 이들을 통해 테슬라의 생산 기술도 계속해서 높아지고 있지요.

이미 기존 자동차 업계도 레고블록형 설계 방식으로 바뀌면서 생산 공정의 혁신이 일어나고 있습니다. 폭크스바겐의 고급차 브랜드인 아우디도 이미 스마트팩토리를 만들어 생산의 효율을 높이고 있습니다. 아우디 측은 "자동차 개발·생산의 복잡성이 증가함에 따라 생산 라인을 최적화하는 것이 중요하다"라면서 이에 대응하기 위한 공장 혁신을 준비 중이라고 밝혔는데요. 핵심은 모듈식 조립, 인간과 로봇이 함께 작업할 수 있는 지능형 공장입니다. 여기서는 빅데이터, 가상현실, 3D 고속 프린팅, 드론 등의 모든 신기술을 동원해 제품 종류와 생산량을 빠르게 조절할 수 있게 됩니다.

도요타·아우디뿐 아니라 전 세계 자동차 공장에서 급격한 기술 변화가 일어나고 있습니다. 앞서 잠깐 언급했듯이, 포드는 독일의 산업용 로봇 회사 쿠카와 협력해 공장 조립 라인을 로봇과 근로자가 서로 도와가며 일하는 방식으로 바꿔나가고 있습니다. 앞으로 조립 라인에 로봇의 개입이 늘어나면 늘어날수록 포드 공장의 생산성은 크게 높아질 겁니다. 포드뿐 아니라 미국·유럽의 많은 자동차 공장에서 로봇과 인간의 협력 체계에 급격한 변화가 일어나고 있습니다.

이렇게 제조 분야에서 대대적인 기술 혁신이 일어나고 있지만, 전 세계 어떤 자동차 회사도 연간 2,000만 대 생산을 얘기하지는 못하고 있죠. 그런데 테슬라는 어떻게 그런 목표를 제시한 걸까요? 이게 가능하다면, 2012년 폴크스바겐·도요타가 시작한 제조 분야의 변화가 기존 자동차 업계가 아니라 신흥 업체인 테슬라에서 열매를 맺을지도 모릅니다. 지난 100여 년 동안 계속돼온 포드 생산 시스템이 바뀌고, 테슬라에서 자동차 업계의 제조 혁명과 공장 혁명이 일어날지도 모른다는 뜻입니다.

이것이 무엇을 의미하는지 영화의 한 장면을 통해 설명해보겠습니다. 할리우드 SF영화 〈마이너리티 리포트〉에는 주인공 톰 크루즈가 2054년형 렉서스를 생산하는 미래 공장 내부에서 적에게 쫓기는 장면이 나옵니다. 그런데 이 공장 내부를 보면, 자동차는 조립되고 있는데 인간 작업자가 전혀 보이지 않습니다. 거의 완벽한 무인 자동화 공정을 통해 신차가 생산되는 거죠. 앞으로 레고블록의 설계와 생산방식이 계속 발전한다면, 영화 속 공장 풍경이 2054년보다 훨씬 더 일찍 현실화될 수도 있습니다.

테슬라는 전기차만 만든다

여기에서 한 가지 더 생각해봐야 할 것이 테슬라는 전기차만 만든다는 점입니다. 도요타나 폴크스바겐이 추구한 레고블록형 설계·생산방식은 어디까지나 내연기관차 위주였지요. 그러나 테슬라는 내연기관차가 아니라 오로지 전기차만 만듭니다. 내연기관차에서 가장 복잡하고 중요한 부품은 엔진과 변속기인데 전기차에는 이런 부품이 들어가지 않습니다. 대신 모듈화된 배터리와 모터가 들어가지요. 내연기관차에 들어가는 부품은 2~3만 개에 달하는데요, 전기차에는 이보다 30%가량 적게 들어갑니다. 부품의 모듈화·단순화·통합화 등이 전기차에서는 더 쉽기 때문에 내연기관차 대비 절반 이하의 부품으로 차를 만들 수도 있습니다.

즉 테슬라로서는 도요타 등에서 배운 레고블록형 설계와 그에 따른 단순한 형태의 공장 레이아웃을 실행할 수 있다는 뜻입니다. 게다가 전기차만 만들기 때문에 도요타나 폴크스바겐보다 더 극단적인 단순화를 추구할 수 있습니다. 물론 폴크스바겐이나 도요타, 현대차도 전기차 전용 플랫폼을 만들어 설계와 생산의 단순화를 추구하고 있죠. 하지만 처음부터 전기차만 만들어 여기에 특화해 설계·생산의 단순화를 추구해온 테슬라를 이기기는 쉽지 않아 보입니다.

기존 자동차 회사들은 아직 내연기관차를 더 많이 팔아 이익을 내야 하는 상황입니다. 따라서 전기차에만 모든 역량을 쏟을 수도 없는 노릇입니다. 반면 테슬라는 전기차만 만들 뿐 아니라, 자동차를 팔아서 이익을 내는 데 치중할 필요가 없는 회사입니다. 그러므로 제조 혁신을 이뤄가는 과정에서 추가되는 비용에 대한 부담이 기존 자동차 회사에 비해 적다고 할 수 있습니다.

테슬라는 제조 공정에서 기존의 사고방식을 따르지 않는다

테슬라는 또 차체를 만드는 방식에서도 기존 업체와 상당히 다른 접근을 보여줍니다. 기존 업체들은 아주 많은 숫자의 강판, 알루미늄합금, 탄소복합소재, 플라스틱 등을 연결해 차체를 만듭니다. 각각의 소재를 연결할 때는 일반적으로 용접이라는 방식을 쓰는데요. 이어붙이는 소재가 다를 때는 용접이 어려운 경우도 많습니다. 접착제를 쓰기도 하고, 볼트·너트로 연결하기도 합니다. 아무튼 다양하고 종류도 아주 많은 각각의 소재를 이어붙여 차체를 만드는 것은 매우 복잡하고 돈도 많이 드는 작업입니다. 하지만 테슬라의 전기차는 애초에 설계부터 가공·조립까지 전자제품 찍어내듯이 단순화하는 것을 목표로 하고 있습니다. 금형의 형태나 제조 방식, 제조 도구 등에서 기존의 관행을 무시하고 제로베이스에서 사고해 진화해가는 형태를 띠고 있지요.

그 좋은 예가 테슬라의 최신 모델인 모델Y입니다. 이 모델은 차량 뒷부분 아래를 구성하는 차체 전체가 단 2개의 부품으로 구성돼 있습니다. 이전에는 이 부분을 만들기 위해 70~80개의 부품 조각을 이어붙여야 했는데요. 이를 2개의 부품으로 다이캐스팅(주조)하는 겁니다. 전기차의 경우 특히 차체 경량화를 위해 알루미늄합금을 많이 사용하는데, 알루미늄합금의 문제점이 강판에 비해 용접이 쉽지 않다는 것입니다. 테슬라는 이를 알루미늄합금을 녹인 뒤 틀에 부어 형태를 만들어내는 식으로 해결했습니다. 마치 전자제품 케이스를 좀더 거대하게 만들어내는 것과 비슷하다고 할 수 있습니다. 그러나 이는 말처럼 쉬운 것이 아니라서 아주 거대한 다이캐스팅 기계가 있어야 하고, 알루미늄합금 소재에 대한 깊은 이해와 기술력이 뒷받침돼야 합니다. 테슬라가 이미 이런 기술적 기반과 협력업체와의 긴밀한 네트워크를 갖췄다고 봐야겠지요.

이것이 전부가 아닙니다. 테슬라는 기존 자동차 회사의 제조 공정에 얽매이지 않기 때문에 좀더 혁신적인 생산 방법을 계속해서 고안해낼 수 있습니다. 기술적 보완이나 검증은 테슬라에서 일하고 있는 기존 자동차 회사 출신의 생산 기술 전문가들, 그리고 세계 최고의 협력업체들이 해주고 있고요.

일론 머스크는 자동차 생산 공정 전체의 자동화·로봇화를 목표로 하고 있습니다. 자동차의 생산 공정은 차체(프레스), 용접, 페인팅(도장), 의장(조립)의 4단계로 구분됩니다. 기존 자동차 회사의 경우도 차체·용접·페인팅에서는 이미 대부분 자동화가 이뤄져 있습니다. 따라서 이 3개 공정에서는 제품 생산을 위한 인력이 많이 필요하지 않습니다. 다만 의장 라인에는 아직도 많은 사람이 필요합니다. 대형 자동차 회사의 공장에 인력이 수천 명씩 필요한 이유는 의장 라인에 많은 조립 인력이 투입돼야 하기 때문입니다.

일론 머스크는 왜 의장 라인의 자동화가 안 되는지에 대해 의문을 가졌습니다. 이 때문에 2019년 모델3를 양산하면서 의장 라인에도 로봇을 대거 투입해 인력을 크게 줄이려고 했죠. 하지만 노하우 부족 때문이었는지, 실제 생산에서는 숙련공을 투입하는 것보다 제조 속도도 느렸고 양산 제품의 품질을 확보하는 것도 어려웠습니다. 인력을 투입하는 것에 비해 초기 비용도 엄청나게 많이 들어갔는데 말입니다. 그래서 머스크 스스로 '생산 지옥'이라고 말할 만큼 큰 위기를 겪었습니다. 당시 엄청난 투자를 했는데 모델3가 제때 생산되지 못함으로써 자금 사정도 극도로 악화됐고, 심지어는 회사가 망한다는 루머가 돌기도 했죠. 다시 숙련공을 투입하고 테슬라 내외부의 제조 전문가들이 하루 24시간 교대로 일하며 문제 해결에 나선 덕분에 이 지옥을 무사히 벗어나긴 했지만, 그때 머스크는 섣불리 로봇 생산에 올인하는 건 위험하다는 사실을 깨달았습니다.

하지만 이 일로 머스크가 의장 라인의 로봇화를 포기한 것은 아닙니다. 이미 테슬라는 자동차 조립 자동화 분야를 위해 2017년에 독일의 로봇 제조 공정 전문 회사인 그로만 엔지니어링^{Grohmann} ^{Engineering}을 인수했습니다. 앞으로 의장 라인의 조립 인력을 로봇으로 대부분 대체하는 것에 대해 계속 연구하면서 차츰 적용해나갈 것으로 보입니다.

2017년에 세계 최대 산업용 로봇 회사인 일본의 화낙^{FANUC} 본사를 찾아가 당시 CEO였던 이나바 요시하루^{稲葉善治} 회장을 인터뷰한 적이 있는데요. 그에게 자동차 회사 의장 라인의 완전자동화, 로봇화가 가능한지에 대해 물어봤습니다. 그는 이렇게 말했습니다.

"지금 당장의 로봇 기술만 투입해도 의장 라인 필요 인원을 절반으로 줄일 수 있다. 또 생산의 자동화 수준도 현재보다 비약적으로 높아질 수 있다. 전문가들은 가장 많은 인력이 투입되는 의장 라인에서도 자동화가 크게 진전될 것으로 보고 있다."

이나바 회장이 '지금 당장이라도 의장 라인 인력을 절반으로 줄일 수 있다'라고 말한 지도 벌써 몇 년이 지났습니다. 전기차는 내연기관차에 비해 구조가 단순하고, 테슬라는 앞으로 제조·조립 공정 전체에서 단순화를 추구할 것이기 때문에 몇 년 안에 의장 라인에 대규모로 로봇이 투입될지도 모르겠습니다. 일론 머스크가 좋아하는 말 중에 이런 것이 있습니다. "단순함이 혁신이다^{Simplicity is} ^{innovation}."

또 하나 중요한 것이 있군요. 바로, 기계가 기계를 만드는 것입니다. 2017년 화낙 본사 공장에 갔을 때 이런 장면을 목격했습니다.

그림 2-5 화낙의 제조 로봇이 로봇을 만들고 있는 장면

거대한 공간에 끝없이 펼쳐진 로봇들이 주문받은 로봇을 스스로 만들고 있다. 후지산 기슭에 위치한 화낙의 로봇 조립 공장을 방문했을 때의 일이다. 발달된 인공지능을 가진 로봇이 자기 복제에 나선다면 이런 풍경이 아닐까 싶었다. 어느 쪽이 조립하는 로봇이고 조립되는 로봇인지 알기 어려웠다. ⓒ 화낙

어떤 공장에서는 산업용 로봇을 만드는 것도 거의 100% 로봇이 담당하고 있었습니다. 멀리서 보면 어느 로봇이 제작되는 쪽이고 어느 로봇이 제작하는 쪽인지 분간이 안 될 정도였습니다.

이것 역시 머스크가 즐겨 사용하는 말과 일치합니다. 머스크는 '기계 만드는 기계The machine that makes machine'를 도입할 것임을 분명히 하고 있죠. 여기에서 중요한 것이 바로 소프트웨어와 AI입니다. 이게 가능하려면 공장의 로봇에 각종 카메라와 센서가 장착돼야 하고, 또 공장 전체를 돌리는 고도의 소프트웨어가 필요합니다. 그리

고 로봇이 인간처럼 알아서 고도의 작업을 하기 위해서는 스스로 판단하고 움직이도록 하는 고도의 AI가 절대적입니다. 소프트웨어 · AI 분야는 테슬라가 다른 자동차 회사에 비해 앞서 있는 부분이죠.

애플이 폭스콘에 생산을 위탁하듯, 테슬라도 제조 외주화가 가능하다

테슬라의 생산이 2025년 300만 대에서 2030년 2,000만 대로 도약하는 데 가장 중요한 것이 바로 생산의 외주화입니다. 앞서 말씀드린 마그나슈타이어의 사례를 테슬라가 확대 적용할 가능성이 있다는 겁니다. 어떤 전문가들은 애플이 대만 폭스콘에 제품 생산을 맡기듯이 테슬라가 어떤 업체에 자동차 생산을 맡기기는 어려울 거라고 말합니다. 작은 크기의 전자제품인 아이폰이나 아이패드에 비해 전기차는 엄청나게 클 뿐 아니라, 사람을 태우고 빠르게 움직이는 물체이기 때문에 안전과 품질에 대한 책임이 훨씬 더 엄격히 요구되기 때문이라는 거죠.

하지만 두 가지 측면에서 테슬라의 외주 생산을 예상해볼 수 있습니다.

첫 번째는 자동차 생산의 외주가 지금도 불가능하지 않다는 겁니다. 앞서 말씀드린 마그나슈타이어 얘기를 다시 해볼게요. 이 회사는 1970년대부터 벤츠 · 폴크스바겐 · 아우디 · 크라이슬러의 차량들을 수탁 생산해왔습니다. 저는 오스트리아 그라츠에 있는 마그나슈타이어 생산 외주 공장을 방문한 적이 있습니다. 당시 마쿠스 그란

Markus Gran 아태^{亞太} 담당 수석매니저는 진지한 표정으로 제게 이렇게 얘기했습니다. "현대자동차요? 주문만 하세요. 원하는 차종 무엇이든 원하는 값에 만들어드립니다." 그러고는 "우리는 어떤 완성차 회사와도 함께 일할 준비가 돼 있습니다"라고 말했습니다.

한국의 경우도 기아차의 경차인 모닝과 레이가 동희오토라는 외주 업체에서 전량 생산되고 있습니다. 기아차 자체 공장에서 만들 경우 인건비 부담이 높아 원가를 맞추기 어렵기 때문이라고 합니다. 즉 마그나슈타이어나 동희오토나 자동차 회사 내부 공장에 비해 생산 속도가 빠르고, 생산 유연성도 높으며, 비용도 상대적으로 저렴하다는 강점이 있는 거죠.

그럼 다시 머스크가 말한 2030년 연간 생산 2,000만 대에 대한 얘기를 해보죠. 앞서 말씀드린 대로 현재 가동 중이거나 가동 예정인 테슬라의 4개 공장만으로도 2023년쯤 연간 200만 대 생산은 달성할 수 있을 것으로 보입니다. 2025년 300만 대도 예측 가능한 범위입니다. 하지만 연간 2,000만 대는 차원이 다른 이야기죠. 물론 머스크의 특성상 단일 공장의 생산 공정을 극단적으로 단순화해 생산 속도를 2배, 3배로 올리는 방식으로 증산에 도전할 가능성도 있습니다. 하지만 그렇게만 해서는 2030년 2,000만 대 달성이 여전히 쉽지 않을 겁니다.

테슬라가 어느 시점에서 생산 공정의 표준화·단순화를 극단적으로 이루게 될지는 아직 확실치 않습니다. 생산에 필요한 하드웨어·소프트웨어 시스템 전체를 극단적으로 표준화할 수도 있겠지요. 완전자동화가 거의 불가능하다는 의장 라인에서도 아마 지금 투입되는 인력의 10% 이하만으로 작업할 수 있게 될지 모릅니다. 그러면 테슬라로서는 공장을 만드는 것이 마치 붕어빵을 찍어내는 것, 또는 한번 소프트웨어를 구축해 대량으로 배포하는 것처럼 아주 손쉬운 일이 될 수도 있습니다. 이렇게 되면 제2의 마그나슈타이어, 제2의 동희오토 같은 회사에서 테슬라 전기차를 대신 생산하지 못할 이유가 없겠지요.

애플 제품을 수탁 생산하는 폭스콘 같은 업체는 애플 제품 이후에 자신들의 사업을 확장해나갈 방향으로 전기차를 생각하고 있습니다. 이미 폭스콘은 2020년 말에 로봇 전문 기업을 합작 설립해 로봇 생산 기술력을 높여가고 있습니다. 테슬라가 어느 시점에 생산을 위탁한다면, 폭스콘 같은 업체가 이를 성공시키기 위해 물불을 안 가리고 달려들 것이 뻔합니다.

예를 들어 2025년 시점에 테슬라가 자체 생산으로 300만 대를 만든다고 생각해보죠. 그럼 이런 속도로 매년 생산량을 급격히 늘린다고 해도 2030년에 테슬라가 생산할 수 있는 양은 500만 대, 아무리 많아야 1,000만 대 정도일 것입니다. 그럼 나머지 1,000만 대에서 1,500만 대는 어떻게 될까요?

아마 테슬라 차량을 대신 만들어주겠다는 제조 업체들이 줄을 서지 않을까요. 어쩌면 폭스콘 같은 전자제품 수탁 제조 업체나 마그나슈타이어 같은 자동차 수탁 제조 업체뿐 아니라, 기존의 완성차 메이커에서도 자체 생산을 줄이거나 접고 아예 테슬라 차량을 대신 만들어주겠다고 손들고 나설지 모릅니다. 어차피 내연기관차는 점점 안 팔리게 될 것이고, 특히 브랜드파워가 약한 업체라면 판매량이 급속도로 줄어들겠죠. 그렇다면 그런 자동차 회사가 살아갈 길은 갖고 있는 자동차 제조 노하우를 활용해 테슬라 같은 전기차 업체의 차량을 대신 생산해주는 것밖에 없을지 모릅니다.

한국발 제조 혁명은 가능할까?

테슬라발 제조 혁명이 한국의 자동차 제조 분야에는 어떤 영향을 미칠까요? 한국에서는 해마다 노조 파업이 제조 분야에서 가장 큰 이슈입니다. 자동차 공장 하면 보통 긴 컨베이어벨트를 앞에 두고 작업자가 늘어서서 조립하는 풍경을 떠올리죠. 한 공간에서 일하는 작업자 수가 많고, 한 부분에서라도 작업이 이뤄지지 못하면 제조 공정이 멈춰버리는 것이 자동차 생산 라인의 특징입니다. 그 때문에 전통적으로 현장 노동자들 권한이 컸고, 어느 나라에서나 강성 노조의 온상이던 시절이 있었습니다. 하지만 지금은 자동차 산업을 지속하는 전 세계 국가 중 생산 분야에서 가장 걱정거리가 노조 파업인 나라는 한국밖에 없습니다.

아직도 국내 일부 자동차 노조는 매년 파업을 일삼고, 생산 효율을 높이려는 각종 기술 혁신 시도와 노력을 무력화하고 있습니다.

공장에 첨단 자동화 시스템을 도입하려는 시도 역시 노사 간 협의가 안 돼 좌절되는 경우가 허다합니다. 물론 노조만의 문제는 아닙니다. '노조는 경영진의 거울'이라는 말이 있거든요. 노조가 악성이라면 거기에는 대개 이유가 있는 법이죠.

사측 역시 노조의 도덕성과 직업윤리를 비난하는 식으로 일관할 뿐 문제를 근본적으로 해결할 뚜렷한 방안을 내놓지 못하고 있습니다. 노무 원칙을 지키는 것보다 노조와 야합하는 단기적 조치에 의존했던 전력도 있지요. 경영진이 노조를 도덕적으로만 비난할 일이 아니라 전 세계에 일고 있는 설계·제조 혁명, 그리고 테슬라에서 알 수 있는 전기차·소프트웨어화에 따른 극단적인 제조 혁명이 얼마나 큰 위협인지를 인식하고 노조를 설득하고 대처해나가야 합니다. 글로벌 경쟁자들이 설계와 생산의 혁명을 시도하는 동안, 세계에서 유일하게 한국만 노사 관계도 해결하지 못해 공장(생산) 혁신 경쟁에서 밀려날 위기에 놓여 있습니다. 제조업의 경쟁력을 높이려는 많은 노력이 무산되고, 기술 혁신이 제대로 이뤄지지 않는 현실에서 한국의 자동차 산업이 언제까지 버틸 수 있을까요?

저는 한국 자동차 제조업 대응력의 현주소로 '광주형 일자리'를 들고 싶습니다. 광주형 일자리란 광주광역시가 지역 일자리를 늘리기 위해 고안한 사업으로, 기존 완성차 업체 임금의 절반 수준을 지급하는 대신 상대적으로 낮은 임금은 정부와 지방자치단체가 복리·후생 비용을 지원함으로써 보전한다는 취지입니다. 물론 어려운 시기에 일자리를 나눠 위기를 극복한다는 논리는 과거에도 있었고 꼭 나쁜 것은 아닙니다. 그러나 이렇게 이름 자체에 가치를 부여하는 것은 그것을 비판하기 어렵게 만들기도 합니다. 특정 지명을 넣는 작명법은 그에 대한 비판을 그 지역에 대한 비판이나 정치 논쟁으로 몰아가는 작용을 하죠.

따라서 저는 광주형 일자리를 '관官 주도형 일자리'라는 용어로 대신하고 싶습니다. 이 말이 본질을 대변한다고 보기 때문입니다. 현대차를 생산하게 될 완성차 합작법인이 관 주도형 일자리 1번 타자라고 하는데요. 이게 왜 말이 안 되는지 짚어보겠습니다. 우선 현대차 임금의 반값이라는 것에 오류가 있습니다. 관 주도형 일자리는 신입 위주입니다. 현대차는 평균 근속연수가 20년입니다. 반장·조장 같은 숙련공, 게다가 석·박사가 즐비한 연구개발직도 포함됩니다. 관 주도형 일자리 초임이 4,000만 원이라고 해도 근속연수 20년, 연평균 인상률 4%로 계산하면, 20년 후엔 8,700만 원이 넘습니다. 대표적인 '평균의 함정'입니다.

이번 완성차 합작법인은 1,000여 명을 직접 고용하는데, 간접 고용까지 더하면 고용 창출이 1만 명이라고 합니다. 그러나 관 주도형 일자리로 만들어지는 자동차 부품은 별도 업체가 아니라 기존 업체에서 갖고 옵니다. 따라서 간접 고용은 매우 제한적입니다. 또 관 주도형 일자리에는 세금 감면, 직접 지원 형태로 많은 재원이 투입됩니다. 전부 비용입니다.

가장 큰 문제는 관 주도형 일자리가 애초부터 국내외 수요에 대한 유연성이 적다는 것입니다. 노조라도 자국 내에 별도 회사로 운영하는 공장이 있습니다. 당연히 본사 공장보다 인건비가 쌉니다. 하지만 인건비보다 훨씬 중요한 게 유연성입니다. 그래서 수출에 대비해 전부 항만에 면해 있습니다. 또 엔진·변속기 등 무거운 부품의 물류는 공장끼리 바다로 연결해야 경쟁력이 있지요. 이번 관 주도형 공장처럼 내륙에 있으면 경쟁력이 현저히 떨어집니다. 게다가 현대차는 지금도 시설·인력 잉여가 많고 수요 대응력이 낮습니다. 유연성이 떨어지는 추가적인 증설·증원은 오히려 우리 자동차 산업의 발목을 잡을 것입니다.

글로벌 자동차 업계에서는 생산 인력 등에 대한 선제적 구조조정, 미래차 투자 집중, 설계·제조 혁명, 합종연횡 전략 등으로 정신이 없는 상황입니다. 물론 일자리를 나누는 것도 의미가 없지는 않겠지만, 아무리 생각해도 국내 자동차 생산 인력은 지나치게 많습니다. 일자리를 늘리려면 공장을 늘리는 것이 아니라 테슬라나 도요타, 폴크스바겐처럼 자동차의 설계·제조를 더 효율적으로 할 수 있도록 하는 엔지니어, 고급 연구개발 인력을 늘려야 합니다. 이런 논의에 집중하지 않고 업계 상식에도 어긋나는 관 주도형 일자리 만들기에만 여념이 없다면, 한국 자동차 산업의 미래는 어두울 수밖에 없습니다.

TESLA

모빌리티 혁명을 주도하는 테슬라, 그리고 나머지 선두 기업

SHOCK

TESLA SHOCK

금방 오지 않을 자율주행 시대에 왜 테슬라 기술력을 논할까

자율주행 기술은 기술적인 문제뿐 아니라 각국의 자동차 법규 때문에도 쉽게 구현되기 어려운 측면이 있습니다. 그러나 2025년쯤부터는 국지적으로 일반 소비자들도 체감하게 되지 않을까 싶습니다. 현 단계에선 테슬라가 기술적으로 가장 앞서갈 가능성이 크다고 봅니다. 기존 자동차 회사 가운데 그때까지 기술을 확보하지 못한 곳은 도태되거나 다른 자동차 회사 또는 IT 회사의 소프트웨어에 의존해야 하는 상황이 올 수 있습니다.

테슬라가 불러올 앞으로 10년의 자율주행 메가 트렌드에 대해 다섯 가지 관점으로 얘기해보겠습니다.

• 완전자율주행 성공했다는 게 언제인데, 왜 안 파나?

- 테슬라의 자율주행은 사기인가?

- 거듭된 논란에도 왜 '만슬라'를 외칠까?

- 테슬라가 '자동차 업계 애플'이 되리라는 건 정확히 어떤 의미인가?

- 한국의 자동차 산업은 앞으로 어떻게 될까?

테슬라 제품에 관심이 있든 아니면 자율주행 관련 주식투자에 관심이 있든, 현대차·삼성전자와 국내 관련 업체 또는 자동차와 연결되는 전 세계 IT 업체에 관심이 있든, 앞으로 말씀드릴 다섯 가지를 한번 생각해보면 어떨까요? 2020년 말 시점에서 세계 자율주행 기술 상황을 살펴보면서 테슬라의 수준은 어느 정도인지, 이들의 기술은 진짜인지, 앞으로 10년 뒤 자율주행 시장을 장악할 플레이어로 어디가 유망한지, 2030년쯤 한국은 이 시장에서 어떻게 될 것인지 등을 이야기해보고자 합니다.

테슬라의 자율주행 기술은 여전히 논란이 되고 있습니다. 제대로 된 자율주행 기술을 내놓지 못하면서, 과대광고만 일삼는다는 비판도 꽤 있지요. 비판이 이상할 건 없습니다. 자동차는 탑승자의 안전을 가장 우선시해야 하는 상품이기 때문에 테슬라의 문제점을 찾자면 분명 지적할 것들이 없지 않습니다. 이 부분에서 석연치 않은 점은 정확히 짚고 넘어가야 할 것입니다. 또 국민 안전을 중시해야 하는 정부 입장에서는 규제의 사각지대에서 움직이는 것 같은 테슬라의 행보를 그냥 두고만 보기 어려울 수도 있지요. 다만 한국 정부가 테슬라의 자율주행(실제로는 주행보조) 장치 보급을 그냥 방치하기도 어렵고, 그렇다고 세게 규제하기도 어려운 이유에 대해 설명해드리 겠습니다. 그리고 이런 결과가 5년, 10년 뒤 한국 자동차 제조·서 비스 산업에 어떤 영향을 미치게 될지도 정리해보겠습니다.

완전자율주행
성공했다는 게 언제인데,
왜 안 파나?

미 국방성 산하 고등연구계획국DARPA 대회에서 스탠퍼드-폴크스 바겐팀이 만든 자율주행차 '스탠리'가 완주에 성공한 게 2005년입 니다. 이때의 자율주행팀 주역들이 구글로 자리를 옮겨 연구개발을 확대했고, 그 결과 구글이 완전자율주행차 시험주행에서 거의 완벽 한 성과를 냈다는 뉴스가 나온 뒤로도 꽤 많은 시간이 흘렀습니다. 3~4년 전만 해도 자동차 회사마다 2020년쯤이면 자율주행차를 시 판하겠다고 공언했지요.

그런데 뭡니까. 그 차는 어디에서 살 수 있는 겁니까? 한 후배는 제게 "선배, 운전면허 없어도 몰 수 있는 차, 스스로 알아서 데려 다주는 차는 언제쯤 살 수 있나요?"라고 지금도 묻습니다. 제 답은 "글쎄요. 아직은 조금 먼 것 같은데요"입니다. 그 이유를 설명해드 리겠습니다.

우선 업계에서 통용되는 자율주행차 발전 단계를 살펴보겠습니

3장
모빌리티 혁명을
주도하는 테슬라,
그리고 나머지 선두 기업

다. 각 단계의 의미를 알아야만 앞으로 설명할 내용을 제대로 이해할 수 있기 때문입니다.

자율주행의 단계는 관련 기술이 안 들어가는 레벨0부터 인간이 전혀 신경 쓸 필요 없이 출발부터 최종 목적지까지 차가 알아서 데려다주는 레벨5까지, 총 여섯 단계로 돼 있습니다. 그리고 현시점에서 전 세계 자율주행 기술의 흐름을 파악하기 위해 꼭 알아야 하는 것이 레벨2와 레벨3입니다.

레벨2는 스티어링휠이나 페달에서 손발을 떼더라도 차가 일정 조건에서 알아서 갈 수 있는 단계이긴 하나, 항상 운전자가 주시하고 있다가 이상이 감지될 때 즉각 개입해야 하는 단계입니다. 따라서 레벨2에선 사고 책임이 운전자에게 있습니다. 레벨2 장치가 가동되는 동안에 운전자가 졸거나 스마트폰을 들여다보거나 책을 읽는 것은 절대 해서는 안 되는 일입니다. 레벨2는 자율주행의 두 번째 단계이긴 하지만, 자율주행이라는 말을 잘 쓰지 않고 '주행보조' 정도의 용어를 씁니다.

레벨3는 자동차가 기본적으로 주행을 맡고 운전자는 필요할 때만 개입하는 '조건부 자율주행' 단계로, 레벨3부터를 통상 본격적인 자율주행의 시작으로 봅니다. 이때부터는 운전자가 운전 중 스마트폰을 보는 것도 가능해집니다.

그럼 2020년 말 시점에서 소비자가 살 수 있는 자율주행차의 단계는 어디일까요? 네, 레벨2까지입니다. 조건부 자율주행 단계인 레벨3 차량은 소비자가 살 수 없냐고요? 네, 살 수 없습니다. 지구상 어떤 제조사도 레벨3 차를 시판하고 있지 않습니다. 기술적으론 가능한 곳도 있겠지만 말이죠. 레벨3 기술을 구현하고 "우리 차는 레벨3야"라고 하는 순간, 당장 제조사 책임 문제가 불거질 것이기에 아직까진 그런 시도를 하려는 회사가 없습니다.

좀더 구체적으로 설명해볼까요?

국산차 가운데 레벨2 수준에서 가장 뛰어난 모델 중 하나인 제네시스 GV80을 예로 들어보겠습니다. GV80에서 주행보조 옵션을 구입하면, 고속도로나 고속화도로를 달릴 때 스티어링휠·페달에서 손발을 떼도 차가 앞차와의 거리를 알아서 조절해주고 차선도 잘 지키면서 갑니다. 또 운전자가 깜빡이를 수동으로 조작하고 특정 조건에 부합하는 경우에 한해 차선 변경도 알아서 해줍니다.

그렇다면 테슬라가 국내에서 많이 팔고 있는 모델3는 어떨까요?

차간 거리와 차선 유지 등은 기본 옵션입니다. 이것을 테슬라에선 '오토파일럿'이라고 부릅니다. 정확하게 레벨2 수준이며, 주행보조라고 부르는 게 맞을 겁니다. 오해의 소지가 있다고 해서 독일에서는 '오토파일럿'이라는 용어를 광고에서 사용하면 안 된다'라는 판결이 나기도 했습니다. 그리고 앞서 설명한 FSD라는 옵션이 있습니다. 주차된 차를 내가 있는 곳 근처로 부를 수 있고, 자동 주차나 주행 중 자동 차선 변경이 가능합니다. 그리고 내비게이션 정보에 따라 차가 움직이는 NOA라는 기능도 있습니다.

그렇다면 테슬라의 현재 FSD는 자율주행 단계에서 어느 수준일까요? 업계에서는 레벨2 플러스, 레벨2.5, 레벨2.9와 같은 식으로 부릅니다. 죽어도 레벨3는 아닙니다. 업계도 당연히 그렇게 판단하고 있고, 테슬라도 자사 차량이 레벨3(일론 머스크는 실제로는 이런 용어 구분을 좋아하지 않는다고 합니다만)라고 한 적이 없습니다.

다만 오토파일럿과 마찬가지로 이 용어 자체가 과장광고일 소지는 있습니다. 테슬라의 FSD가 현재 일반 소비자에게 파는 이른바 자율주행(실은 주행보조) 차량 가운데 가장 수준이 높긴 합니다만, 이 차는 레벨3가 절대 아닙니다. 그런데 'Full Self Driving(풀 셀프 드라이빙)'이라는 용어를 씀으로써 마치 이것이 '완전자율주행'인 것처럼 소비자가 오해하게 할 소지가 있다는 겁니다.

결론은 현재로서는 레벨4나 레벨5는 고사하고, 레벨3 차량도 살수 없다는 것입니다. 그 이유는 시험 단계에서 구현하는 것과 실제로 소비자가 차를 구입해 타는 것은 완전히 다른 이야기이기 때문입니다. 레벨3를 전 국토에서 완전히 허용한 나라도 없고요. 한국도 2020년에 레벨3를 법제화하기는 했지만, 법제화가 되더라도 레벨3 차를 구입하는 것은 전혀 다른 차원의 문제입니다. 레벨3라고 하면 제조사 책임이 들어가거든요. 그러니 누가 내놓으려 하겠습니까? 시험 차원이 아니라 온갖 변수가 존재하는 '리얼 월드'에서 정말 자신이 있느냐도 문제이지만, 법과 안전 규제의 압박이 엄청난데 어떤 제조사가 나서겠느냐는 거죠.

그래서 레벨3, 즉 자동차가 기본적으로 주행을 맡고 운전자는 필요할 때만 개입하는 '조건부 자율주행차'를 구입할 수 있는 시점은 일찍 오기 어려울 것 같습니다.

테슬라의 자율주행은
사기인가?

어떤 사람들은 심지어 '테슬라의 자율주행은 사기'라고 주장하기도 합니다. 정말 그럴까요? 판단은 각자의 몫입니다만, 테슬라의 자율주행 기술에 관한 논점에 대해 네 가지로 구분해서 설명해보겠습니다.

첫 번째, 테슬라가 오토파일럿(통상의 레벨2 수준)과 FSD(레벨2 중에선 현 시점에서 가장 진보된 수준)를 가지고 소비자에게 마치 진짜 자율주행이 되는 것처럼 오도한 측면이 있다.

이건 맞습니다. 최근에 독일에서도 이 점을 지적해 '광고에서 오토파일럿이란 용어 사용 금지'라는 쪽으로 판결이 났습니다.

두 번째, 테슬라의 오토파일럿과 FSD의 오작동 문제에 대해 제조사인 테슬라에 법적 책임을 물어야 한다.

이건 거의 불가능합니다. '왜 완벽하게 안전한 제품을 내놓지 않았느냐'라며 분노하는 사람들도 있을 것입니다. 전통 자동차 제조사의 기계과 출신 엔지니어들도 분노할 수 있고요. 그러나 법적 책임을 묻기는 어렵습니다. 테슬라의 이 장치는 어디까지나 주행보조장치이고, 최종 책임은 운전자에게 있기 때문입니다. 레벨2의 장치라면 다른 회사 제품도 오작동 가능성은 얼마든지 있습니다. 99.99% 잘 작동해도, 0.01% 오작동하면 오작동하는 겁니다. 아직까지 레벨

2의 사고에 대해 제조사가 책임을 진 사례는 없습니다. 앞서 말씀 드렸듯이, 그 때문에 제조사가 레벨3로 가는 것을 두려워하기도 하고요. 또 이 장치를 '에어백이 왜 안 터졌냐', '왜 급발진을 못 막냐' 등의 문제와 비교해볼 수도 있습니다. 제가 알기로 지금까지 급발진 문제로 제조사가 책임을 인정한 사례는 없습니다. 이건 운전자가 관여할 수도 없는 진짜 결함일 수도 있는데 말입니다.

세 번째, 일론 머스크가 "올해(2020년) 안에 로보택시(일반 소비자의 구매 대상이 아니라 특정 지역에서 상용 개념으로 실시하는 레벨4 수준의 자율주행 서비스)를 내놓겠다"라고 했는데 불가능하다. 왜 사기를 치는 거냐.

네, 상용화를 어떻게 정의하느냐에 따라 논란이 있을 수는 있습니다. 그러나 테슬라의 로보택시는 곧 보급이 확대될 가능성이 꽤 높아 보입니다. 로보택시라는 게 일반 소비자에게 판매한다는 의미가 아니라 특정 지역에서 서비스를 한다는 개념이니까요. 일반인에게 이 수준의 차량을 판매한다는 것과는 다른 의미입니다.

물론 일반인이 완전자율주행차를 곧 구입하게 될 것이라는 얘기는 아닙니다. 하지만 레벨3, 4 수준의 차를 시장에 내놓겠다고 약속했다가 못 지키는 이들이 어디 한두 명인가요? 과장광고 또는 머스크 특유의 허풍이라고 해두죠. 머스크가 뻥이 좀 세긴 하지만, 그간 이룬 것들을 보면 엄청나지 않습니까.

네 번째, 테슬라의 자율주행 기술 수준이 낮다. 레벨4 이상의 완전자율

주행은 못 한다.

테슬라의 '카메라 기반 자율주행 기술'로는 안 된다는 의견과 관련하여 구체적으로 설명을 해보겠습니다.

현재 테슬라의 시스템은 카메라^{vision}(비전)가 주된 기능을 맡고 전파를 쏘는 레이다와 초음파 센서가 협업해서 자율주행 기술을 발전시켜나가고 있습니다. 반면 우리가 잘 아는 구글 웨이모나 그 외 몇몇 업체는 여기에다 레이저를 쏘는 '라이다'라는 것을 추가해 자율주행 기술을 개발하고 있지요. 이들이 실제로 시험 단계에서는 이런 장치를 활용해 테슬라 시판 차량보다 훨씬 높은 수준을 구현해내기도 했습니다. 그래서인지 라이다 없이 카메라로는 안 된다는 주장이 나오는 것 같습니다. 글쎄요. 기술의 세계에서 이렇게 단언하는 것이 괜찮을까요?

테슬라의 강점은 실제로 일반 소비자들에게 팔리는 차에서 이를 구현해나가려고 하고 있다는 겁니다. 지금은 레벨2 플러스 단계이지만, 앞으로는 계속 올라가려 하겠지요. 여기에는 라이다를 달기 힘듭니다. 왜냐하면 이 기기는 크고 매우매우 비싸기 때문입니다. 지금 당장 시판차에 달기는 거의 불가능합니다. 만약 단다면 차 1대당 제조원가가 억 단위로 껑충 뛸 거거든요. 또 라이다는 눈비가 심하게 내리는 환경에서는 성능이 급격히 저하됩니다. 우리가 날씨 좋을 때만 운전하는 것은 아니지 않습니까.

크고 비싼 부품을 넣는다고 목표 구현에 꼭 성공하는 것도, 그게 꼭 쉬운 일인 것도 아닙니다. 그러나 작고 저렴한 부품으로 같은 목표를 달성할 수 있고 결국은 더 효과적일 수 있다면, 그게 훨씬 어렵지만 더 수준 높은 방법이 될 수도 있습니다.

물론 라이다가 더 먼 거리까지의 주변 상황을 더 정밀하게 파악해낼 수 있다는 장점은 완전히 무시할 수 없습니다. 따라서 라이다가 앞으로 크기가 더 작아지고 가격이 획기적으로 낮아진다면, 라이다를 아예 쓰지 않는 테슬라의 전략에 변화가 생기지 말라는 법도 없습니다. 전략이란 그때그때의 상황에 따라 유연하게 수정할 수 있는 거니까요.

게다가 카메라 기반으로는 자율주행 구현이 안 된다는 것도 현재로선 단정하기 어렵습니다. 왜냐하면 테슬라뿐 아니라, 현재 전 세계 자동차 회사의 차량에 달린 레벨2 카메라 기반 주행보조장치 시장을 장악하고 있는 괴물 기업 '모빌아이'도 최근 들어 카메라 기반으로만 자율주행을 구현하겠다는 계획을 발표했거든요. 즉 시험 단계가 아니라 실제로 자율주행 관련(실제로는 레벨2라 주행보조이지만) 제품을 시장에 내놓고 소비자 대상으로 장사를 하는 양대 기업이 모두 카메라 기반으로 가겠다고 한 겁니다. 시험 단계에서는 무엇이든 얘기할 수 있습니다. 하지만 양산은 전혀 다른 차원이죠.

따라서 저는 테슬라의 자율주행 기술이 낮다거나 지금 기술로는 레벨4까지 못 한다는 주장에 선뜻 동의하기 어렵습니다. 제가 아는 국내외 자율주행 전문가들에게 테슬라의 기술력에 대해 어떻게 생각하는지 문의해봤는데요. 단순히 자율주행 관련 시험을 하는 엔지니어이거나 자료로만 이해하는 이들이 아니라 실제로 이 비즈니스에 몸담고 있고 매일같이 전쟁을 벌이는 분들, 전체 그림을 볼 수 있는 분들을 중심으로 물어본 결과 테슬라의 기술력이 낮다고 얘기한 사람은 아무도 없었습니다. 오히려 이대로 4~5년 지나면 테슬라의 기술력이 '넘사벽'이 될 가능성이 크다는 의견이 많았습니다.

거듭된 논란에도
왜 '만슬라'를 외칠까?

왜 사람들은 '천슬라(주당 가격이 1,000달러인 테슬라, 2020년 8월 5:1 액면분할 이전 기준)'를 넘어 '이천슬라', 심지어 '만슬라'를 얘기할까요? 사실 주가는 어찌 보면 허망한 거죠. 미래가치가 많이 반영되는데, 그 미래를 어찌 알겠습니까? 주가가 폭등한다고 또는 폭락한다고 해서 일희일비할 필요는 없다고 생각합니다. 다만 자본시장은 왜, 이 대단하지만 살짝 의심스러운 기업에 이렇게나 열광하는 걸까요?

이미 무수한 분석이 나왔지만 한번 더 반복해보겠습니다. 우선, 앞으로 10년을 좌우할 모빌리티 혁명에서 테슬라의 '전기차+자율주행 플랫폼'이 시장을 상당 부분 장악할 가능성이 크다고 보기 때문입니다.

일단 전기차를 간단히 짚고 넘어가자면, 테슬라처럼 중앙에서 차량의 각 부분을 높은 수준에서 통합제어할 수 있는 전기차를 만드는 것이 간단한 일이 아니라는 것입니다. 이는 주행 성능, 성능 업데이트, 원가절감 등과 모두 연결되는데요. 결론은 전기차는 누구나 만들 수 있지만, 테슬라와 같은 통합제어 전기차를 만드는 것은 제아무리 폭스바겐, 도요타라고 해도 쉽지 않다는 것을 전제로 합니다. 물론 앞으로는 어찌 될지 모릅니다만, 현재로선 테슬라가 선도자이고 폭스바겐과 도요타가 추격자인 것은 분명합니다.

물론 전통의 자동차 강자들이 테슬라 전기차를 물량 면에서 제압할 가능성은 충분합니다. 하지만 여기서 문제되는 것이 전통 자동차 회사는 전기차만 만드는 것이 아니라 아직 내연기관차를 훨씬 더 많이 만든다는 겁니다. 결국 회사는 돈을 벌어야 하므로 원가 경쟁력, 수익력, 조직의 문제 등에서 상당한 진통이 있을 것으로 예상됩니다. 반면 테슬라는 오로지 전기차에만 집중하면 되지요.

전기차와 자율주행 통합 플랫폼의 경쟁력 문제도 있습니다. 둘은 함께 움직이며, 그러기에 테슬라의 자율주행 플랫폼에 대한 기대가 있는 것입니다.

지금 테슬라가 내놓은 자율주행 기술은 사실 진짜 자율주행 취급도 받지 못하는 레벨2 플러스 수준에 불과합니다. 그런데 반전은, 테슬라가 일반 소비자 대상의 시장에 내놓은 것이 빙산의 일각일 수 있다는 겁니다.

테슬라는 앞서 말씀드렸듯이 카메라 기반으로, 즉 어떤 경쟁 업체처럼 크고 값비싼 라이다를 쓰지 않고 레벨3 이상을 실현하는 것을 목표도 하고 있습니다. 이를 위해 꼭 필요한 게 실제 도로에서 일반 운전자들이 달리면서 만들어내는 '리얼 데이터'입니다. 즉 테슬라는 자율주행 플랫폼을 만들어놓고, 소비자들에게서 들어오는 많은 리얼 데이터를 기반으로 인간의 뇌와 유사하게 '신경망 학습'을 통해 완성도를 높여간다는 구상을 하고 있습니다.

즉 실제로 레벨3 이상의 자율주행차를 일반 소비자에게 판매하려면, 돌발 상황에서 오작동 가능성을 극소화해야 합니다. 99.99% 잘 작동해도 0.01% 오작동하면 문제가 될 수 있으니까요. 오작동 확률을 제로로 만드는 것은 불가능하겠지만, 이 확률을 더욱더 낮추기 위한 작업이 현재 엄청난 인재와 돈과 시간을 들여 테슬라 내부에서 하루에 24시간 맹렬하게 진행되고 있습니다.

게다가 우리가 언론에서 보는 구글 웨이모나 그 외 업체가 복잡한 시내 도로를 완벽하게 자율주행하는 광경은 라이다 같은 값비싼 장치를 얹는 것뿐 아니라 초정밀 지도가 바탕이 돼야 합니다. 하지만 현실 세계에서는 지구상 모든 지역에 그런 초정밀 지도를 바탕으로 한 자율주행차를 시판하기가 쉽지 않습니다. 테슬라는 현재 스타링크라는 자체 인공위성망 프로젝트를 진행 중인데요. 지구 저궤도에 1만 2,000개의 인공위성을 띄워 전 세계 인터넷망을 만드는 사업입니다. 이 프로젝트가 완성된다면 테슬라의 자율주행 플랫폼에서도 중요한 역할을 할 것으로 보입니다.

테슬라 차량이 현재 세계에 130만 대 정도 깔려 있고, 보급 대수가 빠르게 증가하고 있습니다. 전 세계의 자동차 회사와 IT 회사 중 이 정도 규모의 차량에서 데이터를 추출해 분석하고, 피드백을 주고 또다시 분석하는 작업을 맹렬한 속도로 할 수 있는 곳은 테슬라밖에 없습니다. 딱 한 군데, 앞서 말씀드린 모빌아이라는 회사가 있긴 하군요. 하지만 테슬라는 모든 작업을 자사 내에서 수직적으로 할 수 있는 데 비해 모빌아이는 자사 시스템을 여러 자동차 회사에 납품하는 형태이기 때문에 수집·분석 작업의 속도나 정밀도 면에서 테슬라를 능가하지는 못합니다.

게다가 테슬라 차량은 곧 누적 보급 대수가 200만 대, 300만 대가 되겠지요. 일론 머스크가 현재 자사 전기차의 원가절감에 극도로 치중하고 있는데요. 이는 원가를 낮추고 가격을 낮춰 보급 대수를 더 빨리 늘리려는 의도입니다. 보급을 촉진하는 것은 자동차 회사로서 당연한 일이지만, 테슬라의 경우는 실제 주행 데이터를 더 많이 더 빨리 얻으려는 의도가 포함된 것으로 볼 수 있습니다.

그러면 어떤 일이 벌어질 수 있을까요? 일단 레벨2 플러스 단계에 한동안 머물면서 자율주행 플랫폼의 능력을 갈고닦습니다. 그런 뒤에 레벨3가 세계적으로 받아들여질 만한 시점이 되면 이 패키지를 시판합니다. 그때 경쟁사 제품보다 테슬라 것이 더 낫다면 시장이 어떻게 될까요?

가능성이 없지 않습니다. 그동안 테슬라는 실제 도로에서 얻은 데이터를 엄청나게 축적하고 분석해왔을 것이기 때문입니다. 물론 이것만으로 테슬라의 차별적 경쟁우위가 보장된다고 말할 수는 없겠지만, 이를 과장광고나 마케팅으로만 치부하는 것도 위험해 보입니다.

테슬라가
'자동차 업계 애플'이 되리라는 건
정확히 어떤 의미인가?

사람들은 테슬라가 자동차 업계의 애플 같은 존재가 될 거라고들 합니다. 이게 정확히 무엇을 의미할까요? 이 말에는 단순한 비유 이상의 깊은 뜻이 담겨 있습니다.

일단 애플이 나왔으니 기존 스마트폰 업계의 생태계를 얘기해보죠. 스마트폰의 보급은 애플이 주도했습니다. 그리고 애플은 스마트폰만 만드는 게 아니라 칩도 스스로 만들고, 특히 자체 운영체제인 iOS도 갖고 있습니다. 또 하나의 진영은 잘 아시는 대로 구글 안드로이드입니다. 구글이 안드로이드라는 운영체제를 갖고 있고, 이 운영체제하에서 삼성을 비롯한 여러 제조사가 스마트폰을 만들어냅니다.

이를 자동차 업계에 대입해볼까요? 테슬라는 '전기차+자율주행 플랫폼' 조합의 방향을 선도한다고 볼 수 있습니다. 테슬라는 예전에 모빌아이 · 엔비디아의 기술을 가져다 썼는데요. 이들과 결별한 이후에는 칩도 자체적으로 만들면서 자체 자율주행 플랫폼을 개선해나가고 있습니다. 애플이 그렇듯 핵심 부분을 수직적으로 내재화하고 있습니다. 이대로 이어진다면, 애플처럼 자체 생태계를 완비해 경쟁자가 공격해 들어가기 어려운 플랫폼을 갖출 가능성이 있습니다.

그럼 자동차 업계의 안드로이드는 어디일까요? 현재로서는 '모빌아이+인텔'이 될 가능성이 꽤 있어 보입니다. 모빌아이는 테슬라와 결별한 뒤 인텔에 무려 17조 원에 팔렸습니다. 그래서 지금은 인텔 산하에 들어가서 양사의 시너지를 도모하고 있습니다. 모빌아이의 카메라 기반 레벨2 시스템은 현재 전 세계 많은 자동차 회사에 납품되고 있습니다. 현대차에 들어가는 레벨2 시스템도 모빌아이 것으로 알려져 있죠. 즉 모빌아이의 칩과 로직을 사용해 움직인다는 얘기입니다.

모빌아이는 앞으로 우군을 더 확보하기 위해 오픈이노베이션 전략으로 갈 가능성이 있습니다. "우리 자율주행·주행보조 칩을 써. 칩을 돌리는 로직도 싸게 줄게. 그리고 우리 것을 기반으로 계속 개발한다면, 나머진 당신들이 알아서 활용해도 아무 말 안 할게"라는 식으로 말입니다.

물론 이 외에 구글도 있고, 엔비디아도 있고, 아마존도 있고, 자동차·IT 연합도 있고, 단독으로 돌파해보겠다는 자동차 회사도 있고, 아직까지 마각을 드러내지 않은 애플도 있습니다. 하지만 현재 상황에서 테슬라 대 모빌아이·인텔의 개발 경쟁이 맹렬히 진행된다고 가정하면 이 양자가 자동차 업계의 애플과 구글 안드로이드로 진화하는 것을 좀처럼 막기 어려울 것입니다. 물론 애플과 안드로이드가 대부분을 장악한 스마트폰 업계와 달리 자동차 플랫폼 경쟁에서는 제3 또는 제4의 진영이 나올 수도 있고, 앞으로 쇼킹한 합종연횡이 일어날 가능성도 있긴 합니다.

한국의 자동차 산업은
앞으로 어떻게 될까?

마지막으로 한국은 어떻게 해야 할지를 생각해봅시다. 먼저 정부의 관리·감독에 대해 얘기해보겠습니다. 정부가 2020년에 레벨3 법 제화를 시행하면서 레벨3 수준 차량의 제작·운행이 가능해졌습니다. 이에 따라 테슬라의 주행보조장치에 대해 뭔가 조치를 취할 가능성도 있습니다. 실제로는 주행보조장치 중에서 가장 앞선 수준에 불과한데, 마치 이게 진짜 자율주행장치인 것처럼 소비자가 오인할 소지가 있기 때문입니다.

하지만 테슬라의 FSD는 현재 기준으로는 어디까지나 운전자 책임하에 조작하는 주행보조장치입니다. 만약 운전자가 개입하지 않을 경우 자동으로 장치가 꺼지는 것을 막는 별도의 사제 장치('치터'라고 부릅니다)를 달았다면 운전자 책임이죠. 테슬라에 법적 책임을 묻기는 쉽지 않습니다. 그래서 독일의 경우도 이 장치 자체를 문제 삼은 것이 아니라 허위·과장광고 의혹에 대해 조치를 취하려 한 거죠.

그럼 5년 뒤, 10년 뒤 한국의 자율주행 기술과 관련 사업은 어떻게 될까요? 일단 현대차가 자율주행 연구개발을 맹렬하게 진행하고 있지요. 무려 2조 4,000억 원을 투자해 미국 자동차 부품사 델파이Delphi에서 분사한 자율주행 전문 기업 앱티브APTIV와 조인트벤처를 만들어 자율주행 기술을 개발하고 있습니다. 국내 기준으로 보면 투자액이 어마어마하지요. 현대차의 의지를 읽을 수 있습니다. 현대차는 2021년까지 레벨3 수준의 기술을 완비하고, 2024년쯤 소비자 대상으로 레벨3 차량을 내놓을 계획이라고 밝혔습니다. 그리고 2025년까지 레벨4 기술도 갖춘다는 매우 야심 찬 계획을 갖고 있습니다.

자동차 산업은 자국 경제와 고용에 매우 중요하고, 반드시 지켜나가야 합니다. 따라서 정부는 현대차 등 우리 자동차 산업이 미래에도 경쟁력을 유지할 수 있도록 도우려 할 것입니다. 자율주행의 단계별 법제화나 기술 도입에 대해서 아마도 국내 자동차 회사의 수준에 맞춰 수위를 조절해가며, 국내 산업에 가장 도움이 되는 방향을 찾으려 할 것입니다.

문제는 이것이 취지는 아주 좋지만, 실제로 한국 자동차 산업에 어떤 영향을 미칠지는 알 수 없다는 것입니다. 만약 한국에서 자율주행의 법제화 기준을 갑자기 엄격하게 해서 국내에서 레벨2 플러스 수준의 차량이 맘대로 다니지 못하게 막았다고 해보죠. 그러면 테슬라는 한국에서 얻을 수 있는 데이터의 양이나 질이 줄어들 것입니다. 그러나 이는 테슬라만의 문제가 아니라 현대차에도 똑같이 적용됩니다. 현대차는 모빌아이·인텔 플랫폼 등의 산하로 들어가는 것이 아니라, 앱티브 등과의 공동 개발로 단독으로 치고 나가는 전략을 취하려는 것 같습니다. 그럴 때 국내에서 생생한 리얼 데이터를 빠르게 모을 기회를 스스로 제한당하게 될 수도 있죠.

사실 테슬라로서는 이 부분에서 크게 아쉬울 것도 없습니다. 베슬라는 미국 전역에서 데이터를 모을 수 있고, 특히 중국에서 어마어마한 데이터를 수집할 수 있습니다. 중국 정부는 테슬라가 설령 사고를 낸다고 해도 테슬라를 내치지 않을 것입니다. 중국에서는 바이두나 몇몇 자동차 회사, 그리고 최근에는 화웨이까지 자율주행과 전기차 조합의 플랫폼화를 향해 전력질주 중입니다. 테슬라를 잘 이용할 수만 있다면 테슬라와 우호적인 관계를 유지하기 위해 적극 나설 것입니다.

이 지점에서 테슬라의 미묘함이 있겠네요. 미국 정부는 테슬라가 중국과 결탁하는 것이 탐탁지는 않겠지만, 일단은 놔두겠지요. 다만 중국 쪽으로 기술이 넘어간다거나 하는 것은 좌시하지 않을 겁니다. 테슬라가 그렇게 할 리도 없겠지만요. 테슬라로서는 미국을 중심으로 중국에 발을 담그고 줄타기를 하면서, 내부적으로 자율주행 플랫폼 개발에 집중하지 않을까 싶습니다.

이 상황에서 한국 자동차 산업에 최선의 시나리오는 뭘까요? 단정적으로 말하기는 어렵지만, 현대차가 앱티브 등과 자율주행 기술을 잘 개발해 5년 또는 10년 뒤 세계 자동차 산업에서 현재 점하고 있는 위치보다 더 주도적인 위치로 올라서는 것이 아닐까 싶습니다. 현대차는 과거 정의선 회장이 구글을 찾아가 구글과 자율주행 관련해서 전폭적인 협력을 타진하기도 했고, 모빌아이 창업자와 만나 협력을 타진하기도 했습니다. 하지만 현재로서는 일단 독자노선을 추진하고 있는 것이 아닌가 짐작해봅니다.

다만 자율주행은 거의 전적으로 소프트웨어의 세계이기 때문에,

많은 전문가가 이 플랫폼의 통합 운영체제는 결국 미국이 주도하게 되리라고 예측합니다. 따라서 과거 삼성이 바다 OS도 만들고 해서 독자노선을 모색했지만 결국 안드로이드 산하로 들어가 생존한 것처럼, 현대차 역시 결국엔 미국 주도의 자율주행 플랫폼 산하로 들어갈 가능성도 완전히 배제할 수는 없습니다.

크게 보면 미국 주도의 플랫폼 그리고 중국 자체 플랫폼 정도를 생각해볼 수 있는데요, 이 무시무시한 경쟁 속에서 한국이 어떤 결과를 낼 수 있을지는 지금으로서는 예측하기가 어렵습니다.

"테슬라 쇼크로
현대차도 위험해질 수 있다"

나카니시 다카키中西孝樹**(나카니시자동차산업리서치 대표)**

전문가들은 배터리데이가 테슬라가 추구하는 '수직계열화'를 통한 모빌리티 제국 건설에서 아직 끼워지지 않은 마지막 퍼즐(배터리)을 완성하는 시간이 될 수 있다고 분석한다. 테슬라는 전기차만 만드는 게 아니라, 차에 들어가는 컴퓨터보드, AI칩, 통합제어 OS, 자율주행 소프트웨어, 충전 인프라, 데이터통신망(스타링크 프로젝트) 등을 이미 내재화했거나 내재화해가는 중이다.

테슬라는 배터리만 외부에서 조달받고 있는데, 이 부분에서 돌파구가 마련되면 테슬라 제국의 성벽이 훨씬 더 단단해질 수 있다. 업계에 따르면 테슬라 모델3의 기본 모델 원가에서 배터리 비중은 33%인데, 테슬라에 배터리를 좀더 저렴하게 더 대량으로 공급해줄 곳이 부족하다. 2020년 상반기 테슬라의 세계 전기차 시장 점유율은 20% 정도인데, 만약 배터리 핵심 기술과 양산능력마저 내재화한다면 점유율이 더 오를지도 모른다.

반면 테슬라 주가는 앞으로 커질 모빌리티 서비스 시장에 대한 기대가 과도하게 선반영된 것일 뿐이라는 견해도 여전히 적지 않다.

테슬라에 중립적인 의견을 가진 나카니시 다카키 대표를 인터뷰해 테슬라와 자동차 산업의 미래에 대해 들어봤다. 인터뷰는 2020년 9월 2일 저녁, 전화로 1시간 넘게 진행됐다. 그가 도쿄 아카사카에 있는 나카니시자동차산업리서치 사무실에서 업무를 마친 직후였다. 나카니시 대표는 일본을 대표하는 자동차 산업 분석가다. 1994년 이래 자동차만 다뤘다. 일본에서 권위가 높은 닛케이 베리타스 애널리스트 랭킹의 자동차 부문에서 2003년부터 2009년까지 6년 연속 1위였다. 이후 자산운용사로 옮겼다가 메릴린치증권 애널리스트로 복귀한 이듬해인 2013년 다시 1위에 올랐다. 같은 해 나카니시자동차산업리서치를 창업해 현재까지 대표로 있다.

나카니시 대표는 "테슬라에 환상을 가질 필요는 없다"라고 말했다. 그는 "테슬라가 애플·아마존이 실현한 것과 같은 강력한 확장 가능성scalability을 담보할 플랫폼 구축에 성공했다고 생각지 않는다"

라면서 "현재로서는 렉서스 정도의 중견 프리미엄 브랜드를 구축한 단계일 뿐"이라고 했다. 또 생산 대수를 늘려가는 과정에서 안전·품질 등 여러 문제가 발생할 가능성이 있다고 덧붙였다.

그는 테슬라의 자율주행 기술에 대해서도 "아직 시장의 평가 기준조차 정립돼 있지 않은 상태"라면서 "완전자율주행 기술을 내놓은 것도 아닌데, 오토파일럿이나 FSD 같은 용어를 마케팅용으로 쓴다는 건 기업윤리적으로 문제가 있다"라고 말했다. 다만 테슬라의 현행 주행보조 시스템에 대해선 "테슬라의 자체 개발 칩, 뉴럴 네트워크 알고리즘 등의 기술이 지난 3년간 어느 정도 숙성된 것은 평가할 만하지만, 이것이 업계를 선도할 만큼의 고성능인지는 알 수 없다"라는 의견이었다.

"자동차 회사는 대량생산, 대량판매, 대량 메인터넌스를 해야 한다. 한번 팔면 평균 13년간 운행된다. 이런 상황에서 테슬라가 작년에 37만 대, 올해 50만 대 정도를 팔고 있는 거다. 테슬라가 현재 시장에 깔아놓은 차가 이제 100만 대 정도인데, 세계에는 10억 대 이상의 차가 운행되고 있다. 테슬라가 새로운 시장을 열고 있는 부분도 있지만, 이미 기존에 거대한 규모의 시장이 존속하고 있다는 게 자동차 산업의 특성이다."

그는 "현실적으로는 테슬라가 자동차 산업을 바꿀 능력이 있다고 생각지 않는다"라며 "테슬라는 새로운 마켓 일부의 리더십을 갖고 있을 뿐"이라고 했다. 다만 다음 세 가지 측면에서 테슬라가 강력한 강점을 가진 것은 분명하다고 분석했다. 첫째, 전기차의 판매 대수 확대와 수익 확대를 양립할 수 있는 유일한 자동차 회사다(기존 자동차 회사는 내연기관차 수익률이 더 좋기 때문에 전기차를 많이 팔면 팔수록 손해일 가능성이 있다). 둘째, 선진적 기술을 수직통합하여 개발하는 힘을 가지고 있다. 셋째, 소프트웨어 성장을 수익 기회로 활용하는 능력이 높다.

그는 "불과 3년 사이에 고성능 컴퓨터칩과 알고리즘을 자체 개발한 걸 보면 대단한 회사인 게 맞지만, 이는 엔비디아나 인텔도 하고 있기 때문에 이제 시작일 뿐"이라면서 "테슬라라면 뭐든 가능하다는 것은 비현실적"이라고 주장했다. 테슬라의 수직계열화 능력에 대해선 "완성이라고는 생각지 않지만, 그것이 가능한 메이커라는 것은 맞다"면서도 "아마존·애플·구글과 같은 플랫폼을 테슬라가 만들었냐 하면 그렇지는 않다고 본다"라고 했다.

그렇다면 앞으로 모빌리티 서비스 시장이 확대됐을 때 어떤 자동차 기업이 생존할 수 있고 어떤 기업이 위험해질 수 있을까?

그는 테슬라에 대한 다소 부정적인 평가에도 불구하고 "테슬라는 살아남을 것"이라고 말했다. 테슬라, 폴크스바겐, 도요타 정도는 문제없이 생존하지 않겠느냐는 것이다. 그러면서 "르노닛산, 혼다, 포드, 현대차 등 자동차 시장에서 규모나 기술력 면에서 중간급에 해당하는 자동차 회사들이 위험하다"라고 말했다. "특히 현대차의 경우 르노닛산과 성격이 비슷하다고 볼 수 있다"라면서 "현대차는 기술력으로 업계를 선도한다기보다는 가격 대비 가치를 더 주는 쪽에 초점을 맞춰 볼륨을 늘리는 방식으로 경쟁력을 높여왔다. 그런데 최대 800만 대까지 갔던 연간 자동차 판매량이 조금씩 떨어지면서 한국 내수 시장을 제외하면 수익성이나 경쟁력을 높이는 데 한계를 맞고 있는 상황"이라고 했다. 앞으로 자동차 산업이 규모의 싸움에서 기술력의 싸움으로 바뀔 텐데, 전기차·자율주행 등에서 더 많은 기술력이 축적되지 않으면 생존이 어려울 수 있다고 분석했다.

**엔비디아·ARM
연합**

앞서 자율주행 기술, 모빌리티 서비스를 위한 플랫폼 구축에 엔비
디아가 향후 더 두각을 나타낼 가능성에 대해 얘기했는데요. 실제
로 엔비디아는 최근 들어 기업가치가 크게 올랐습니다. 2020년 8월
삼성전자를 누르고 글로벌 반도체 시가총액 순위 2위가 됐습니다.
글로벌 반도체 시가총액 1위였던 삼성전자는 2020년 7월 대만 반
도체 수탁 생산 기업(파운드리) TSMC에 밀려 1위를 내줬는데, 불과
한 달 만에 매출 규모가 삼성전자의 15분의 1에 불과한 반도체 설
계 전문 기업(팹리스) 엔비디아에 2위 자리마저 내줬습니다. 코스피
시가총액에서 압도적인 1위인 삼성전자보다 엔비디아의 시가총액
이 크다는 것은 투자자들이 이 기업의 미래를 얼마나 밝게 보고 있
는지를 증명합니다.

엔비디아의 2020년 1분기 매출은 30억 8,000만 달러(약 3조 6,000억 원)로, 삼성전자의 55조 3,000억 원의 15분의 1에 불과합니다. 같은 기간 삼성전자의 영업이익은 6조 5,000억 원으로, 영업이익만으로도 엔비디아 매출의 2배나 되는데 말입니다. 삼성전자는 2019년 기준 메모리반도체 점유율 세계 1위, 파운드리 점유율 세계 2위, 이미지센서 세계 2위, 스마트폰·OLED 디스플레이·TV 세계 1위였습니다. 모바일기기의 두뇌에 해당하는 AP^{Application Processor}(애플리케이션 프로세서)까지 자체 설계하는 종합 반도체·가전 기업이죠. 그런데도 매출과 영업이익 모두 비교도 안 될 만큼 작은 엔비디아가 글로벌 자본시장의 기업가치 평가, 즉 시가총액에서 삼성전자를 넘어선 것입니다.

시가총액에서 삼성전자를 제친 작은 거인, 엔비디아

그래픽처리장치^{GPU, Graphic Processing Unit} 전문 기업인 엔비디아가 자율주행 기술이나 모빌리티 서비스 플랫폼을 선점할 가능성이 큰 이유는 무엇일까요? 이를 다섯 가지 관점으로 설명해보겠습니다.

- 무궁무진한 GPU 세계의 지배자

- 딥러닝으로 퀀텀 점프

- 테슬라와의 협업을 통해 자율주행 세계 섭렵

- 벤츠와 협업한 자율주행 레퍼런스카 준비

- 창업자 겸 CEO 젠슨 황의 리더십

무궁무진한 GPU 세계의 지배자

엔비디아는 25년 전에 GPU를 세상에 처음으로 선보인 후 이 시장을 이끌어온 기업입니다. 그런데 GPU, 즉 그래픽처리에 특화된 이 장치의 수요가 갈수록 무궁무진해지고 있습니다. 일단 코로나19 사태로 비대면 경제가 커지는 것이 엔비디아에 호재입니다. 세계적으로 '스테이홈'이 룰이 되면서 소비자가 집에서 보내는 시간이 길어졌고, 게임용 GPU 수요가 늘고 있지요.

엔비디아의 또 다른 주요 사업은 데이터센터 분야인데요. 최근 데이터센터용 GPU 수요가 폭증하면서 그 수요가 고스란히 엔비디아의 실적으로 이어지고 있습니다. 엔비디아의 2020년 1분기 데이터센터 사업 매출은 11억 4,000달러로 전년 동기보다 무려 80%가 증가했습니다.

최근 대부분 산업에서 재택근무, 비대면 비즈니스가 급속히 확대되고 있지요. 상황이 더 진행되면 아마존과 MS 등 클라우드 서비스 대기업의 수요가 한층 증가해 데이터센터 투자가 더 많이 일어날 겁니다. 여기서 가장 많은 혜택을 얻는 것이 데이터센터용 반도체입니다. 원래는 전통의 강자 인텔이 가장 높은 점유율을 차지하고 있었지만, 급속히 성장한 쪽은 엔비디아입니다. 이유는 컴퓨팅 파워나 AI의 능력을 급격히 올리려고 할 때, 컴퓨터 두뇌의 기본인 중앙처리장치CPU, Central Processing Unit보다 GPU를 활용하는 것이 훨씬 유리하기 때문입니다. GPU 최강자는 말할 것도 없이 엔비디아죠. 엔비디아 GPU는 애초 게임용으로 만들어졌지만, 연산 능력이 높은 GPU를 데이터센터용으로 전용轉用하면서 시장을 잠식해나가고 있습니다.

딥러닝으로 퀀텀 점프

AI가 화두죠. 이 AI를 구현하는 핵심 기술이 바로 딥러닝입니다. 딥러닝은 사람의 신경망을 모방한 수많은 인공 신경망을 컴퓨터 내부에 생성해 이를 바탕으로 기계에 학습 능력을 부여하는 기술입니다. 인공 신경망을 유지하려면 기계 내부에서 단순 연산이 수없이 반복되어야 하는데요. 단순 연산을 반복 처리하는 데에는 GPU가 CPU보다 압도적으로 유리합니다. 이 분야에서 엔비디아의 강점이 발휘되고 있는 거죠. 게다가 CPU의 성능 향상은 최근 한계에 봉착한 반면, GPU의 성능 향상은 아직도 빠르게 진행 중입니다.

엔비디아의 기술이 딥러닝으로 퀀텀 점프하는 계기는 2012년에 만들어졌습니다. 당시 '이미지넷 챌린지'라는, 이미지 인식률을 높이는 연구자들의 경진 대회가 있었는데요. '딥러닝의 아버지'로 불리는 제프리 힌턴Geoffrey Hinton 토론토대 교수의 제자 알렉스 크리제브스키Alex Krizhevsky가 만든 '알렉스넷AlexNet'이 이미지 인식률에서 기존 모형들을 압도하는 능력을 보여준 겁니다. 게임광이었던 알렉스는 당시 '엔비디아의 GPU를 활용한 딥러닝을 통해 인식률을 높일 수 있지 않을까'라는 가정에서 출발해 이를 멋지게 구현했습니다. 이때부터 딥러닝에서 GPU가 보여줄 수 있는 무한한 가능성의 막이 열린 게 아닌가 싶습니다. 딥러닝이 대세로 떠오르면서 하드웨어의 원천기술을 확보한 엔비디아가 성장의 날개를 달게 됐죠.

그리고 이미지 분야 딥러닝의 비약적 발전은 바로 자동차 자율주행 분야에서 엔비디아가 활약할 수 있는 기반을 마련해주었습니다. 반도체 업계 3위였던 엔비디아 주가가 2등 삼성전자를 제쳤고, 머지않아 1등인 TSMC조차 앞지를 수도 있다고 보는 근거는 이런 미래가치가 주가에 계속 반영될 가능성이 크기 때문입니다.

테슬라와의 협업을 통해 자율주행 세계 섭렵

엔비디아의 매출에서 아직까지는 게이밍 분야 비중이 가장 큽니다. 2020년 1분기 실적보고서에 따르면 게이밍이 44%였고, 그사이 무섭게 치고 올라온 데이터센터 비중이 37%에 달했습니다. 이 외에 '자동차auto'라는 항목이 있는데요. 1분기 매출이 1억 5,500만 달러(약 1,700억 원)로 아직은 전체 매출의 5%에 불과합니다.

하지만 AI와 자율주행차 시장이 언젠가 폭발적으로 성장한다면, 그 시장에서 엔비디아의 영향력은 상당할 가능성이 큽니다. 게임용 GPU를 판매하던 기업이 앞으로 10년간 기술 혁명의 중심이 될 자율주행, 모빌리티 분야의 기술적 기반을 제공하는 기업으로 거듭나게 되는 거죠.

엔비디아가 이런 그림을 그리게 된 이유 중 하나는 테슬라와의 협업에서 얻은 경험과 인사이트입니다.

테슬라 모델S에서 사망 사고가 발생한 2016년, 그때까지 테슬라에 자율주행 기술을 제공하던 모빌아이의 암논 샤슈아 Amnon Shashua 창업자 겸 CEO와 테슬라의 일론 머스크 사이에 공방이 벌어집니다. 이후 2017년 7월 테슬라와 모빌아이는 결별합니다. 모빌아이의 가능성을 본 인텔은 얼마 안 있어 무려 17조 원이라는 엄청난 돈을 주고 모빌아이를 인수합니다. 모빌아이와 결별한 테슬라는 모빌아이의 기술 대신에 엔비디아의 기술을 쓰기로 하죠. 그런데 테슬라는 2019년 4월에 자체 개발한 칩을 선보이며 엔비디아와 결별을 선언하고 자율주행 플랫폼 독자 구축에 나섭니다.

테슬라는 현존하는 세계 최고의 자율주행 기반 기술을 가진 두 기업과 함께 일하다가 둘 다 내쳤습니다. 보통 강력한 기술을 가진 기업과 일하다 보면 거기에 종속되기 쉬운데요. 테슬라는 "그런 거 필요 없어. 이제 우리가 다 할 거야"라고 선언한 거죠.

그래서 엔비디아는 닭 쫓던 개 신세가 됐냐고요? 전혀 아닙니다.

다시 테슬라 입장에서 생각해봅시다. 테슬라가 뛰어난 점은 세계 최고의 테크 기업들과 협업하는 과정에서 상대 기업에 깊은 영감을 준다는 겁니다. 이게 무슨 말인지 통상의 직장인 관점으로 설명해보겠습니다.

일하는 과정에서 상사 또는 파트너가 나를 정말 미치도록 괴롭힐 수도 있습니다. 인간적으로 갈굴 수도 있고, 뒤통수를 칠 수도 있고, 당근과 채찍을 번갈아 사용하며 나를 끝까지 이용하려 할 수도 있죠. 네, 조직이란 게 그런 겁니다.

그런데 일하면서 나에게 가장 도움을 준 상대, 나의 성장에 가장 영향을 준 상대가 누구였는지 한번 생각해봅시다. 폭풍 같은 일들이 다 지나고 나서 말입니다.

저는 나에게 가르침을 주고, 영감을 주고, 항상 자극을 주고, 방향은 맞지만 성취하기 어려운 과제를 던지고 그 이후에도 높은 수준의 피드백을 주었던 사람이라고 생각합니다. 부드럽고 편하게 대해주지만, 딱 그것뿐인 사람도 있지요. 물론 이것 역시 필요하고 중요하겠지만, 그런 사람들은 결과적으로 내가 더 많이 성장하도록 기회를 주지 못하거나 안주하게 한 사람일 수도 있습니다. 모든 것엔 중용이 필요하고, 또 상황에 따라 다 다르겠지만 말입니다.

테슬라의 일론 머스크가 뛰어난 것은 파트너들에게도 극한의 목표를 제시하고 이를 달성하기 위해 지옥 같은 경험을 하게 하지만, 그 과정에서 세계 최고 두뇌들인 파트너들에게 깊은 영감과 자극을 준다는 겁니다. 초창기 테슬라와 자율주행 시스템을 협업했다가 싸우고 갈라섰던 모빌아이를 인텔이 무려 17조 원에 사 갔지요. 마치 기다렸다는 듯이 말입니다. 테슬라와 일하고 싸우는 과정에서 모빌아이 자신의 가치도 그만큼 올라간 겁니다. 모빌아이가 이후 테슬라와 비슷한 방향의 기술적 접근을 보여주고 있는 것도 테슬라와 일하면서 영향을 받았다고 할 수 있습니다.

엔비디아도 마찬가지입니다. 역시 테슬라와 결별했지만, 그 이후 자율주행에 관한 확고한 방향성을 갖고 맹렬히 달려나가는 데에는 테슬라와 영감을 주고받은 것이 분명 있다고 생각됩니다.

물론 테슬라가 자율주행 기술의 개발 초기 단계에 모빌아이나 엔비디아와 같이 일하면서 이들의 기술을 많이 차용했을 겁니다. 자율주행 전문은 모빌아이였고, GPU 전문은 엔비디아였으니까요. 하지만 머스크 역시 자율주행 기술이 나가야 할 방향, 비전에 대해 많은 이야기를 하고 이들을 엄청나게 몰아붙였겠지요. 그 과정에서 서로가 깨닫고 배웠을 가능성이 큽니다. 가장 높은 수준에 있는 두 뇌들이 서로 부딪치고 싸우면서 서로 자극받고 결국 목표치를 다 같이 올린 사례라고 할 수 있습니다.

테슬라가 독자 기술 개발로 감에 따라 테슬라 차량에 엔비디아가 직접 관여하는 일은 끝났지만, 지금도 테슬라와 엔비디아의 협업은 계속되고 있습니다. 테슬라는 전 세계 테슬라 차량으로부터 자율주행 관련 데이터를 수집·분석하고 딥러닝함으로써 자율주행 플랫폼의 완성도를 높여나가는 작업을 맹렬히 진행 중인데요. 이 작업을 위해선 차량 자체에 엔비디아 칩이 장착되지 않더라도, 테슬라 본사에서 벌어지는 딥러닝 과정에 엔비디아의 고성능 GPU가 엄청나게 많이 필요합니다. 아주아주 많이요. 테슬라는 여전히 엔비디아의 특급 고객인 셈이죠.

엔비디아의 자율주행차 개발총괄인 대니 샤피로Danny Shapiro는 한 언론 인터뷰에서 이렇게 얘기했습니다.

"자율주행차 개발에 대한 투자는 계속 크게 늘어날 것이다. 특히 큰 투자가 '딥뉴럴네트워크DNN, Deep Neural Network의 개발·검증을 위한 데이터 센터와 인프라다. 현재 진행 중인 각종 자율주행 실증 실험도 크게 진보한다. 이 중 몇 분야에선 완전자율주행도 가능해질 것이다. 일단 트럭 배송과 물품 이동 등에 보급될 것이고, 일반 양산차에도 자율주행용 하드웨어가 많이 탑재될 것이다. 이런 시스템은 우선 레벨2 플러스(레벨2 이상 3 미만) 차량의 대량생산을 촉진해 한층 더 높은 레벨로 나아가는 기반이 되는데, 그러려면 강력한 처리 능력을 가지는 컴퓨터가 필요하다. 엔비디아는 엔드 투 엔드end-to-end, 즉 자율주행차부터 데이터센터까지 전 과정에 필요한 AI 처리를 완성차 업체와 공급 업체에 제공할 수 있는 유일한 개방 플랫폼을 보유하고 있다."

벤츠와 협업한 자율주행 레퍼런스카 준비

테슬라의 전기차+자율주행차 플랫폼은 처음부터 매우 높은 수준의 통합제어, 즉 무선 네트워크를 통한 소프트웨어 업데이트OTA 기반을 완비했기 때문에 기존 자동차 회사가 쉽게 따라 하기 어렵다고 말씀드렸죠.

그렇다면 기존 자동차 업계의 다양한 진영 가운데 테슬라의 전기차+자율주행 플랫폼에 맞설 레퍼런스를 보여줄 기업은 어디일까요? 아직 속단하기는 이르지만, 메르세데스벤츠와 엔비디아가 개발 중인 자율주행차 아키텍처가 하나의 시험대가 되지 않을까 생각합니다.

벤츠와 엔비디아는 2020년 6월 23일 자율주행 기술을 탑재하는 차량의 컴퓨팅 아키텍처를 공동 개발해 2024년부터 양산한다고 발표했는데요. 이 아키텍처는 벤츠 S클래스부터 A클래스까지 모든 차세대 모델에 탑재될 예정이라고 합니다. 따라서 2024년 이후 생산되는 벤츠 각 모델에는 OTA로 업데이트할 수 있는 자율주행 시스템이 탑재된다는 얘기입니다.

이게 의미가 크다고 생각하는 이유는 벤츠가 전통 자동차 회사 가운데 소프트웨어나 장기 전략 영역에서 상당한 능력을 갖춘 회사라고 보기 때문입니다. 엔비디아와 협업해 자율주행의 레퍼런스카를 만들어보겠다는 것인데, 이를 큰 그림으로 보고 있다는 점이 훌륭하다고 생각합니다.

그런데 출시 시기가 2021년도 아니고 2022년도 아니고 2024년입니다. 이게 의미하는 바는, 지금 도로에서 잔뜩 굴러다니고 있는 테슬라의 자율주행(아직은 레벨2 플러스의 주행보조에 머물러 있지만, 언젠가는 차를 바꾸지 않고 소프트웨어 업데이트만을 통해 이 수준을 넘어설 수 있는) 시스템과 경쟁할 제대로 된 시스템을 내놓기 위해선 전통 자동차 업체에 아주 많은 시간이 필요하다는 것입니다.

현재 폭스바겐이나 현대차 등도 테슬라처럼 전기차이면서 차량의 일반주행 또는 자율주행 능력을 통합제어하고 무선 업데이트할 수 있는 시스템을 개발 중입니다. 그러나 현재 수준의 테슬라, 그리고 2~3년 뒤의 테슬라 시스템과 동등하게 경쟁하거나 우위를 확보할 시스템을 시장에 내놓을 수 있을지 현재로서는 불확실합니다. 그래서 벤츠와 엔비디아가 2024년에 내놓겠다는 시스템이 전통 자동차 업체의 진짜 반격을 보여줄 레퍼런스일지 모른다는 것입니다.

창업자 겸 CEO 젠슨 황의 리더십

마지막으로 엔비디아의 주가를 밀어 올리는 가장 큰 힘에 대해 말씀드리겠습니다. 엔비디아의 창업자 겸 CEO인 젠슨 황의 리더십입니다. 대만 출신의 미국인으로 대만 이름은 황런쉰黃仁勳이죠. 오리건 주립대 전기공학 학사, 스탠퍼드대 전기공학 석사 출신이고, LSI로직과 AMD에서 마이크로프로세서 설계를 하다가 1993년 엔비디아를 공동 창업했습니다. 1995년 GPU를 시장에 선보이면서 이후 25년간 변함없이 이 시장을 장악해온 인물입니다.

젠슨 황의 트레이드마크는 가죽점퍼입니다. 발표회의 기조연설 때마다 가죽점퍼 차림으로 나타나 엄청난 에너지로 끊이지 않고 열변을 토하는데, 그 모습을 보다 보면 저절로 빠져들고 이 사람의 말을 무조건 따라야만 할 것만 같은 기분이 듭니다.

창업자 겸 CEO, 그리고 기술의 모든 것을 장악하고 있어서 CTO가 필요 없는 전문가형 CEO의 힘이야말로 시장이 엔비디아의 미래를 밝게 보는 가장 큰 이유가 아닐까 합니다. 게다가 젠슨 황은 경영 능력은 물론 사업가로서 필요한 존재감이나 쇼맨십도 탁월하지요. 이미 지난 25년간 수많은 위기 속에서도 그 길을 증명해왔고

그림 3-1 엔비디아의 창업자 겸 CEO 젠슨 황

엔비디아의 젠슨 황 CEO가 2020년 10월 6일 열린 'GTC 2020'에서 기조연설을 하고 있다. ⓒ엔비디아 동영상 캡처

요. 매년 1월 열리는 라스베이거스 CES의 기조연설을 봐도 그렇고, 2020년 4월 인수한 멜라녹스Mellanox라는 기업과 엔비디아 성장 계획의 연결성을 봐도 그렇습니다. 정말 장기적인 그림을 그리고, 자신의 능력을 최대한 발휘해 기회를 끝까지 부여잡고 목표를 향해 꾸준히 나아간다는 느낌을 받습니다.

이건 우리 기업들이 좀처럼 따라 하기 어려운 경쟁력이기도 합니다. 즉 '내가 정말 무엇을 해서 미래의 목표와 시장을 얻을 것인가'에 대한 확고한 생각, 고도의 기술적 비전을 갖고 이를 장기적으로 밀어붙일 권한과 실행력을 가진 CEO가 필요하다는 겁니다. 이것

이 바로 엔비디아의 가장 본질적인 경쟁력이 아닐까 생각합니다.

소프트뱅크와 ARM,
그리고 엔비디아

지금까지 엔비디아에 왜 주목해야 하는지를 설명했는데요. 테슬라가 이미 자사 전기차에 탑재하고 있는 AI반도체, 미래 산업을 좌우할 것이라는 AI반도체와 관련해 엔비디아를 더 주목해야 하는 사건이 최근 일어났습니다. 엔비디아가 2020년 9월에 ARM이라는 기업을 인수한 겁니다. ARM은 소프트뱅크 손정의 회장이 2016년에 무려 320억 달러(약 35조 원)에 인수하면서 "바둑으로 치면 30수 앞을 내다본 것"이라며 엄청난 의미를 부여했던 회사입니다. 그런데 불과 4년 만에 엔비디아가 ARM을 가져가 버린 것입니다.

물론 소프트뱅크로서는 최근의 자금난을 해결할 필요도 있었겠지요. 딜 자체도 나쁘진 않았습니다. 소프트뱅크와 엔비디아가 합의한 ARM의 가치는 400억 달러(44조 원)로, 2016년 소프트뱅크가 인수한 가격을 10조 원이나 웃돕니다. 소프트뱅크로서도 크게 남는 장사이니 이런 딜을 외면하긴 어려웠겠죠.

하지만 저는 손정의 회장이 이렇게 허무하게 ARM을 판 것에 대해 의문과 함께 어떤 추억이 떠올랐습니다. 소프트뱅크가 ARM을 인수하고 1년이 지난 2017년, 손 회장을 도쿄 시오도메의 소프트뱅크 본사에서 인터뷰한 적이 있습니다. 당시 그는 AI와 사물인터넷^{IoT}에 투자하는 1,000억 달러짜리 '소프트뱅크 비전 펀드'를 운용하려던 참이었죠. 그는 인터뷰에서 내내 싱귤래리티^{singularity}(기술적 특이점)를 얘기했습니다. "컴퓨터가 인간의 지능을 넘어서는, 즉 컴퓨터에 의한 슈퍼 인텔리전스$^{super intelligence}$(초지성)의 탄생을 의미하는 싱귤래리티가 아무리 늦어도 30년 후면 반드시 현실화될 것으로 확신한다"라고 말했습니다. 그러면서 "ARM 인수를 10년 전부터 준비했다"라고 했습니다. 그만큼 ARM이 소프트뱅크의 미래에 중요하다는 의미로 이해했습니다.

그래서 저는 손 회장에게 "싱귤래리티 시대를 준비하기 위해 ARM을 인수하는 게 왜 그렇게 중요한가?"라고 물었습니다. 그는 "싱귤래리티, 즉 인간을 넘어서는 컴퓨터 초지성이 나오려면 '딥러닝'이 필수다. 컴퓨터 스스로 학습해 발전해야 한다. 그런데 딥러닝을 하려면 (아기가 각종 정보를 흡수해 차근차근 지성을 갖춰가는 것처럼) 빅데이터를 계속 빨아들여야 한다. 모든 데이터를 빨아들이려면 모든 사물과 컴퓨터가 연결돼야 한다. 그 매개체로 마이크로프로세서가 필요한데 현재 IoT용 프로세서 설계 분야에서 압도적 점유율(스마트폰·태블릿PC 95%, 자동차 95%, 웨어러블기기 90%)을 가진 회사가 ARM이다"라고 했습니다.

손 회장은 "나는 ARM이란 회사를 인수한 것이 아니라 '패러다임'을 인수한 것"이라며 이를 바둑에 빗대 설명했습니다. "바둑에서 이기려면 10수, 20수, 30수 앞을 내다보고 '왜 지금 여기에 한

점을 놓아야만 하는가' 고민하며 결단하는 게 중요하다. ARM은 'IoT에서 승부하는 데 중요한 비마飛馬'인 셈이다."

정말 대단한 표현이었죠. 그런데 제게 이렇게까지 얘기했던 손 회장이 불과 4년 만에 그 ARM을 매각해버린 겁니다. 허탈하기도 하고 '그동안 그가 했던 말은 도대체 무엇이었을까?' 하는 생각도 들더군요.

다시 말해 소프트뱅크가 AI 시대 패권을 쥐겠다고 말은 대단하게 해왔지만, 실제로는 ARM의 잠재력을 충분히 살려낼 기술적 기반을 갖추지 못했다고도 볼 수 있습니다. 원래 손 회장은 ARM 인수 후 모바일 AP 시장의 지배자였던 ARM을 스마트폰뿐 아니라 서버, 자동차, PC, AI 등 신사업에서도 힘을 발휘하도록 만들려고 했습니다. 그러나 생각처럼 잘 안 됐습니다. 서버·자동차는 기존의 강자를 물리치기가 쉽지 않았고, AI를 통한 비즈니스라는 것도 아직은 강력한 수익 기반을 만들어나가기가 쉽지 않습니다. 천하의 손정의 회장이 ARM이라는 엄청난 기업까지 인수했으면서도, 모빌리티 서비스나 AI 비즈니스와 관련해 이렇다 할 성과를 내지 못한 거죠. 테슬라나 엔비디아가 추구하는 기술적 방향이나 비즈니스 모델이 절대 쉽지 않다는 것을 보여주는 예입니다.

그렇다면 엔비디아는 왜 그토록 ARM을 원했던 걸까요? 엔비디아는 세계 최대 GPU 기업입니다. 방대한 계산을 고속으로 실행하는 GPU의 능력을 활용해 AI 분야까지 이끌고 있지요. 그런 엔비디아가 컴퓨터의 사령탑 역할을 담당하는 CPU 설계로 세계를 리드

하는 ARM을 인수하면, 급성장하는 AI반도체의 패권을 쥘 수 있다고 판단한 것입니다.

구체적으로 살펴보면 이렇습니다. AI를 운용하려면 엄청난 양의 데이터를 아주 빠르게 처리해야 합니다. 그 계산에 사용되는 게 AI 반도체죠. 1993년 창업한 엔비디아는 게임 영상을 매끈하게 보여주는 GPU를 만들어내면서 지난 25년간 GPU 업계 최강자로 군림해왔습니다. 최근엔 GPU를 AI에 응용해 대박을 냈고요. AI 연구자들에게 엔비디아 GPU는 없어서는 안 될 존재가 된 지 오래입니다.

그런데 왜 게임용이던 GPU가 AI에서 사용되기 시작했을까요? GPU가 연산을 담당하는 '코어'라는 부품을 많이 탑재하고 있기 때문입니다. 대량의 계산을 코어가 분담해 할 수 있는 겁니다. 예를 들어 '1+2+3+4'를 계산할 때 보통은 앞에서부터 차례대로 계산하지만, GPU는 '1+2'와 '3+4' 등으로 코어별로 나눠 계산해 속도를 높입니다. 대량의 코어를 병렬로 배치해 엄청난 속도로 계산을 할 수 있습니다.

그런데 바로 이 지점에 엔비디아의 한계, 그리고 ARM의 역할이 존재합니다. 엔비디아가 잘하는 GPU만으로는 AI 계산이 완결되지 않기 때문입니다. GPU는 단순 계산을 대량으로 실행하는 데는 능하지만 복잡한 계산은 서툽니다. CPU와의 조합이 중요했던 거죠. 그래서 엔비디아가 그토록 ARM을 원했던 겁니다.

ARM이 왜 그렇게 대단한가 하면, 이 회사가 반도체 회로 설계도를 파는 곳이기 때문입니다. 2019년 출하된 전체 반도체의 34%에 해당하는 228억 개가 ARM의 설계를 사용하고 있습니다. 전력 효율이 높은 것이 강점이어서, 특히 스마트폰 AP에 한정하면 점유율이 90%를 넘습니다.

그럼 엔비디아는 ARM을 어떻게 활용할까요? 지금까지 CPU는 인텔·AMD 등이 개발했고, 엔비디아는 거기에 자사 GPU를 넣는 형태였습니다. 그러나 ARM을 인수함으로써 CPU와 GPU를 같은 ARM 설계 사양으로 자체 개발할 수 있게 됐습니다. 그러면 사령탑(즉, CPU)과 실행부대(즉, GPU)의 연계가 원활해져 AI 시스템 전체의 성능 향상을 기대할 수 있습니다. 계산 효율이 상승하기 때문에 데이터가 급증해도 소비 전력을 늘리지 않는 데이터센터를 만들 수 있습니다. 최근 엔비디아가 데이터센터 관련 기업의 인수나 설비 증강에 집중하는 것과도 바로 연결됩니다.

특히 엔비디아의 GPU는 연산 속도가 빠른 반면 소비 전력량이 비교적 많고, 반도체 칩을 탑재하기 위한 관련 부품의 크기도 커진다는 단점이 있습니다. 그러므로 스마트폰 등에 탑재하는 게 쉽지 않습니다. 반면 세계적으로는 작은 기기에도 들어갈 수 있는 AI 칩 개발이 붐이죠. 스마트폰에서도 CPU나 메모리 등을 칩 하나에 전부 얹는 SoC^{System On Chip}(시스템 온 칩)에 AI 기능까지 탑재하려는 경향이 강해지고 있습니다. 이미 애플은 아이폰 전용 칩에 머신러닝에 대응하는 뉴럴 엔진을 탑재하여 얼굴 인증 등에 사용하고 있습니다. 엔비디아도 ARM의 기술력을 활용해 모바일 분야에서도 더 작고 성능이 뛰어나면서 전력 소모는 적은 AI 칩을 내놓기 위해 전력을 다하겠지요.

엔비디아 CEO 젠슨 황은 ARM 인수 후 가진 기자회견에서 "AI컴퓨팅을 세계 구석구석에 전할 것이다"고 말했습니다. AI 활용 기기를 게임·데이터센터뿐 아니라 스마트폰, 자율주행차, IoT 등 모든 분야로 확대하기 위한 초석으로 ARM을 인수했음을 분명히 한 거죠.

손정의 회장 얘기를 잠깐 더 해볼까요? 왜 손 회장은 필생의 결단으로 사들였던 ARM을 겨우 4년 만에 엔비디아에 되팔 수밖에 없었을까요? 한마디로 얘기하면, 천하의 손정의도 소프트뱅크 내에서 ARM의 능력을 높이는 데 실패했다는 겁니다. 엔비디아의 젠슨 황이 그 기회를 잡은 것은 기술의 리더십과 발전 과정으로 볼 때 자연스러운 흐름이라고도 할 수 있습니다. 30수 앞을 내다보고 그곳에 필살의 한 점을 두는 것도 중요하지만, 문제는 그 한 점 이후에 판세를 끌고 나갈 확고한 기반을 갖추고 있느냐, 그리고 이후의 방향을 제대로 보고 엮어나갈 능력이 있느냐의 문제라는 거죠.

본질적으로 하이테크 투자 중심 기업(소프트뱅크)과 하이테크 기술 중심 기업(엔비디아), 그리고 그런 기업을 이끄는 최고 리더의 특성 차이 때문이 아니겠느냐고 조심스럽게 생각해봅니다. 물론 젠슨 황으로서도 ARM 인수는 필생의 결단이었을 겁니다. 하지만 적어도 그는 25년 전 GPU의 길을 열었고, 지금은 AI반도체의 길을 열려고 하는 슈퍼 엔지니어입니다. 바로 그런 이유로 엔비디아가 자율주행 기술에서 테슬라와 함께 시장을 이끌어나가리라고 볼 수 있는 거죠.

모빌아이·무빗·인텔 연합

이제부터 폭발적인 성장이 예상되는 자율주행차 시장, 모빌리티 서비스 시장을 누가 장악하게 될지 다시 한번 정리해봅시다. 일단 세 곳이 유력해 보입니다. 앞서 말씀드린 대로, 이미 강력한 내부 생태계를 완비한 테슬라가 잠재력 면에서는 가장 강력한 후보입니다. 아직 완제품을 내놓은 건 아니지만, 전체 개발 과정을 포함하여 통합 플랫폼을 건설하겠다는 야망을 품은 엔비디아도 무섭습니다. 특히 엔비디아는 최근에 모바일 AP 설계의 원천기술을 보유한 회사인 ARM을 인수하면서 가능성을 더욱 높여가고 있습니다. 또 벤츠와 공동 개발 중인 자율주행 전기차가 2024년에 나올 예정인데요. 테슬라에 대적할 전자제어유닛ECU과 무선 업데이트 기능을 완비할 것으로 기대됩니다. 2024년에 나올 이 차량의 성능에 따라 테슬라와의 경쟁 판도가 바뀔 가능성도 있습니다.

그리고 나머지 한 곳이 바로 모빌아이입니다. 모빌아이는 이스라엘인 암논 샤슈아가 1999년에 창업한 자율주행 기술 및 반도체 기업으로, 2017년 인텔에 무려 153억 달러(약 17조 원)에 팔렸습니다. 모빌아이는 완전자율주행의 전 단계인 주행보조장치 시장을 장악하고 있습니다. 따라서 자율주행 시장에서 실제 매출이 가장 높은 회사가 모빌아이라고 할 수 있습니다. 인텔은 또 2020년 5월 이스라엘의 모빌리티 서비스 기업 무빗Moovit을 9억 달러(약 1조 원)에 인수했으며, 이로써 인텔을 중심으로 모빌아이·무빗이 합쳐진 연합이 만들어졌습니다.

인텔이 인수한 두 기업이 모두 미국 바깥, 특히 이스라엘 기업이라는 점이 특이하죠. 모빌아이는 2014년 뉴욕증권거래소에 상장됐는데요. 이스라엘 기업의 기업공개IPO 중 가장 큰 성공을 거두었습니다. 인텔이 무려 17조 원이나 주고 이 기업을 샀을 때도 인텔 내부에서는 매우 성공적인 인수라고 자평했다고 합니다. 모빌아이뿐 아니라 테슬라와 엔비디아도 모두 미국 국적이지만 비非미국인이 만들었다는 공통점이 있습니다. 테슬라는 남아프리카공화국 출신의 일론 머스크가 이끌고 있고, 엔비디아는 대만에서 태어나 미국에서 공부하고 경력을 쌓은 젠슨 황이 1993년 공동 창업해 현재까지 CEO를 맡고 있습니다.

레벨2 시장의 최강자,
모빌아이 ────────────────

앞으로 자율주행·모빌리티 서비스 시장에서 왜 모빌아이·인텔 연합을 주목해야 할까요? 우선 이 연합의 구심점은 모빌아이입니다. 모빌아이의 경쟁력을 얘기하기 전에 자율주행의 단계를 다시 한번 떠올려봅시다. 자율주행 단계는 레벨0부터 레벨5까지 총 여섯 단계로 구성되며, 현재 소비자가 살 수 있는 자율주행차는 레벨2까지라고 말씀드렸죠. 그렇다면 레벨2 시장의 최강자는 누구일까요?

바로 모빌아이입니다. 전 세계 주행보조장치 기술과 칩 시장에서 압도적 1위입니다. 모빌아이가 뛰어난 이유는 원천기술도 물론 좋지만, 시판된 차에 장착된 자사 시스템을 통해 막대한 주행 데이터를 수집해 기술을 향상시키는 데 활용할 수 있기 때문입니다. 모빌아이는 2022년까지 전 세계 1,400만 대의 차량에 달린 자사 주행보조장치로부터 주행 데이터를 축적하게 됩니다. 전 세계 회사 중에 1,000만 대 이상의 차에서 주행 데이터를 모아 개발할 수 있는 곳은 모빌아이뿐입니다.

게다가 모빌아이는 세계 최고 수준의 반도체 설계 회사인 인텔과 힘을 합쳐 자율주행용 차세대 AI 칩까지 개발하고 있습니다. 모빌아이와 인텔의 궁합이 좋은 것은 두 기업이 결국은 데이터로 승부한다는 것입니다. 인텔은 PC나 서버 등의 CPU 분야 강자인데요. 이 분야에서 AMD·엔비디아 등의 공세가 거세지면서 지배적 지위를 위협받고 있습니다. 또 PC 시장 자체가 침체되는 것도 문제여서 이후의 성장 동력이 절실한 상황입니다.

인텔은 PC·서버 이외에 IoT·네트워크·커뮤니티 분야의 반도체 시장이 2024년에는 300조 원에 달할 것으로 보고, 이 분야를 파고들 계획입니다. 여기에서 인텔이 강조하는 것이 데이터입니다. 데이터의 가치를 최대한 끌어내는 제품이나 서비스를 제공할 수 있을지가 인텔의 생존을 좌우한다는 거죠. 그래서 모빌아이와의 시너지가 나올 수 있다는 겁니다. 모빌아이는 현재 전 세계 대부분의 자동차 회사에 주행보조 시스템과 핵심 반도체를 판매하고 있는데요. 여기에서 발생하는 엄청난 양의 주행 데이터를 모아, 이후 제품과 서비스 개발에 활용할 수 있습니다.

특히 BMW에서 2021년에 공개하는 차량 'iNEXT'가 모빌아이·인텔 연합의 향후 경쟁력을 가늠할 근거가 될 것 같습니다. 이 차량은 BMW 차량 가운데 처음으로 레벨3 수준의 자율주행기능을 탑재할 예정인데요. 앞서 말씀드린 대로 이런 기능을 구현하려면 각종 센서와 중앙에 통합된 고성능 ECU(전자제어유닛) 등이 필수인데, ECU 내부의 반도체 구성 등을 모빌아이·인텔 연합이 맡았습니다. 자율주행에 필요한 인식 처리에는 모빌아이의 SoC인 아이큐5^{EyeQ5}를 쓰고요. 전체 제어용 프로세서로는 인텔의 SoC를 조합하게 됩니다.

데이터 비즈니스 모델에서
큰 잠재력 지닌 무빗

2020년 5월, 인텔은 모빌아이에 이어 무빗이라는 MaaS^{Mobility as a} Service 기업까지 연합에 합류시켰습니다. 그 이유는 무엇일까요?

인텔은 기본적으로 반도체를 판매해 수익을 내는 회사입니다. 그러므로 자율주행 시장에서 실적을 내더라도 그 수익은 자사 반도체를 탑재한 자동차 대수에 한정되겠지요. 그런데 이 자동차 대수가 충분치 않다는 겁니다. 전 세계에서 1년에 팔리는 신차를 1억 대라 치고 그중 10%에 인텔 연합 반도체가 탑재된다고 해도, 수요는 연간 1,000만 대에 불과합니다. 반도체 업계에서 이 정도 규모로는 사업성이 그리 높지 않습니다. 그래서 인텔이 데이터 비즈니스에 주력하겠다면서 MaaS 사업을 확장하려 하는 겁니다.

그 사업의 축이 될 기업이 바로 무빗입니다. 무빗은 2012년 이스라엘 텔아비브에서 설립된 직원 200명의 신흥 기업인데요. 이런 작은 기업을 인텔이 1조 원이나 주고 샀다는 것은 그만큼 이 기업이 지닌 가치가 크다는 의미겠지요. 무빗은 100여 개국에서 전철·버스뿐 아니라 자전거나 라이드 쉐어링과 연결된 환승 안내 서비스를 제공하는데, 이용자가 8억 명에 이릅니다. 모빌리티 관련 데이터로 비즈니스 모델을 만들어내는 기업이죠.

인텔은 앞으로 데이터 비즈니스·MaaS 시장이 폭발할 것으로 봅니다. 2030년에 주행보조·자율주행 시스템 시장이 725억 달러인

데 비해, 데이터 비즈니스·MaaS 시장은 1,600억 달러에 이를 전망입니다. 모빌아이·인텔·무빗 연합이 바로 이 시장의 강자가 되기 위해 준비 중이라는 얘기입니다.

물론 테슬라, 엔비디아·ARM 연합, 모빌아이·인텔·무빗 연합 이외에도 많은 자동차 회사와 IT 회사들이 자율주행 기술을 연구하고 있습니다. 그 가운데에서도 모바일 AP 시장의 최강자인 퀄컴, 미국 IT 업계의 강자 구글·애플 등의 동향을 주시할 필요가 있습니다. 특히 퀄컴은 머지않은 시기에 기존의 자동차 전장 기술 회사나 자율주행 기술 개발사를 인수해 이 시장에 본격적으로 진입할 것으로 보입니다. 이와 관련해 IT·자동차·부품 업체의 합종연횡이 더 치열해질 것으로 예상되며, 앞으로 얼마나 엄청난 변화가 있을지 기대됩니다.

GM·도요타· 폴크스바겐

기존 자동차 회사들도 가만히 있는 것은 아니지요. 자동차 업체 가운데 핵심은 GM·도요타·폴크스바겐이라고 할 수 있는데요. 이들 기업의 움직임에 대해 말씀드리기 전에, 전 세계에서 맹렬한 '전기차 시프트'가 진행 중이라는 이야기부터 해보려고 합니다.

업계 관계자들이 대체로 그러했듯, 저 역시 처음부터 전기차에 긍정적이었던 것은 아니었습니다. 2007년 당시 자동차 담당 기자였던 저는 디트로이트 모터쇼 취재를 갔는데요. GM의 대표 카가이 Car Guy였던 밥 러츠Bob Ruts 개발 담당 부사장이 전기차 '볼트'를 발표하면서, 곧 전기차 세상이 온다고 말했습니다. 나중에 다른 기업도 전기차를 내놓으면서 금방 전기차 붐이 일 것처럼 요란을 떨었죠. 하지만 자동차 시장에서 전기차 점유율은 2019년 기준으로도 1%

대에 불과합니다. 10여 년이 흘렀는데도 아직인 거죠. 그래서 제게 꽤 오랫동안 전기차는 '양치기 소년의 거짓말'처럼 느껴졌습니다.

그런데 2017년 말쯤부터일까요. 부품사·연구개발 쪽에서 심상치 않은 움직임이 감지되기 시작했습니다. 전기차용 배터리 개발에 관한 것이었습니다. 국내 배터리 3사(LG화학, 삼성SDI, SK이노베이션)는 그 이전부터도 정말 잘했죠. 미리 준비해 기선을 제압했고 지금 전기차 배터리 시장을 장악하고 있으니까요. 그런데 이와 별도로 2018년쯤부터 전기차, 특히 배터리 연구개발 쪽에서 신기술 발표와 뉴스가 쏟아지기 시작했습니다.

2020년 들어서는 난리도 아니었죠. 이쪽의 개발·투자가 미친 듯이 끓어올랐습니다. 빌 게이츠와 폴크스바겐이 전고체배터리 개발회사에 거액을 투자하기도 하고요. 전 세계에서 돈과 인재가 배터리 개발 쪽으로 쏟아져 들어가는 것이 눈에 보이는 듯했습니다.

테슬라,
틈새시장의 리더에서
GM의 맞수로

전기차가 그냥 친환경차가 아니라 곧 대세가 될 것임을 알리는 신호탄도 터졌습니다. 2020년 1분기에 캘리포니아주에서 테슬라의 전기차인 모델3가 도요타의 캠리보다 더 많이 팔린 겁니다. 모델3

가 벤츠 C클래스나 BMW 3 시리즈가 아니라 박리다매, 대중 세단의 교과서로 불리는 캠리보다 더 많이 팔렸다는 것이 충격이었습니다. 캘리포니아에서만 그런 게 아닙니다. 유럽·중국에서도 전기차에 대한 강력한 정부 지원과 환경 규제에 힘입어 무서운 성장세를 보였습니다. 코로나19 사태로 내연기관차들은 판매가 반 토막 나는 상황에서 말입니다.

기존 자동차 회사 중 가장 공격적인 전기차 보급 목표를 세운 3개 회사의 2025년 목표 판매량만 합쳐도 350만 대(폭스바겐 150만 대, GM 100만 대, 현대차 100만 대)입니다. 테슬라의 판매는 2019년 37만 대에 이어 2020년 50만 대, 2021년 90만~100만 대로 예상됩니다. 이대로 생산을 늘려나갈 수만 있다면 2025년에 200만~300만 대는 팔지 않을까 싶습니다. 4개 회사만 합쳐도 600만 대군요. 다른 회사들까지 합치면 2025년에 전기차 1,000만 대 판매도 가능하지 않을까 싶습니다. 규모의 경제가 성립되는 단계로 가는 겁니다.

2018년, 2019년까지만 해도 자동차 업계에서는 테슬라를 무시했습니다. '저러다가 망할 것'이라는 얘기가 많았지요. 그랬던 테슬라가 GM과 폭스바겐의 강력한 경쟁 상대로 떠오른 사건이 있습니다.

폭스바겐그룹은 2020년 9월 "테슬라의 일론 머스크 CEO가 독일을 방문했을 때 폭스바겐의 신형 전기차 ID.3를 시승했다"라고 공식 트위터를 통해 발표했습니다. 머스크는 당시 독일을 찾아 베를린 교외에 건설 중인 새 공장을 시찰했는데요. 이때 머스크가 ID.3를 시승했다는 겁니다. 재밌는 것은 너무 바쁜 머스크의 편

그림 3-2 현대차, 폴크스바겐, GM의 2025년 전기차 판매 목표

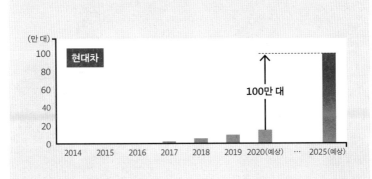

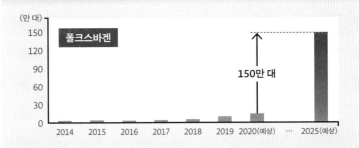

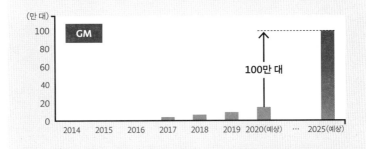

자료: SNE Research, 현대차, 폴크스바겐, GM, 메리츠증권 리서치센터

그림 3-2 머스크의 ID.3 시승

일론 머스크가 폴크스바겐 본사가 있는 볼프스부르크의 공항 활주로에서 폴크스바겐의 신형 전기차 ID.3를 시승했다. 사진은 시승 후 머스크(오른쪽)가 헤르베르트 디스 폴크스바겐 CEO와 함께 찍은 것이다. ⓒ폴크스바겐

의를 위해 폴크스바겐 본사가 있는 볼프스부르크의 공항 활주로에서 시승이 진행됐다는 겁니다. 개인용 제트기로 볼프스부르크 공항에 내린 머스크를 헤르베르트 디스Herbert Diess 폴크스바겐그룹 CEO가 기다리고 있었고요. 곧바로 머스크는 대기 중인 ID.3를 타고 활주로를 달렸습니다. 머스크의 코멘트를 기다리는 디스 CEO를 바로 옆에 태우고 말입니다.

2019년에 고작 37만 대를 판 머스크에게 같은 해 1,000만 대를 판 폴크스바겐그룹의 CEO가 이런 일을 한 겁니다. 왜 그랬을까요? 전 이 세계 최대 자동차 회사 수장이 머스크와 테슬라에 존경심을 표시하고, 업계의 진정한 경쟁자로 인정한 사건이라고 생각합니다.

그리고 이런 행사를 통해 세계 소비자들에게 '테슬라만 보지 말고 폴크스바겐의 신형 전기차에도 관심 좀 가져달라'라고 말하고 싶었던 건지도 모릅니다.

테슬라는 2021년 전기 픽업트럭인 '사이버트럭'을 출시하는데요. 이게 미국의 기존 자동차 회사에 주는 의미는 이전과 차원이 다릅니다. 픽업트럭은 GM·포드·크라이슬러의 주요 수입원입니다. 여기서 시장을 뺏기면 다음은 죽음뿐이죠. 그런데 크라이슬러는 현재 테슬라를 추격하겠다는 의지를 상실한 것 같고요. 포드는 전기 픽업트럭으로 반격을 예고했지만, 출시가 계속 연기되고 있습니다. GM만이 2021년 이후 테슬라 사이버트럭과 정면승부를 벌이겠다고 선언한 상태인데요. 선언 정도가 아니라 사활을 건 싸움이 될 가능성이 큽니다. 테슬라가 틈새시장의 리더가 아니라, 미국의 주력 시장에서 GM과 한판 대결을 벌이게 될 시간이 다가오고 있는 겁니다.

그렇다면 GM은 전기차와 관련해 어떤 대응 전략을 갖고 있을까요? GM은 산하 자율주행 기술 개발 업체인 크루즈를 통해 오랫동안 준비를 해왔습니다. 크루즈는 2020년 말 샌프란시스코 시내 도로에서의 자율주행 시험을 허가받았는데요. 이미 샌프란시스코 시내에서 운전자가 탑승하는 형태로 180대의 자율주행차 시험운전을 하고 있었지만, 이번 허가를 통해 그중 5대는 아예 사람이 타지 않은 상태로 운용할 수 있게 됐습니다. 운행 속도는 최고 시속 50km로 제한되지만, 밤낮을 가리지 않고 매일 24시간 주행시험을 할 수 있습니다.

GM은 또 2020년 10월에 20억 달러를 투입해 테네시주 스프링힐의 전기차 공장을 확장한다고 밝혔습니다. 2020년 8월 발표한 캐딜락 브랜드의 고급 전기차 '리릭' 등을 이곳에서 생산할 계획입니다. 이를 기점으로 GM은 2025년까지 전기차와 자율주행 분야에만 200억 달러(약 23조 원)를 투자할 계획입니다.

다음은 도요타와 폴크스바겐입니다. 이 두 기업은 기존 자동차 업체의 투톱입니다. 판매 규모나 이익 면에서도 그렇고, 전통적인 자동차 분야 기술력에서도 가장 뛰어납니다. 폴크스바겐은 2025년까지 연간 150만 대의 전기차를 판매하겠다고 이미 발표했고요. 도요타는 2030년에 하이브리드 등 전기모터를 장착한 전동차는 550만 대 이상, 이 가운데 완전히 전기로만 움직이는 전기차, 수소연료전지차를 100만 대 이상 판매하겠다는 로드맵만 밝힌 상태입니다. 그러나 폴크스바겐의 150만 대 계획이 2020년에 발표된 것과 달리, 도요타의 이 계획은 2017년에 발표된 것입니다. 그 이후에는 도요타가 구체적으로 몇 년까지 전기차를 몇 대 팔겠다고 확정한 것이 없기 때문에, 아마도 이와 관련한 계획이 다시 나오지 않을까 합니다.

도요타,
전기차로 급선회하다 ─────────────

그런데 도요타에는 몇 가지 고민이 있습니다. 원래 도요타의 계획은 내연기관차 이후 궁극의 친환경차로 수소연료전지차를 계획했습니다. 거기에 이르는 징검다리로 하이브리드를 개발하여 상당한 성공을 거뒀지요. 수소차 보급까지는 아직 시간이 꽤 걸리니 그 사이에 하이브리드로 자동차 시장을 제패한다는 전략이었습니다. 그런데 하이브리드의 보급은 생각만큼 늘지 않았고(수소트럭·버스는 꽤 전망이 있지만), 특히 수소 승용차 전망이 갈수록 어두워졌습니다. 그런 상황에서 테슬라를 필두로 전기차가 대세로 등장한 겁니다. 도요타는 전기차의 대량보급에 부정적이었지만, 최근에 궤도를 급격히 수정하고 있습니다.

그리고 이런 위기에 대해 일본 내에서 혹독한 비판이 나왔는데요. 놀랍게도 일본의 기업소설입니다. 일본의 언론이 아니고요. 2019년 말 출간된 《도요토미의 역습: 소설·거대 자동차 기업^{トヨトミの逆襲: 小說·巨大自動車企業}》이라는 제목의 책입니다. 여기서 도요토미는 말할 것도 없이 도요타자동차의 창업자 가문인 도요다^{豊田}를 지칭합니다. 가지야마 사부로^{梶山三郎}라는 가명의 '복면 작가'가 기업소설 형식을 빌려 도요타 위기의 내막과 미래를 얘기합니다. 2019년까지 영업이익만 연 25조 원 이상 꾸준히 낸 초우량 기업 도요타에 대해 '이대로 좋은가'를 끊임없이 묻는 책입니다.

특히 일본에서 회자되는 부분은 도요타 수소연료전지차 전략에 대한 맹렬한 비판입니다. 소설은 도요토미자동차(실제는 도요타자동차)의 사장인 도요토미(도요다 아키오 현 사장)가 하이브리드카 '프로메테우스(프리우스)' 이후에 발표한 수소차의 보급에 실패하면서 전기차 개발로 급선회하는 것으로 시작합니다. 수소차만 고집하다가 전기차 확산의 흐름을 읽지 못해 위기에 빠졌다고 경영진이 뒤늦게 판단한 거죠. 이후 도요토미자동차는 'CASE', 즉 커넥티드Connected, 자율주행Autonomous, 공유Shared, 전기차Electric라는 네 가지 기술의 큰 파도에 올라타기 위해 필사의 노력을 기울입니다. 테슬라가 일본 자동차 업계에 가져온 충격, 도요타가 전기차로 방향을 트는 과정에서 협력업체와 벌어지는 반목과 마찰, 소프트뱅크 같은 IT 업체와의 제휴 등 현실과 '뇌피셜'을 넘나들지만, 사실에 기반하거나 사실감 있는 내용이 이어집니다.

소설이 주장하는 바는 명확합니다. '도요타가 수소차에 올인하다가 실패하고 있다. 지금이라도 테슬라에 빨리 대응해야 하고, 전기차와 자율주행, 커넥티드카에 전력을 쏟아부어야 한다'라는 것입니다. 수소차로 세계를 제패한다는 전략을 고집하다가는 도요타는 물론 일본 자동차 산업 전체의 미래가 위험하다는 거죠. 이와 관련해 일본의 업계 전문가 몇 명에게 물어봤더니 '소설이지만 수소차에 대한 비판에 일부 공감한다'는 의견이 꽤 나왔습니다.

도요타는 2002년에 처음 수소차인 'FCHV'를 발표하고, 이후 2014년 '미라이'를 판매하면서 본격적인 보급에 나섰습니다. 그러나 미라이 판매 대수는 2018년 574대, 2019년 644대, 2020년 상반 기 157대라는 초라한 실적을 냈을 뿐입니다. 도요타 이외에 혼다도 '클래리티'라는 수소차를 판매하고 있지만, 2020년 상반기 판매량 18대로 사실상 개점 휴업 상태입니다.

이는 애초 일본의 수소차 보급 계획에 비해 크게 못 미치는 결과 입니다. 글로벌 경영컨설팅 기업 딜로이트Deloitte는 2014년 일본 내 수소연료전지차 보급 전망 보고서에서 2018년 1만 대, 2019년 2만 2,000대, 2020년 5만 대로 예측했습니다. 그러나 2020년 상반기 일 본의 수소차 보급 대수는 도요타와 혼다를 합쳐 총 175대로, 6년 전 딜로이트 예측의 100분의 1에도 미치지 못했습니다.

그런데 최근 한국에서는 수소경제와 수소차를 미래 성장 동력으로 삼고 정부와 현대차가 여기에 모든 역량을 쏟아부을 기세죠. 한 국 정부는 2019년 수소경제 활성화 로드맵까지 발표했고요. 2040 년까지 수소차 620만 대와 충전소 1,200개를 구축해 일자리 42만 개를 창출하겠다는 계획입니다.

현재 수소차 양산 계획을 내놓고 있는 업체는 도요타와 현대차뿐 입니다. 혼다도 하고 있지만, 보급을 늘릴 기미가 없습니다. GM은 수소차 개발 역사가 가장 길고 기초기술도 상당히 축적했지만, 현 재 수소차는 연구개발 기반만 유지하는 정도이고 전기차에 집중하 고 있습니다. 지난 26년간 수소차 '네카'를 개발해왔던 벤츠도 최근 개발을 중단했습니다. 현대차와 수소차 공동 개발을 추진해왔던 아 우디 역시 최근 개발을 중단했습니다. GM·벤츠 등이 포기한 이유는 '유망하긴 하지만 당장 살아남기 위해 집중할 기술은 아니다. 한정된 자원의 투입 순서에서 전기차·자율주행 등이 더 시급하다'는 것입니다. 실제로 유럽이 발표한 수소경제 로드맵에서 수소차 비중은 작습니다. 수소를 유럽에서 생산되는 그린 에너지의 저장·운반 체계로 보고, 그 에너지 기반을 구성하는 인프라를 갖추겠다는 게 핵심입니다.

따라서 수소차 양산 경쟁은 당분간은 도요타와 현대차 사이에서 이뤄질 것입니다. 한국이 수소차 기술을 선도하고 부를 일구는 데 성공하려면 국내 기반은 기술 축적을 위해 키우되, 결국 이를 기반으로 대량 수출을 하는 수밖에 없다고 전문가들은 말합니다. 현대차가 이미 15년간 수소차를 개발해오며 글로벌 톱 클래스 기술력을 갖췄다고는 하지만, 해외 정부·기업과 연계해 큰 수요를 따내지 못하면 국내 수요만으로는 한계가 있습니다. 현대차의 수소차 '넥쏘'는 2020년 1~7월 한국에서 3,312대가 팔려 단일 국가의 수소차 판매 1위를 기록했습니다. 그러나 같은 기간 해외 판매량은 769대에 그쳐 아직 국내 중심으로 보급되고 있는 상황입니다.

물론 미래 이동 수단에 대해 전기차냐 수소차냐 하는 선택의 문제는 아닙니다. 특히 장거리용 트럭 등에서는 수소차의 장점이 있으니까요. 전기차·수소차가 함께 가기는 하겠지만, 문제는 수소차가 언제쯤 어느 정도 규모로 보급될 것인가인데요. 여기에는 큰 승부와 가능성과 의문이 여전히 존재합니다. 도요타가 앞서 소개한 기업소설에서처럼 수소차와 하이브리드에만 집중하다가 전기차 시대의 기회를 놓치게 된다면, 지금까지 쌓아온 기존 자동차 업계 1등의 지위가 위태로워질 수도 있습니다.

도요타의 실험, 우븐 시티 ─────────────

도요타의 전략, 그중에서도 자율주행에 대한 대비책은 어떨까요?

"미래를 내다볼 수 있는 수정구슬이 있다면, 지금 그것을 가장 원하는 게 우리 자동차 산업일 겁니다."

도요다 아키오 도요타자동차 사장은 2020년 1월 미국 라스베이거스에서 열린 자사 발표회에서 이렇게 말했습니다. 글로벌 직원 37만 명, 기존 자동차 회사 중 시가총액 1위의 이 거대 기업이 가진 절박함을 단적으로 표현하는 말이었습니다. 가전·IT전시회 'CES 2020' 개막을 하루 앞둔 자리였지요.

테슬라가 자사의 수직계열화된 기술 기반을 통해 모빌리티 서비스 산업을 장악하려 하는 것처럼, 도요타 역시 그들 나름의 모빌리티 서비스 장악을 위한 실험에 나서고 있습니다. 바로, CES 2020에서 발표한 미래기술 실증 시설인 '우븐 시티Woven City(직조도시)'입니다. 자율주행과 로봇, 이동성(모빌리티), 인공지능AI, 사물인터넷IoT 등 미래기술과 서비스를 일상에 적용해보는 공간입니다. 연구자만이 아니라 도요타 직원과 가족, 그 외 참여 기업의 직원과 가족, 공모로 뽑은 주민 등 2,000여 명이 실제로 기주하게 됩니다. 우븐 시티가 들어서는 곳은 시즈오카현 스소노인데, 2020년 폐쇄가 완료되는 도요타 히가시후지 공장 부지 70만 8,000㎡(약 21만 4,000평)를 활용합니다. 2021년 초부터 단계적으로 착공할 계획입니다.

우븐 시티는 도로가 그물 형태로 직조織造됐다는 의미도 있지만, 자동직기 회사로 시작한 도요타자동차의 원류를 상징하기도 합니다. 아키오 사장은 "도요타는 자동차 만들기부터 시작한 게 아니라 천을 짜는 것부터 시작했다"면서 "우리 기술을 사용해 새로운 거리, 인생을 즐기는 새로운 방법을 짜내려 한다"라고 말했습니다.

우븐 시티의 도로는 빠른 차량 전용, 보행자와 느린 차량 공용, 보행자 전용 등 세 가지로 구분됩니다. 이동 수단은 도요타가 개발 중인 자율주행 전기차 '이팔레트e-Palette'이고, 사람과 물건을 수송하는 것 외에 광장 등에서 이동형 점포로도 활용됩니다. 아키오 사장은 "도요타는 모빌리티 업체를 넘어 자율주행과 AI에 기반한 스마트 도시를 선도하는 업체로 거듭날 것"이라며 "이번 프로젝트가 작지만 중요한 첫걸음"이라고 밝혔습니다.

우븐 시티가 주는 시사점 세 가지를 분석하면 다음과 같습니다.

인프라 전체를 새로 설계해야 할지 모른다

사람들은 흔히 도로나 차량의 형태는 변하지 않은 채 각각의 차량이 알아서 달리는 시대가 곧 올 것으로 생각합니다. 그러나 자율주행·반도체 회사들에 따르면 그런 형태의 세상은 쉽게 오지 않을 가능성이 큽니다. 어떤 도로 조건에서도 탑승자의 안전을 100% 보장할 자율주행 기술은 현재로선 거의 불가능하기 때문입니다. 우븐 시티처럼 아예 도시를 새로 설계하는 것이 기술적으로 더 쉽고 효율적이라는 분석인 거죠. 우븐 시티는 바로 이런 문제의식에서 나온 결과물입니다.

한편 미래기술 투자회사 미슬토의 손태장 회장은 자율주행 기술이 도입된 미래 도시에 대해 "이탈리아 베네치아 같은 도시가 이상적"이라고 했는데요. "왜 신호등에서 보행자가 차량 통과를 기다려야 하는가. 왜 아이에게 '도로로 뛰어들면 안 돼'라고 말해야 하는가"라고도 했습니다. 사람보다 자동차 위주로 설계된 도시 자체가 바뀌어야 한다는 거죠. 베네치아가 실제 사례입니다. 거리엔 차가 다니지 못하고, 이동하려면 수상 곤돌라를 타거나 걸어야 합니다. 무거운 짐은 수로를 이용해 곤돌라로 나릅니다. 수로와 육로가 나뉘어 있어서 사람과 차가 충돌할 걱정이 없습니다. 손 회장은 "곤돌라를 자율주행차, 물길을 지하 통로로 바꿔 생각해보면 어떨까"라고 했습니다. 지하 세계에서 AI를 탑재한 소형 운반 로봇이 달린다면, 지상의 화물트럭은 필요 없게 됩니다. 세계 대도시에서 차량이 정체되는 원인이 화물트럭에 있다고 하니, 도로에서 화물트럭이 사라지면 정체와 사망 사고가 줄어들겠지요.

손 회장의 얘기는 도시 교통과 물류 문제의 근본적인 해결을 모색하는 우븐 시티의 설계 사상과도 맞닿아 있습니다. 우븐 시티 역시 모든 물류는 지하에 설립된 제2 도시에서 이뤄집니다. 가정에서 주문한 물품을 작은 AI로봇이 가정의 지하까지 배달하고 엘리베이터를 통해 지상으로 전달합니다.

기존의 자산·인력을 미래에 어떻게 연결할지 고민해야 한다

우븐 시티에는 '연결성', '축적'의 키워드가 담겨 있습니다. 우븐 시티는 도요타의 국내 생산 재편에 따른 공장 폐쇄·이전, 인력 활용, 미래기술 연결 등을 최소 5~6년간 면밀히 검토해 탄생했습니다. 도요타는 2012년 무렵부터 후지산 기슭에 있는 히가시후지 공장의 축소를 계획했습니다. 도호쿠의 새 공장으로 생산 기반을 집중해 효율을 높이기로 한 것입니다. 7년이 흐른 2019년 여름, 도요타는 히가시후지 공장을 2020년에 폐쇄한다고 발표했습니다. 공장 폐쇄는 지역 사회에 비보입니다. 그러나 도요타는 폐쇄 지역에 미래 모빌리티 도시를 건설함으로써 오히려 지역 사회에 복음을 전했습니다. 시즈오카 당국도 "부지는 공업 전용이라 주택 건설이 안 된다"면서도 "통상 1년 걸리는 용도 변경 허가를 앞당겨 내주겠다"라고 적극적으로 화답했습니다. 폐쇄되는 공장 부지에 짓기 때문에 건설에 필요한 땅값은 '제로'입니다. 오히려 지역 당국이 세제 혜택 등 적극 지원을 약속하고 있습니다.

우븐 시티는 기술 실증 시설일 뿐 아니라 사람이 살고 싶어 하는 도시, 보여주고 싶어 하는 도시가 될 전망입니다. 첨단 기능을 경험할 수 있을 뿐 아니라 후지산 기슭에 있어 경관도 좋기 때문입니다. 근처에는 도요타 미래 프로젝트를 담당하는 히가시후지연구소가 있습니다. 실증 시설과 연구소가 한 몸인 형태입니다. 우븐 시티 건물은 대부분 나무로 만들어지며 일본의 전통 목조 건축 도구와 로봇을 조합한 새로운 생산법이 시도됩니다.

외부의 참여를 끌어내야 한다

우븐 시티의 설계와 비전을 만드는 데는 덴마크 건축가 비야케 잉겔스Bjarke Ingels가 참여했습니다. 그가 대표로 있는 비야케잉겔스그룹BIG은 뉴욕의 제2 월드트레이드센터, 구글의 새 본사, 레고박물관부터 화성에 세울 미래 커뮤니티까지 공간의 성격을 바꾸는 건축 프로젝트로 이름을 떨쳤습니다. 가장 핫한 해외 건축가와 협업함으로써 우븐 시티의 매력을 높이는 동시에 이 '실험실'에 더 많은 참여를 유도하는 효과를 거둘 것으로 예상됩니다.

실제로 우븐 시티에서는 자율주행, 모빌리티 서비스, 로보틱스, 스마트홈 커넥티드, AI 등의 기술을 마음껏 실험할 수 있습니다. 일본의 기업들뿐 아니라 전 세계를 대상으로 엔지니어와 과학자들의 참여 신청을 받는데, 기간과 형태에 제약을 두지 않고 원하는 기간, 원하는 분야의 프로젝트에 마음껏 참여할 수 있게 할 예정입니다.

전기차 시대를 준비하는
각사의 절박한 연구개발 현황 ────────────

앞서 테슬라의 자율주행 기술, 모빌리티 서비스의 핵심으로 무선 업데이트를 가능케 하는 전자제어유닛ECU과 소프트웨어 경쟁력을 얘기했지요. 그리고 일본 전문가들이 테슬라 모델3를 뜯어본 결과 '테슬라의 ECU가 도요타·폴크스바겐의 ECU보다 적어도 6년은 앞섰다'라고 분석했다는 것도 이야기했습니다. 그러면 이 부분에서 도요타는 손을 놓고 있는 걸까요?

그렇지는 않습니다. 아직 외부에 대대적으로 공개를 하지 않아서 그렇지, 조만간 테슬라에 반격할 수준의 차량을 내놓을 가능성도 있습니다. 도요타도 2022년까지 '소프트웨어 퍼스트(제일주의)'로 전사 조직을 개편하여 자동차의 컴퓨터·소프트웨어화에 대응하고 테슬라 타도에 나설 계획이기 때문입니다.

일본의 기술 전문 매체 〈닛케이 크로스테크〉는 2020년 9월 "도요타가 2022년까지 '소프트웨어 퍼스트' 체제로 이행하며, 차량 탑재용 전자 아키텍처도 완전히 새로 개발하기로 했다"라고 전했습니다. 지금까지 도요타에서 소프트웨어는 어디까지나 차량 개발의 일부 또는 들러리 성격이었지요. 그러나 앞으로 소프트웨어와 하드웨어 개발체제를 분리함으로써 하드웨어 개발에 앞서 전사적 관점에서 소프트웨어를 개발하고 차량 개발을 주도할 수 있는 조직을 만들겠다는 것입니다.

또 2022년부터는 도요타 차량에 대해 무선 통신에 의한 소프트웨어 갱신OTA을 통해 새로운 기능과 서비스를 수시로 제공할 계획입니다. 현재의 도요타 차량은 이 같은 OTA 기능이 구현되지 않거나 매우 제한적으로만 가능하지요.

도요타가 소프트웨어 개발 중심으로 빠르게 전환하는 것은 테슬라의 기세가 더 커지기 전에 이를 막아야 한다는 절박함 때문입니다. 테슬라는 이미 OTA 기능을 완전히 구현하고 있고, 특히 기능 구현에 충분한 성능을 가진 전자 아키텍처를 모든 차량에 기본 탑재하고 있습니다. 도요타의 도요다 아키오 사장은 2020년 3월 일본

그림 3-4 도요타와 NTT의 제휴

도요타자동차의 도요다 아키오 사장이 2020년 3월 통신 기업 NTT와의 제휴 발표 자리에서 연설하고 있다. ⓒ도요타자동차

통신 기업 NTT와의 제휴를 발표하는 자리에서 '소프트웨어 퍼스트' 선언을 한 바 있습니다. 당시 그는 "소프트웨어와 데이터를 활용해 자동차 기능 향상을 실현하겠다"라는 구상을 발표했습니다. 차량에 고성능 컴퓨터와 소프트웨어를 장착하고, 주행 데이터를 수집해 AI로 그 기능을 향상시키고, 이후 수시로 소프트웨어를 업데이트해 기능을 개선하고 추가하겠다는 것이었습니다.

이전까지 도요타를 비롯한 자동차 업계에서는 ECU와 거기에 얹히는 소프트웨어가 한 세트로 개발됐습니다. 해당 ECU의 능력에 적합한 소프트웨어를 개발하기 쉬운 반면, 진화가 느린 하드웨어가 발전 속도가 빠른 소프트웨어 개발의 걸림돌이 된다는 문제가 있었지요.

소프트웨어 퍼스트 체제 이행의 열쇠는 2018년 도요타가 설립한 자율주행 소프트웨어 전문 자회사인 TRI-AD^{Toyota Research Institute-Advanced Development}입니다. 이 회사는 '아린^{Arene}'이라고 불리는 도요타 차량용 소프트웨어의 통합 개발 환경^{IDE, Integrated Development Environment}을 개발 중입니다. 업계에서는 아린의 성과가 도요타 전체 소프트웨어 개발의 효율과 성공 여부를 좌우할 것으로 보고 있습니다.

현재 도요타와 폴크스바겐은 자율주행 관련 인력만 1만 명 이상을 뽑아 연구개발에 올인하고 있습니다. 우선 인력 규모에서 이게 얼마나 본격적이고 절박한 상황인지를 알 수 있습니다.

폴크스바겐이 2025년까지 연간 150만 대의 전기차를 판매할 계획이라는 점은 이미 말씀드렸지요. 지금까지 자동차 회사의 전기차 보급 계획들이 말만 거창했지 결과가 신통치 않은 경우가 많았는데요. 폴크스바겐의 이 계획은 실현될 가능성이 커 보입니다. 폴크스바겐 등 독일 회사들은 원래 전기차로 가기 전의 친환경차로 디젤 자동차를 보급했습니다. 그러나 폴크스바겐이 2015년 미국에서 터진 디젤게이트의 주범이 되고, 이후 디젤차의 친환경성이 상당 부분 과장됐다는 것이 알려지면서 디젤차 판매가 점점 어려워지고 있습니다. 그렇다고 폴크스바겐이 도요타만큼 하이브리드 기술이 있는 것도 아니고요. 따라서 예정보다 더 빨리, 더 절박하게 전기차로 갈 수밖에 없는 상황입니다.

도요타와 마찬가지로 폴크스바겐에도 자율주행 기술, 데이터 비즈니스 플랫폼 기술이 절실합니다. 이와 관련해 2020년 10월 30일 폴크스바겐은 2024년까지 커넥티드카나 자율주행차 등 디지털 분야에 140억 유로(약 19조 원)를 투자한다고 발표했습니다. 이를 통해 현재 10% 이하에 머무르고 있는 소프트웨어의 내재화 비율을 2025년까지 60%로 끌어올리는 것을 목표로 합니다. 헤르베르트 디스 폴크스바겐 CEO는 이날 온라인으로 열린 주주총회에서 "폴크스바겐은 자동차와 AI, 서비스를 일체화해 신시대의 이동 체험을 제공하고 싶다. 이런 변혁은 전기차로의 이행보다 더 어렵다"라고 말했습니다.

이와 관련해 폴크스바겐은 2020년 7월 그룹 내에서 공통으로 사용하는 소프트웨어를 개발하는 조직을 그룹 산하의 아우디에 마련

했습니다. 그룹 내 소프트웨어 엔지니어 1,800명을 모아 시작을 한 상태입니다

폴크스바겐은 테슬라·벤츠처럼 한 번에 완전히 바꾸는 것이 아니라 단계적으로 ECU 기능을 통합해나가는 방식입니다. 이것도 이해가 가는 것이 폴크스바겐은 대중차이기 때문에 테슬라나 벤츠처럼 대당 원가 250만 원 이상의 고성능 컴퓨터를 장착할 수가 없거든요. 그렇지 않아도 전기차는 배터리 때문에 원가가 비싼데, 고성능 컴퓨터까지 넣으면 차 가격이 너무 비싸집니다. 폴크스바겐은 2020년 9월 시판한 전기차 ID.3에 'ICAS1^{In-Car Application Server 1}'이라는 통합 ECU를 처음 탑재했습니다. 르네사스^{Renesas} 반도체를 사용해 독일 메가 서플라이어인 콘티넨탈^{Continental}이 만들어 납품합니다. 테슬라의 성능에는 한참 못 미치지만, 폴크스바겐 차량 중 처음으로 통합제어용 컴퓨터를 장착했다는 점에서 의미가 큽니다.

한편 테슬라는 OS부터 ECU, 핵심 반도체까지 계속 스스로 만들어가면서 성능을 계속 높여 경쟁자와 격차를 벌리려 하겠지요. 기존 업계에선 이미 벤츠·엔비디아·ARM이나 BMW·모빌아이·인텔처럼 자동차 회사와 반도체 회사의 연합, 폴크스바겐·콘티넨탈·르네사스처럼 자동차 회사와 부품업체 연합이 결성돼 격전을 펼치고 있습니다. 이 중에 누가 주도권을 잡을지, 그래서 테슬라 반대 진영이 대통합을 이룰지, 아니면 몇 개 연합으로 나뉠지도 주목됩니다.

하지만 확실한 것은 완전자율주행차 시대가 오기 전에 자동차가

먼저 스마트폰처럼 바뀐다는 겁니다. 스마트폰처럼 무선으로 차량의 대부분 기능을 업데이트하고, 각종 소프트웨어 서비스를 즐길 수 있는 '바퀴 달린 컴퓨터'가 된다는 거죠. 그러면 내·외장 디자인만 강조하고 개별 편의장비만 늘려 소비자를 유혹하던 자동차 회사는 설 자리를 잃게 될지도 모릅니다. OS 혁명에서 뒤처지는 회사는 아이폰·안드로이드폰 시대의 피처폰처럼 매력을 잃고 도태될 수도 있습니다.

TESLA

4장

모든 것은
리더에게 달렸다

SHOCK

TESLA SHOCK

잡스 이후 최고의 비저너리 CEO 머스크

미국 자동차 업계의 일부 전문가는 일론 머스크를 100년 전 자동차 산업의 근간을 바꾼 헨리 포드에 빗대기도 합니다. 하지만 2020년대의 한국 독자에게 헨리 포드라는 존재는 너무 멀게 느껴질지도 모르겠습니다. 당장 머스크와 쉽게 비교되는 대상은 스티브 잡스일 겁니다.

두 사람은 아마도 21세기 비저너리 CEO 가운데 최고로 꼽히는 이들이 아닐까 싶습니다. 테슬라의 CEO 일론 머스크는 애플의 스티브 잡스가 가졌던, 세상을 바꾸겠다는 비전의 후계자라 할 수 있을 겁니다. 애플 설립 초기에 펩시 사장인 존 스컬리를 영입할 때, 대기업 사장 자리를 버리고 신생 기업으로 옮기기를 망설이던 스컬리에게 잡스는 다음과 같은 유명한 말을 하지요.

"인생 끝날 때까지 설탕물을 팔래요, 아니면 나한테 와서 세상을 바꿀래요?"

물론 비전을 가진 인물들은 그 외에도 많습니다. 구글·아마존·페이스북 등 실리콘밸리 거대 기술 기업 창업자들도 대단하지요. 하지만 소비자를 매혹하는 '물건(디바이스)'을 만들어 전 세계에서 충성팬을 끌어모은 인물로는 잡스 이후 머스크가 유일합니다.

유튜브 창업자 스티브 첸^{Steve Chen}은 "머스크의 삶은 (잡스와 마찬가지로) 모든 사람에게 강한 영감을 전해준다"라고 말했습니다. 게다가 스타벅스가 1만 원짜리, 애플이 100만 원짜리에서 충성 고객을 만든 데 비해 머스크는 전기차라는 수천만 원부터 1억 원대에 이르는 제품에서 '테슬람(테슬라 충성 고객을 이슬람 신자에 비유한 말)'을 양산했지요. 이런 점에서 어쩌면 잡스보다 머스크가 더 위대할지도 모릅니다.

잡스와 함께 애플을 창업했던 스티브 워즈니악 역시 한 인터뷰에서 잡스 뒤를 이을 디지털 시대 리더로 머스크를 꼽았습니다. 그는 "테슬라 차량이 아이폰의 확장형을 보는 것 같다"면서 "(아이폰이 모바일 시장에서 그랬듯이) 자동차 시장에서 새로운 비즈니스 모델을 확립했다"라고 말했지요. 구글 공동 창업자 래리 페이지^{Larry Page}도 "재산을 남긴다면 자선단체가 아니라 머스크에게 물려주겠다. 미래를 바꿀 수 있기 때문이다"라고까지 말했습니다.

머스크와 잡스의 또 다른 공통점은 다양한 문화 속에 성장했고, 천재적이지만 오만한 혁신자로 보인다는 것입니다. 머스크는 남아

프리카공화국에서 태어나 10대 시절을 보냈고, 잡스는 시리아 출신 이민자 아버지를 뒀으며 입양된 가정에서 자랐습니다.

그리고 정말 끝내주게 훌륭한 제품이 갖는 힘을 누구보다 잘 아는 인물이었다는 점도 둘이 일치하는 바입니다. 잡스는 제품에 대한 완벽주의로 유명했지요. 머스크 역시 늘 이렇게 강조했습니다.

"훌륭한 제품을 만들지도 않으면서, 훌륭한 기업을 만들겠다고 큰소리치는 사람이 있다는 게 놀랍다. 경영자의 가장 중요한 자질은 탁월한 제품과 서비스를 만들어내는 것이다."

최고의 인재만을 원했고, 목표를 이루기 위해 무자비하다는 점도 둘의 공통점입니다. 머스크가 소유한 우주 기업 스페이스X의 스티브 저비슨Steve Jurvetson 이사회 멤버는 이렇게 말했습니다.

"머스크는 잡스와 마찬가지로 C급, D급 직원에게 관용을 베풀지 않습니다. 그래도 잡스보다는 친절하고, 빌 게이츠보다는 세련됐죠."

비전이라는 면에서는 잡스와 머스크가 매우 비슷한 사람이지만, 비즈니스 모델 측면에서 아이폰이 완성하고자 했던 '소프트웨어를 통한 수익 모델'을 향해 더 제대로 가고 있는 사람은 사실 머스크일지 모릅니다. 잡스는 아이폰을 팔아 돈을 벌고 최고의 회사를 키워냈지만, 앱을 다운로드받아 즐길 수 있는 서비스로 수십만 원, 수백만 원을 더 받지는 못했지요. 하지만 머스크는 FSD 상품을 900만 원이라는 거금에 따로 팔고 있습니다. FSD는 현재 주행보조기능에 머물러 있지만, 완전자율주행에 근접한 수준으로 차츰 업데이트되고 있습니다. 이미 FSD를 구입한 고객은 추가 요금 없이 업데이트를 계속 받을 수 있지요. 업데이트의 수준이 높아지면 높아질수록, 새로 구입할 고객은 더 비싼 비용을 내고 FSD 소프트웨어를 구입하세 될 것입니다. 그만큼 테슬라의 수익도 늘어나겠지요. 애플이나 테슬라나 비즈니스 모델은 얼핏 비슷해 보이지만, '테슬라 제국'의 규모나 수익력의 확장 가능성을 따져보면 머스크의 스케일이 훨씬 더 클 수도 있습니다.

사람들은 어떻게 잡스나 머스크 같은 한 개인이 상대적으로 짧은 시간에 그렇게 엄청난 일을 하고, 크고 뛰어난 조직을 만들 수 있었는지 의아해하기도 합니다. 한마디로 답하자면, 그들이 가진 비전의 크기와 탁월함이 남달랐기 때문입니다. 뛰어난 사람의 비전에 뛰어난 사람들이 모이는 거죠. 잡스나 머스크와 일하는 이유는 일하기 편해서가 아니라 세상을 바꾸고 거기에서 특별한 가치와 보상을 얻을 수 있기 때문입니다. 테슬라에서 배터리 개발을 담당하다 2017년 퇴직한 커트 켈티Kurt Kelty는 머스크의 매력에 대해 "다른 사람에게는 보이지 않는 미래가 그에게는 보이는 것 같다"라고 말하기도 했습니다. 일본 경제주간지인 〈도요게이자이〉는 "그는 상식적으로는 아무리 어려워 보이는 목표라도 거기서부터 역산해 실현 가능한 이정표를 세우고, 맹렬한 업무량으로 하나하나 달성해나간다. 그 압도적인 구상력과 실행력에 매료된 사람들이 제공하는 노동력과 자금으로 현재의 제국이 쌓아 올려지고 있다"라고 쓰기도 했습니다.

많은 기업가와 리더들이 멋진 비전을 얘기합니다. 그런데 때로는 그것이 엄청난 힘을 발휘하기도 하고, 때로는 오히려 거짓되게 비치기도 합니다. 왜일까요. 바로, '진정성'의 차이 때문이 아닐까 합니다.

빌보드차트 1위까지 오른 세계 최고 아이돌 그룹 'BTS'의 예를 들어보겠습니다. 전문가들은 BTS가 언어·문화적 한계를 극복하고 세계적으로 히트한 이유가 '진정성'에 있다고 이야기합니다. 일전에 미국의 유명 TV 토크 프로그램인 〈엘렌 드제너러스 쇼〉에서 BTS의 미국 방문을 '브리티시 인베이전(영국 팝, 즉 비틀스의 미국 진출)'에 비유한 적이 있습니다. 당시에는 과장이 아닐까 싶었지만, 그 말이 둘의 유사점을 제대로 집어냈다고 생각합니다. 1960년대 비틀스는 미국 소녀들에게 충격이었습니다. 멤버들끼리 웃고 즐기면서, 솔직함과 진심으로 내게 말을 걸어오는 듯한 네 명의 개구쟁이 영국 청년에게서 지금까지 경험하지 못한 위안과 행복감을 느꼈죠.

BTS의 이야기도 50여 년 전 비틀스 멤버들이 했던 것과 놀랄 만큼 비슷합니다. BTS의 리더 RM은 "음악 메시지를 전할 때 가장 중요한 것은 우리가 진심으로 느끼고 있느냐는 점"이라며 "우리 이야기가 아니면 누구도 공감해주지 않는다"라고 했습니다. 비틀스 멤버 폴 매카트니도 RM과 비슷한 나이였을 때 같은 말을 했죠. 대중은 스타에게서 외모, 가창력, 연기력, 예능감, 춤 실력을 원합니다. 하지만 여기에 진정성이 더해질 때 대중과 스타 사이에 놀라운 화학작용이 일어납니다. 거짓말하지 않고, 자기 이야기를 있는 그대로 솔직하게 전하는 진정성 말입니다.

이것은 연예인에게만 국한된 얘기가 아닙니다. 조직이 커지고 이해관계가 얽히면 이 평범한 것을 행하기가 참 어려워지지요. 그러나 돈만 바라는 홍보인지, 진심을 담은 소통인지는 고객이 다 압니다. 고객과 진심으로 소통하지 않고, 꼼수 부리고 조종하려 들고, 사실은 제 잇속 차리면서 고객 위하는 척 거짓 홍보만 일삼는다면, 제아무리 위세 높은 대기업이라고 해도 뜻을 이루기 어려운 세상입니다.

기업가 가운데 BTS처럼 사람들에게 진정성을 보이려고 노력하는 사람이 누가 있을까요? 네, 일론 머스크가 떠오릅니다. 앤드루 S. 그로브Andrew S.Grove 인텔 전 CEO는 "편집광만이 살아남는다"라는 명언을 남겼습니다. BTS와 머스크의 사례를 통해 이렇게 얘기할 수도 있겠네요. "진정성만이 살아남는다."

머스크가 어떻게 자동차에서 애플과 같은, 아니 애플보다 더한 충성팬들을 양산할 수 있었는지 좀더 구체적으로 생각해봅시다. 그것은 당연히 머스크가 꿈꾸는 비전에 전 세계의 많은 이들이 공감했기 때문입니다. 공감하고 감동하기 때문에 머스크의 꿈을 성원하고 그 꿈이 실현되도록 돕기를 주저하지 않는 거죠.

머스크의 비전은 전기차에만 있는 것이 아닙니다. 우주 운송 서비스, 뇌 이식 디바이스, 초고속 지하 수송 터널 등 SF소설에나 나올법한 사업을 본격적으로 실현하려 합니다. 보통의 사업가라고 하면 당장의 현실적인 일, 돈을 벌 수 있는 일에 대해 얘기하는 것이 일반적일 텐데요. 머스크의 화법은 그것과 많이 다릅니다.

"장래 지구에 무서운 일이 일어났을 때를 대비해 '생명보험'이 필요하다."

2020년 8월 열린 행사에서 그가 한 말입니다. 여기서 생명보험이란 머스크가 CEO를 맡고 있는 스페이스X가 21세기 중에 실현하고자 하는 화성 이주를 가리킵니다.

우주 사업을 하는 스페이스X는 2002년에 설립됐습니다. 머스크가 공동 창업한 인터넷 결제 서비스 페이팔을 매각한 자금으로 만든 거죠. 재사용이 가능한 우주선을 개발해 상대적으로 싼값에 우주여행 서비스를 제공하는 것을 목표로 하고 있습니다. 2020년 여름에는 그 첫 단계로 국제 우주 스테이션 도킹에 성공하기도 했습니다. 민간 유인 우주선으로는 처음이었죠.

그렇다면 머스크는 왜 우주여행 서비스를 만들고 화성 이주를 꿈꾸는 걸까요? 2017년 한 학술지에 게재된 논문에서 그는 이렇게 썼습니다.

"인류의 멸망을 피하기 위해서는 우주에 문명을 이룩하고 인류가 행성 간 종족이 될 필요가 있다. 여러 행성과 위성을 이주지로 검토한 결과 가장 유망한 것이 화성이다."

일단 다른 사업가들이 범접할 수 없는 스케일의 비전입니다. 이 정도의 꿈을 가진 인간에게 사람들은 어떤 반응을 보일까요? 물론 화성 이주는 머스크가 제시하는 최종 대안과 같은 것이라고 할 수 있습니다. 그 전 단계에서 머스크가 인류를 구하기 위한 실천 방안으로 제시한 것은 지구가 멸망하기 전에 그 리스크를 줄이도록 노력을 다한다는 것입니다. 멸망의 가장 큰 위험 중 하나인 지구 온난화를 막는 사명을 담당하는 것이 테슬라인 것입니다.

즉 비즈니스 차원에서는 테슬라가 연간 7,000조 원까지 성장할 것으로 예상되는 모빌리티 서비스 시장의 맹주가 되는 것이 목적이겠지만, 그보다 더 고차원적인 비전이 있는 거죠.

역으로 생각할 수도 있겠지요. 모빌리티 서비스 시장을 장악한다는 목표를 달성하기 위해 직원·소비자·투자자를 끌어들여 그들의 지지를 받아야 할 텐데, 그렇게 하기 위한 수단으로 이 같은 비전을 제시했다고 볼 수도 있겠죠. 머스크의 진짜 이유나 본심이 무엇인지는 누구도 알 수 없을 겁니다. 다만 '테슬라가 왜 세상에 필요한가'를 일반인에게 알리는 방법으로 '테슬라는 지구를 멸망에서 구하는 것이 목표'라고 하는 강력한 비전을 제시했다는 것이 매우 중요합니다. 더 많은 돈을 벌기 위해서는 우리가 왜 세상에 필요하고, 왜 당신이 우리를 성원해야 하는지를 명확히 알려야 하기 때문이죠.

테슬라가 멸망에서 지구를 구하기 위해 추진하는 사업은 두 가지로 정리할 수 있습니다.

첫 번째는 전기차를 대량으로 보급해 이산화탄소 배출을 줄이는 것이고요. 두 번째는 재생 가능 에너지를 이용하는 것입니다. 재생 가능 에너지 이용을 늘리기 위해 테슬라는 주택용 태양광 패널이나 에너지 저장 시스템ESS, Energy Storage System 사업도 벌이고 있습니다. 전체 매출의 80%를 차지하는 전기차에 비해 아직 비중은 작지만, 머지않아 전기차 사업에 맞먹는 규모로 확대할 계획입니다. 머스크는 "테슬라는 자동차 회사가 아니다. 세계에서 부족한 것은 자동차 업체가 아니라 지속 가능한 에너지 기업이다. 테슬라는 그런 지속 가능한 에너지를 제공하는 기업이 될 것이다"라고 말하기도 했습니다.

인류의 시간을 빼앗고 스트레스가 쌓이게 하는 차량 정체를 해소하는 것도 머스크의 비전입니다. 그래서 고안된 것이 지하에 고속 교통 네트워크를 만드는 것으로, 2016년 설립된 굴착 회사 보링컴퍼니Boring company가 이 미션을 맡았습니다. 로스앤젤레스 지하에 거

그림 4-1 머스크가 고안한 지하 고속 터널

보링컴퍼니는 미국 로스앤젤레스 지하에 거대한 터널을 구축하겠다면서 2018년 테슬라 차량이 시험 터널을 주행하는 모습을 공개했다. 2020년에는 라스베이거스에 지하 터널 루프도 개통했다. ©게티이미지

대한 터널을 구축하겠다면서 2018년엔 테슬라 차량이 시험 터널을 주행하는 모습을 공개하기도 했습니다. 2020년 5월에는 미국 라스베이거스에 지하 터널 루프도 개통했습니다. 라스베이거스는 매년 대규모 전시회가 개최되는데, 그 기간 내내 극심한 차량 정체가 빚어집니다. 이때 전시회장이나 시가지를 터널로 연결해 자율주행 전동셔틀로 이동한다는 발상입니다.

머스크가 계획 중인 비전 가운데 가장 기대가 되면서 한편으로는 약간의 두려움도 드는 것이 있습니다. 바로 인류 자체를 업데이트하는 계획입니다. 2016년 설립한 벤처기업 뉴럴링크^{Neuralink}는 2020년 8월 지름 23mm, 두께 8mm의 동전 크기 기계를 발표했습니다. '링크'라고 불리는 이 부품을 수술로봇을 이용해 인간의 두개골에 연결할 수 있는데요. 뇌와 컴퓨터 사이에 신호를 교환할 수 있게 해줍니다. '브레인 머신 인터페이스^{BMI}'라고 불리는 개념이죠.

우선 뉴럴링크는 척수 손상 등 장애를 가진 사람의 의사소통을 돕기 위한 것이지만, 발표회에서는 일반인이 손발이나 입을 사용하지 않고 차를 운전하는 등의 용도도 소개됐습니다. 앞으로는 이 디바이스에 각자의 AI 아바타를 연결하는 미래 사회까지 구상하고 있다고 합니다.

이 링크 시제품은 불과 4년 만에 개발된 것으로 이미 동물 실험이 진행 중입니다. 머스크가 링크 개발을 서두르는 것은 고도의 AI가 등장하는 것이 인류에 큰 위험이 될 수 있고 제3차 세계대전을 촉발할 수도 있다고 믿기 때문입니다. 그는 AI의 공포에 대해 이렇게 말하기도 했습니다.

"한 기업이나 집단이 신과 같은 초지성을 개발할 때, 그들은 세계를 손에 넣을 수 있다. 악마 같은 독재자도 언젠가는 죽는다. 하지만 AI 독재자는 불사신이다. AI에 의한 공포 정치를 막기 위해서는 인간이 머신과 하이브리드가 돼야 한다."

**좌절·실패와
자기모순,
어떤 위대한 인간의
전제조건**

현재는 부와 명성을 모두 거머쥔 것처럼 보이지만, 2008년만 해도
일론 머스크는 망하기 일보 직전이었습니다. 프런티어와 사기꾼을
가르는 칼날 위에 위태롭게 서 있는 형국이었죠. 테슬라는 자사의
첫 전기차인 로드스터를 내놓기에 앞서 제품을 출시할 순 있을지,
그 전에 망하진 않을지 갈림길에 서 있었습니다. 머스크가 설립한
우주·로켓 기업 스페이스X도 세 차례 연속으로 로켓 발사에 실패
하면서 망한다는 루머가 돌았고요. 안 좋은 일이 계속 겹쳤습니다.
대학 시절부터 사귀었던 첫 번째 아내와도 헤어졌습니다. 2008년,
서른일곱 살의 일론 머스크는 인생의 구렁텅이에 있었던 겁니다.

　하지만 그로부터 1년도 안 돼 상황이 급변했습니다. 테슬라의 첫
모델인 로드스터는 만드는 족족 팔렸고, 스페이스X는 발사에 성공

해 나사NASA와 16억 달러짜리 계약을 맺었습니다. 두 회사는 자동차와 우주라는 두 가지 중요한 산업에 혁명을 일으켜 세계를 바꿀 기회를 얻었습니다. 그리고 재혼도 했습니다. 현재는 전기차 생산이 궤도에 올랐고, 로켓 유인 비행도 성공시켰지요. 4,000만 명의 트위터 팔로워를 가졌으며, 자산이 900억 달러에 이릅니다.

이런 일을 벌인 머스크는 도대체 누구일까요? 롤러코스터만큼 굴곡이 심한 그의 인생은 어릴 적 경험에서 비롯된 내면의 복잡성과 자기모순, 그리고 상식을 벗어난 장대한 야망에서 비롯됐습니다. 머스크는 1971년 남아프리카공화국 프리토리아에서 엔지니어 아버지와 패션모델 어머니 사이에서 태어났습니다. 그는 어릴 때부터 허공을 바라보며 멍하게 있을 때가 많았습니다. 부모가 필사적으로 주의를 끌어도 꿈쩍도 하지 않았다는군요. 그래서 부모는 머스크의 청력에 이상이 생겼다고 생각했습니다. 하지만 머스크의 청력에는 아무런 문제가 없었죠. 머스크는 "어릴 때부터 바깥세상으로부터의 자극을 차단하고 한 가지 일에 온 신경을 집중하는 법을 터득했다"라고 말한 적이 있습니다.

잠시 다른 얘기를 하자면, 이는 AI 시대에 인간이 어떻게 대처해야 하는가와 관련해서 아주 중요한 자질입니다. 많은 전문가가 경로의존성path dependency을 경계해야 한다고 말합니다. '익숙해진 것을 바꾸고 싶지 않다. 다수가 옳다고 믿는 것을 그냥 따르는 게 편하다'라는 생각에 젖어버린다면, 인간이 정말로 AI에 지배당할지 모른다는 겁니다. 상식을 의심하고, 스스로 생각하라는 뜻이죠.

외부의 영향을 받지 않고 혼자 골똘하게 생각하는 머스크의 능력은 점차 독서로 향했습니다. 가족들 증언에 따르면 여섯 살 때부터 하루 10시간씩 책을 붙들고 살았다는군요. 동네 도서관의 모든 책을 독파해버릴 정도의 책벌레였습니다. 책 읽기의 중요성에 대해서는 제가 취재 과정에서 만난 세계의 수많은 석학, 경영자들이 거의 한목소리로 강조했습니다. 과학자·경영자·엔지니어·금융인·투자자·교수·크리에이터 등 업종을 가리지 않고 말입니다.

머스크 역시 아주 어릴 때부터 엄청난 양의 책을 읽으면서 스스로 사고하는 법을 자연스럽게 익혔을 것입니다. 외부 세계와 차단돼 책을 통해 상상의 나래를 무한대로 펼치는 머스크의 모습을 한번 상상해보시죠. 그것이 오늘날 머스크를 있게 한 원천일지도 모릅니다.

머스크가 10대가 되면서 그다음으로 몰두한 것이 PC입니다. 열살이 된 머스크에게 아버지가 코모도 VIC-20이라는 초보적인 PC를 사줬습니다. 사흘 만에 프로그래밍 언어 베이식BASIC을 습득한 머스크는 비디오 게임 코딩에 열중했습니다. 열두 살 때는 스스로 게임을 개발해 컴퓨터 잡지에서 500달러의 포상금을 받기도 했습니다. 훗날 세상을 바꿀 여러 제품을 내놓게 될 그가 처음으로 내놓은 제품이었던 셈입니다.

주변에서 본 머스크는 특이한 아이였습니다. 중·고교 때까지 주변과 친숙해지지 못했고 심지어 동급생에게 구타를 당해 피투성이가 된 적도 있었습니다. 가정도 안식처가 아니었습니다. 그 자신의 말에 따르면 집은 비참한 곳이었고, 학교에서 폭력을 당해 집에 와 보니 집조차 엉망진창이었던 적도 있었다고 합니다. 특히 그를 엄격하게 대한 것은 아버지였습니다. 아홉 살 때 부모가 이혼하자, 머스크는 교육에 더 많은 지원을 해줄 수 있을 것 같은 아버지를 따라가기로 했는데요. 아버지와의 생활은 정신적인 고문이었다고 합니다. 이런 쓰라린 경험은 머스크를 더욱더 자신만의 세계로 도피하게 했습니다. 힘들고 억압적인 현실에 적응하기 위해 슈퍼히어로의 꿈을 꾸는 사람들처럼 말입니다.

머스크는 고교 졸업 후 남아프리카공화국에서 대학에 입학했지만 곧바로 자퇴하고 외가 쪽 친척들이 있는 캐나다로 이주해 대학에 다시 들어갔습니다. 2년 뒤에는 미국 펜실베이니아대에 들어가 경영학과 물리학에서 2개의 학사 학위를 받았습니다. 스물세 살 때 실리콘밸리로 가 스탠퍼드대 박사 과정에 입학하지만, 창업으로 진로를 바꾸면서 이틀 만에 그만두었습니다.

인터넷에서 창업 기회를 찾은 머스크는 아버지에게 돈을 빌려 남동생과 함께 'Zip2'라는 회사를 설립합니다. 신문 등 매체에 온라인 시티 가이드 소프트웨어를 제공하는 기업이었지요. 1999년 Zip2를 매각하면서 머스크는 2,200만 달러라는 거금을 손에 넣게 됩니다. 이 자금을 바탕으로 온라인 은행 서비스 엑스닷컴^{X.com}을 공동 설립했고, 이 회사는 나중에 페이팔^{Paypal}이 되지요. 그러다가 2000년 첫 번째 아내 저스틴과 신혼여행을 하던 중 페이팔의 CEO직을 박탈당하고 맙니다. 애플의 스티브 잡스가 1985년 자신이 창업한 회사의 이사회 결정에 따라 전격 축출된 것과 판박이입니다. 그만큼 어떤 면에서는 전횡을 일삼고, 다른 사람들이 함께 일하기 어려운 사람이었을 가능성이 있습니다. 머스크는 축출된 대신 2억 5,000만 달러의 주식 매각이익을 얻었는데요. 그 돈을 투자해 만든 것이 스페이스X입니다. 2004년에는 전기차 벤처기업에 불과했던 테슬라에 거액을 투자하면서 사실상 회사를 지배하게 됩니다.

머스크의 개인적 성향을 정확히 알 수는 없지만, 그의 언행을 볼 때 때로는 매우 자기방어적이라고 느껴집니다. 그리고 중요한 특성이 보이는데요. 머스크처럼 이미 엄청난 일을 이룬 유명인사가 관여할 필요가 없는 사소한 분야에서까지 굳이 분노를 표시하거나 심한 말을 내뱉어 화를 자초한다는 것입니다. 측근에 따르면, 머스크는 투자자·애널리스트·언론인은 말할 것도 없고 일반 시민의 비판적 코멘트에도 상처를 받고 매우 방어적으로 굴거나 엄청나게 공격적으로 대응한다고 합니다.

극명한 예가 있습니다. 머스크는 2018년 7월 침수된 동굴에 갇힌 태국 소년들을 돕기 위해 소형 잠수함을 제공하려고 했는데요. 이런 머스크의 생각을 구조를 진행 중이던 잠수사들이 비판했습니다. 그러자 그는 아무 근거도 없이 잠수사들을 소아성애자라고 트위터상에서 매도했습니다. 이 때문에 잠수사들이 그를 명예훼손 혐의로 고소하기도 했죠. 머스크의 특성이 드러나는 부분입니다. 당시는 머스크가 테슬라 생산 문제로 매우 큰 어려움에 처한 때였습니다. 보통의 사람이라면 이럴 때 자기 일에만 집중하게 마련이죠. 적어도 동굴에 갇힌 태국 소년을 구하겠다고 나서지는 않을 겁니다. 그런 상황인데도 아이들의 구세주가 되겠다고 나섰는데, 현장에서 크게 비판을 받자 분노가 치밀었을 것으로 보입니다.

그다음 달인 8월에는 트위터에 "테슬라 주식의 상장폐지를 위한 자금을 확보했다"라고 올렸다가 엄청난 소동이 벌어졌습니다. 이 트윗으로 주가는 급등했고 미 증권거래위원회SEC로부터는 증권사기 혐의로 조사를 받기도 했지요. 투자자들의 공매도 행위에 지친 머스크가 돌발적인 행동을 한 것이었습니다.

이런 일은 스티브 잡스의 일화를 생각나게 합니다. 잡스는 어느 날 슈퍼마켓에서 물건을 사다가 계산대의 점원이 마음에 안 드는 응대를 하자, 갑자기 엄청난 분노와 함께 거친 욕을 퍼부었다고 하죠. 상식적으로 보자면, 잡스 같은 거물이 그런 일을 하지는 않을 겁니다. 남의 이목을 중시하기도 하거니와 어차피 중요하지 않은 일일 테니까요. 하지만 잡스는 종종 이런 성향을 보였다고 합니다. 부정적으로 보자면 전형적인 분노조절 장애일 테고요. 긍정적으로 보자면 자신과 관련된 모든 일에 죽자고 달려드는 기질을 가진 것이라고 해야 할까요. 일반화하기는 위험하지만, 엄청난 성공을 거둔 사람들 가운데 잡스나 머스크와 같은 성향을 가진 인물을 찾기는 그리 어렵지 않습니다.

머스크는 사람을 다룰 때도 특징이 있습니다. 역시 잡스와 비슷한 점이라고도 할 수 있을 텐데요. 자기 회사 직원들을 매우 엄격하게, 때로는 매우 진혹하게 다룬다는 것입니다. 목표를 달성하기 위한 것이라고 하지만, 당하는 사람 입장에서는 견디기 어려운 일일 수도 있습니다.

2018년 테슬라의 첫 보급형 차종인 모델3 생산이 예정보다 늦어져 회사 자금 사정이 어려워졌을 때였습니다. 머스크는 지연을 만회하기 위해 직원들에게 며칠간 거의 쉬지도 자지도 말고 일하라고 요구했습니다 직원들에게 졸음을 쫓도록 고카페인 음료를 마시라고 하기도 했고요. 이유를 알 수 없지만, 어떤 직원에게는 부서진 파이프에서 흘러내린 구정물 위에 서 있을 것을 강요하기도 했다고 합니다. 물론 당시 머스크 자신도 공장에 머물며 바닥에서 쪽잠을 자기도 했다고는 하지만, 그렇다고 해도 너무 잔인하고 이해하기 어려운 처사죠.

미국에서 코로나19 사태가 확산됐을 때의 일화도 흥미롭습니다. 2020년 5월 미 당국이 근로자 보호를 위해 캘리포니아주 기업에 일시 폐쇄를 명령했을 때도 머스크는 테슬라 공장의 폐쇄를 거부했습니다. 출근하지 않은 직원들을 해고하기도 했지요. 해고된 직원 중 한 명은 "머스크를 비롯해 테슬라는 종업원의 건강과 행복을 전혀 신경 쓰지 않는다"라고 말하기도 했습니다. 어떤 의미에서 테슬라는 둘도 없는 악덕 기업처럼 보이기도 합니다.

이것을 심리학적으로 보면, 학대를 당한 아이가 자라서 또 다른 사람을 학대하는 경향을 보이기 쉽다는 것과 연결될지도 모르겠습니다. 인류를 구하겠다는 엄청난 비전을 가진 이 위대한 인물이 직원을 학대하는 경향을 보인다는 것, 어떻게 보면 매우 모순적이잖

아요. 또 머스크는 앞서 말씀드렸듯이, 지금까지 아주 많은 인력이 투입돼야 했던 자동차 조립 라인을 사람 대신 로봇으로 채우려 하고 있지요. 이 역시 모순으로 보입니다. 인류의 구원자를 자임하는 사람이 노동시장에서 인간을 내쫓으려 하는 것처럼 해석될 수도 있으니까요.

그의 사생활도 마찬가지입니다. 이혼을 몇 번이나 반복하고 있지요. 그는 첫 번째 아내와 이혼한 뒤 두 번째 아내와 재혼, 재이혼, 관계 회복, 다시 이혼을 했습니다. 배우 조니 뎁의 아내였던 여배우 앰버 허드와 2년간 불륜을 저질렀고 2020년 들어서는 1988년생 뮤지션인 그라임스와의 사이에 혼외 자식을 두었습니다. 그러면서도 그동안 태어난 여섯 명의 아이들에게는 책임 있는 아버지라는 평가를 받고 있죠. 머스크 자신도 "나는 꽤 좋은 아버지"라고 밝힌 적이 있습니다.

머스크 인생의 많은 것이 일반인은 하나도 경험하기 어려운 파란만장함의 연속입니다. 그리고 온통 모순덩어리입니다. 하지만 전혀 새로울 것이 없습니다. 제가 세계 최고의 크리에이터로 생각하는 미야자키 하야오宮崎駿 감독의 얘기를 인용해보겠습니다. 그는 '무기를 좋아하는 반전反戰주의자'입니다. 이상한가요? 저는 얼마든지 그럴 수 있다고 생각합니다. 그는 인터뷰에서 제게 이렇게 얘기했습니다.

"저 자신이 모순덩어리로부터 나온 게 아닌가 생각합니다. 아이들을 즐겁게 하기 위해 애니메이션을 만들어왔지만, 직장에서는 부하 직원들에게 '더 일해! 느려디졌잖아! 바보야!' 같은 난폭한 말을 내뱉고 말이죠. 저는 평온한 분위기에서 미소를 지으며 일을 시키는 그런 사람이 절대 아닙니다. 하지만 모순 없는 사람은 없어요. 모순을 부정한다면 그게 이상한 겁니다. 인간은 모순의 에너지로 나아간다고 할 수도 있으니까요."

2020년 9월 배터리데이의 마지막 행사였던 Q&A에서 한 청중이 머스크에게 "테슬라는 어떻게 이 많은 일을 하는 데 필요한 엔지니어들을 다 뽑을 수 있는가?"라고 묻더군요.

머스크는 "많은 뛰어난 엔지니어가 테슬라에서 일하고 싶어 한다. 작년 설문조사에 따르면 엔지니어링스쿨 졸업자의 취업 희망 '톱 2'가 테슬라와 스페이스X였다"라고 답했습니다. 그렇다면 왜 엔지니어들이 테슬라에 가고 싶어 할까요?

아마도 CEO가 '슈퍼 엔지니어'이기 때문이라는 이유가 크지 않을까 싶습니다. 배터리데이에서 보면 윤전기나 보틀링 공정에서 영감을 받아 배터리셀 공정을 개선한다든지, 비행기 날개의 연료탱크 변화에서 영감을 받아 전기차에 탑재하는 배터리의 구조물 형태를 바꾸는 식의 대담한 변화가 자주 언급됩니다. 사실 이 모든 것이 하늘에서 떨어진 새로운 개념이나 기술들은 아닙니다. 하지만 이것이 제대로 착안되고 연결되고 실행되기 위해선 기술에 통달한 리더가 이를 제대로 봐주고, 이해하고, 빠르게 결정을 내려줘야 합니다.

아무리 좋은 기술과 인재가 있더라도, 그 기업의 리더가 기술을 잘 모른다면 어떻게 될까요? 무엇이 핵심이고 무엇이 부차적인지, 무엇이 먼저고 무엇이 나중인지 등을 제대로 판단하지 못한다면 말입니다. 뛰어난 엔지니어들도 그 리더를 이해시키는 것 자체에 어려움을 느끼게 되고 아예 제안 자체를 안 하게 될지도 모릅니다. 그러면 혁신이 일어날 리 만무하죠. 본인이 하든 적임자에게 권한을 위임하든, 최종 결정권자가 기술을 제대로 꿰뚫고 유연하게 판단하되 확실하고 빠르게 결정을 해줘야만 합니다. 테슬라처럼 말입니다.

그런데 아마 이런 의문이 들 수 있을 겁니다. '머스크는 진짜 엔지니어인가? 그것도 슈퍼 엔지니어인가?'

우선 머스크가 엔지니어임에는 이론이 별로 없습니다. 그는 펜실베이니아대에서 경영학과 물리학 학사를 취득했습니다. 당시 울트라 커패시터ultra capacitor(많은 전기 에너지를 저장했다가 순간적으로 방출해낼 수 있는 장치)에 관해 쓴 논문으로 지도교수의 극찬을 받기도 했죠. 그런데 지도교수가 극찬한 이유가 재미있습니다. 내용도 훌륭하지만, 이 프로젝트를 수행하기 위한 재정 프로그램을 제대로 짠 것이 매우 인상적이라고 말했거든요. 이미 이때부터 비전만 큰 게 아니라 그 비전을 현실로 만들기 위해 재무적인 플랜을 짜는 데도 능했다는 것이 드러납니다. 현재 테슬라 등을 경영할 때 머스크가 보여주는 놀라운 재무적 수완이 언제부터 비롯됐는지 알 수 있는 대목이죠. 이것이 그가 그냥 엔지니어가 아니라 슈퍼 엔지니어로 가는 첫걸음이었을 수도 있습니다. 그는 또 스탠퍼드대 박사 과정에 입학했다가 창업을 하기 위해 이틀 만에 그만두기도 했죠. 원래 계획은 응용물리학과 재료과학 박사 학위를 받는 것이었다고 합니다. 그만큼 이 분야에 관심이 아주 많았고 공부도 많이 했다는 것을 의미합니다. 어릴 때부터 프로그램 코딩에도 능했고요.

머스크가 슈퍼 엔지니어라는 것은 2020년 9월에 MS 창업자 빌 게이츠가 〈블룸버그〉와의 인터뷰에서 한 말에서도 알 수 있습니다. 게이츠는 스티브 잡스와 일론 머스크를 비교했는데요. 그는 "머스크는 직접 실행에 옮기는 엔지니어이고, 잡스는 디자인과 마케팅 분야에서 천재였다"라고 말했습니다. 방송 진행자가 "사람들이 훌륭한 전기차와 재활용 가능한 로켓을 만든 머스크를 차세대 스티브 잡스라고 하는데, 잡스와 실제로 잘 알고 지냈던 당신이 생각하기에도 정말 그런가?"라고 물은 데 대한 대답이었지요. 게이츠로서는 잡스와 머스크의 차이점을 얘기하려고 한 것이겠지만, 적어도 머스크가 슈퍼 엔지니어라는 사실은 인정한 셈입니다.

그러면 슈퍼 엔지니어란 어떤 사람일까요? 제 생각에는 '엔지니어링을 통해 세상에 큰 영향력을 미치려 하는 사람, 그리고 그것을 성취해나가는 사람'이 아닐까 합니다. 개별적인 기술을 마스터한 엔지니어들은 세상에 아주 많습니다. 하지만 거기서 한 걸음 더 나아가려고 한다면 그것을 통해 세상에 무엇을 전할 것인가, 어떤 영향을 줄 것인가에 대해 자신만의 핵심을 정확히 말할 수 있어야 합니다. 바로 그런 사람이 슈퍼 엔지니어라고 생각합니다.

그러려면 기술을 연결하고 거기에서 이야기와 비전을 만들어낼 수 있어야겠지요. 일론 머스크처럼 말입니다. 게다가 머스크는 단순한 몽상가가 아닙니다. 세상에 어떤 영향을 미치겠다는 자신만의 이야기를 갖고 있을 뿐 아니라, 엄청난 야심과 실행력도 갖추고 있지요. 로켓에서 통신위성, 전기차, 터널 굴착 사업까지 어느 하나만 성공시켜도 혁명적인 기업가로 추앙받을 수 있을 텐데요. 이들을 합쳐 하나의 포트폴리오로 생각해본다면 그가 인류의 삶을 크게 바꿀 가능성이 있다고 할 수 있습니다.

게다가 머스크가 슈퍼 엔지니어라는 것은 그가 실행을 할 때 장기적 계획과 속도전의 균형점을 잘 찾는다는 측면에서도 찾아볼 수 있습니다. 머스크가 배터리데이에서 밝힌 배터리셀 자체 생산 계획을 보면, 규모가 어마어마할 뿐 아니라 2030년까지 내다본다는 점에서 놀랄 수밖에 없습니다. 당장의 일을 해결하는 데 미친 속도를 보여주는 동시에, 배터리 문제를 해결하는 데에도 아주 장기적이고 치밀한 계획을 짠 겁니다.

계획을 장기적으로 제대로 짜면, 결과적으로는 그 일을 하는 데 드는 총비용을 크게 아낄 수 있습니다. 몇십 퍼센트 아끼는 정도가 아니라, 절반 또는 10분의 1로 줄일 수도 있습니다. 절대 과장이 아닙니다. 많은 비용이 계획을 제대로 짜지 않아 발생하거든요. 비용을 아끼려면 모든 게 만들어지기 훨씬 전부터 면밀하게 계획해야 합니다. 공장을 짓다가 설계 변경을 한다든지 갑자기 새로운 장비를 도입한다든지 하면 그게 전부 추가 비용이 됩니다. 애초에 계획만 잘 짰다면 불필요했을 비용이죠. 테슬라가 돈을 쓰는 것을 잘 살펴보면, 실제로 벌이는 엄청난 일들에 비해 돈을 많이 안 쓴다는 것을 알 수 있습니다. 이런 일이 어떻게 가능할까요? 큰 이유 중 하나는 장기적인 계획에 있습니다.

한편 테슬라의 일 처리는 '미친 속도'로 유명하지요. 상하이 공장은 짓기 시작해 실제 생산까지 15개월밖에 안 걸렸습니다. 게다가 단일 공장의 생산량을 100만 대까지 늘리기 위해 현재 증설 중이죠. 이뿐만이 아닙니다. 2019년에 겨우 37만 대를 판 이 회사는 상하이 공장 증설 외에도 베를린 공장과 텍사스 공장 등 각각의 공장만으로도 최소 50만 대 이상을 내다보는 초대형 프로젝트를 세 곳에서 동시에, 그것도 매우 빠른 속도로 진행 중입니다.

테슬라 차량을 분해·분석한 동영상으로 유명해진 샌디 먼로 먼로어소시에이츠 대표는 "2020년 3월 나온 모델Y는 불과 5개월 만에 혁신적인 차체 주조 기술로 새로 만들어졌다"라면서 "내가 포드에 있을 땐 5년 걸려도 볼 수 없었던 변화다"라고 했습니다. 또 2012년 모델S 개발 당시의 품질 담당 부사장은 출시 4개월을 앞둔 시점에서 출시를 하지 못할 위험에 빠졌을 때 "다른 회사였으면 6개월은 걸렸을 일을 나흘 만에 끝냈다"라고 말했습니다.

이렇게 보면 테슬라는 예전에 '현대 속도'라는 말이 붙었을 만큼 빠른 추진력으로 유명했던 현대차의 속도와 30년을 내다보고 경영한다는 도요타의 장기비전을 모두 가진, 아니 그 이상을 가진 회사일 수도 있습니다. 속도와 장기 계획을 겸비하면서 둘 사이의 균형점을 갖췄다는 점이 무섭습니다.

특히 머스크의 장점은 자신이 맡고 있는 일의 어떤 분야에 대해서도 직원들 가운데 전문가들과 토론하고 서로 자극을 줄 수 있다는 데 있습니다. 이는 일반적인 자동차 회사 CEO들과 많이 다른 것입니다. 물론 기존 자동차 회사에도 엔지니어 출신의 CEO가 있기는 하지만, 특정 기술 분야를 기반으로 성장한 경우가 대부분이고, 어느 단계 이후로는 현장에서 일하지 않는 것이 당연시되지요. 게다가 기존 자동차 회사 리더들 가운데는 자동차에 대한 진짜 지식과 경험이 없는 이들도 꽤 많습니다. 현장에서 계속해서 일하지 않았던 리더는 회사의 업무 전반을 장악하기가 어려워집니다.

업무 장악이 잘 안 되는 리더의 특징 중 하나는 지시가 구체적이지 않다는 것입니다. 지시의 정확한 방향이 무엇인지 이해하기 어려운 경우도 많습니다. 또 질문이 많지 않습니다. 질문을 하다 보면 얕은 지식수준이 다 드러나기 때문입니다. 또 무엇이 문제인지, 무엇을 물어야 하는지 모르기 때문에 질문하기가 어렵습니다.

반면 현장에 강한 리더는 업무를 완벽하게 장악하고 특히 일의 맥이 무엇인지 꿰뚫습니다. 그러므로 몇 가지 질문만으로도 현장이 제대로 돌아가는지 아닌지를 판별하고, 훌륭한 직원을 발탁하고, 육성하고, 현장을 빛나게 만들 수 있습니다. 반대로 노력하지 않고 공부하지 않는 직원도 금방 찾아낼 수 있고 필요하면 현장에서 쫓아낼 수도 있습니다.

현장을 꿰뚫지 못하는 리더는 현장을 힘들게 만들고 조직의 의욕을 무너뜨리며, 직원의 현장 능력을 제대로 꿰뚫을 수 없기 때문에 인사를 할 때도 인상 평가나 친소 관계에 지나치게 의존할 우려가 커집니다. 오히려 현장을 잘 아는 중간 리더들을 배제하기 쉽습니다. 그런 중간 리더들은 현장을 잘 모르는 자신이 통제하기 어렵고, 또 현실을 무시한 지시를 내릴 경우 말을 잘 듣지 않거나 반발하기 때문입니다.

미국 자동차 산업의 역사에서 이런 슈퍼 엔지니어를 찾는다면, 저는 앞서 얘기한 헨리 포드와 앨프리드 슬론^{Alfred P.Sloan}을 꼽겠습니다. 슬론은 미국 GM의 전설적인 경영자이지요. 이공계 엘리트였지만 철저히 산업 현장을 밟아 올라간 인물로, 1923년부터 30년 이상 GM의 경영을 총괄했습니다. 재임 중 그는 쉐보레 · 폰티악 · 올스모빌 · 뷰익 · 캐딜락 등 각각의 브랜드를 통해 서민층부터 부자에 이르기까지 서로 다른 소비계층에 가장 적절한 브랜드 전략을 확립했습니다. 그 덕에 GM이 1930년대부터 포드를 누르고 업계를 선도해나갈 수 있었죠.

테슬라의 일론 머스크는 그런 의미에서 미국 자동차 산업의 위대했던 시절을 이끈 두 사람, 헨리 포드와 앨프리드 슬론의 환생이라고도 할 수 있겠지요.

소선에 얽매이지 말고
대선을 추구하라

일론 머스크가 직원들을 대하는 방법에 대해 얘기해보겠습니다. CEO로서 어떤 경우라도 직원을 잔인하게 대하는 것은 삼가야 할 것입니다. 그러나 머스크는 해야 할 일이 장대한 만큼 맹렬하게 움직이는 사람입니다. 그는 "1주일에 40시간밖에 일하지 않고 세상을 바꾼 사람은 없다"라고 트위터에 쓰기도 했죠. 본인 스스로가 1주일에 100시간 전후의 장시간 노동을 당연하게 여깁니다. 직원에게도 매우 높은 목표를 주고 고된 일을 요구하기 때문에 이직률도 높은 것으로 알려져 있습니다. 그런데도 전 세계 톱 클래스 공대 졸업자들의 입사 희망이 끊이지 않는다고 하지요.

테슬라는 직원들만 그렇게 대하는 것이 아닙니다. 테슬라와 함께 일하는 협력업체들도 테슬라가 요구하는 수준이 너무 높고 일하기가 까다로우며, 자칫 실패하면 거래가 끊길지 모른다고 불만을 터 뜨립니다.

그런데 이런 관점도 있다는 것을 한번 생각해보면 어떨까요? "소선小善은 대악大惡, 대선大善은 비정非情"이라는 말입니다. 2010년 방만 경영이 누적돼 파산했던 일본항공JAL을 부활시킨 이나모리 가즈오稻盛和夫 교세라 창업자 겸 명예회장이 한 말입니다. 그는 원래 자신의 기업에서는 해고를 하지 않는 것으로 유명합니다. 하지만 JAL에서 구원투수 역할을 맡은 뒤에는 전 직원 4만 8,000명 가운데 1만 6,000명을 내보냈습니다. 그리고 일본 기업사에 전무후무한 이 매머드급 구조조정을 단 1년 만에 끝내버립니다. 그 뒤 JAL은 2011년 부터 매년 2조 원대의 영업 흑자를 냈고, 2012년 9월 증시에 재상장됐습니다.

이나모리 명예회장은 이렇게 말했습니다. "소선은 대악과 닮았고, 대선은 비정과 닮았다"라고요. 몇몇 사람에게 작은 선을 베푼다고 한 것이 전체적으로 보면 좋지 않은 것일 수 있다는 뜻입니다. 또 사람들에게 아주 쓰라린 얘기를 하는 것이 전체적으로는 아주 좋은 것일 수 있다는 뜻도 담고 있습니다.

대선은 비정한 것입니다. 리더가 어려운 자리라는 것도 대선을 행하기 위해 소악을 감수할 수밖에 없기 때문일지 모릅니다. 일하기 편하고 잘해주지만 장래가 어떻게 될지 모르는 회사, 무능한 리더가 있는 회사는 어떻게 될까요? 아마도 유능한 직원부터 차례대로 빠져나가겠지요. 무능한 직원일수록 당장 일하기 편하고 대우가 나쁘지 않은 이 회사에 남으려 힐 테고요.

테슬라가 일하기 힘들다는 평판을 얻으면서도 어려움을 뚫고 일어설 수 있는 것은 머스크가 가진 비전과 목표가 훌륭하고, 의지와 실행력의 강도가 세기 때문일 것입니다. 그런 리더십에 돈이 모이고, 인재가 모이는 것이겠지요. 그렇게 계속해서 이뤄내는 성과가 외부에 증명되면서, 머스크가 이루려고 하는 사업 분야의 세계 최고 인재들이 테슬라로 모여들고 불가능해 보였던 일들이 이뤄지는 거겠지요.

리더가 자신과 자신의 조직을 철저히 객관화해 바라보고, 변화가 필요할 때 그 변화를 단행할 수 있으려면 때로는 비정해져야 합니다. 그 비정함은 리더의 전문성, 조직과 제품과 고객에 대한 깊은 사랑에서 나옵니다. 전문성이 없으면 왜 더 좋은 제품을 만들기 위해 지금 당장 조직을 뜯어고쳐야만 하는지 리더 스스로 문제의식을 느끼지 못하겠지요. 그리고 조직과 제품과 고객에 대한 깊은 사랑이 없다면, 온갖 불편과 반발을 사면서 굳이 조직을 뜯어고치려 하지는 않을 겁니다.

TESLA

5장 한국 기업의 위기와 기회는 무엇이고, 어떻게 대응할 것인가

SHOCK

TESLA SHOCK

자동차가 전기차·자율주행 플랫폼으로 바뀐다면, 현대차는 어떻게 될까요? 애플 아이폰 등장 이후 노키아처럼 무너질 수도 있을까요? 피처폰 강자에서 스마트폰 약자로 추락한 LG전자 스마트폰 사업부처럼 될까요? 잠시 위기를 겪다가 구글 안드로이드 운영체제에 올라타 생존에 성공하고 더 성장한 삼성전자와 같은 존재가 될 수 있을까요? 아니면 테슬라를 이기고 세계 시장에서 지금보다 더 높은 위치의 자동차 회사가 될 수 있을까요?

이 의문을 풀어가기 위해서 현대차가 잘한 것, 그렇지 못한 것을 구분해서 얘기해보겠습니다. 우선 현대차가 최근 10년간 가장 큰 자금을 쏟아부은 결정에 대한 얘기를 먼저 해보죠.

〈나는 네가 지난 여름에 한 일을 알고 있다〉라는 할리우드 공포

영화가 있습니다. 어느 날 밤 행인을 차로 친 남녀 고등학생들이 시체를 유기한 채 진실을 덮어버리지만, 1년 뒤 '나는 네가 지난여름에 한 일을 알고 있다'라고 적힌 편지가 날아오고 관련 인물들이 하나둘 의문의 죽음을 맞이한다는 내용입니다. 지금 일어나는 일은 과거에 행한 중대한 결정의 연장선이며, 그 일에 계속해서 영향을 받는다는 것입니다. 죽음까지는 아니겠지만 과거에 했던 중대한 일이 현재의 나에게 계속해서 영향을 미친다는 점은 분명하지요.

국내 유일의 글로벌 자동차 회사인 현대차그룹은 10년 전만 해도 연간 10조 원 이상의 영업이익을 냈습니다. 하지만 최근 들어서는 영업이익이 그 절반 이하로 줄어들었습니다. 지금의 결과는 현상적인 것이고 많은 원인이 축적된 결과일 뿐입니다. 본질을 알려면 현대차가 2010년 이후 몇 년간, 즉 자사 역사상 가장 돈을 많이 벌던 시절에 무엇을 했는지 알아볼 필요가 있습니다.

당시 했던 일 가운데 딱 세 가지만 짚어보겠습니다. 세 가지 판단은 모두 현대차가 엄청난 성공을 거뒀다는 자부심이 충만하던 시기에 이뤄졌습니다. 첫 번째는 2011년 현대건설 인수, 두 번째는 2010년부터 2013년에 걸쳐 현대제철의 자동차용 철강 생산시설을 대폭 확대한 것, 세 번째는 2014년에 서울 삼성동 한국전력 부지를 10조 6,000억 원에 매입해 신사옥을 짓기로 한 것입니다.

이 가운데 철강 증산은 본업 경쟁력 향상과 관련이 있다고도 볼 수 있지만, 건설과 부동산은 자동차의 미래 경쟁력 향상과 큰 관련이 없습니다. 미래 자동차 산업이 자율주행차 · 전기차 · 공유 서비스 등으로 이행한다고 한다면, 철강 역시 자동차라는 본업의 핵심인가에 대해 의문이 들고요.

물론 현대제철은 자동차 본업과 상관이 있긴 하지요. 앞서 말씀드렸던 100년 전 미국 포드자동차의 수직계열화를 생각하면 말이죠. 제철소까지 자체적으로 보유해 철광석만 들여오면 자동차가 만들어져 나오는 시스템이 큰 장점이던 시절도 있었습니다.

하지만 최근의 자동차 기술 발전 경향을 볼 때 현대차가 거대한 자체 제철소를 갖고 있는 것은 오히려 제약 요소로 작용할 가능성도 있습니다. 자동차 회사는 제철 회사가 어디든 가장 저렴하고 품질이 좋은 강판을 구입해야 하는데, 자체적으로 대규모 철강 회사를 보유하게 되면 아무래도 자사 제품을 써줘야 하는 상황이 생길 수 있으니까요. 최근 중국·인도 등의 철강 제품이 품질은 높아진 반면 가격이 더 쌉니다. 그래서 선진국 자동차 회사들도 중국·인도 철강을 쓰는 경우가 적지 않습니다.

또 하나의 문제점은 최근 자동차의 소재가 철강 중심에서 알루미늄합금이나 특수소재로 많이 바뀌고 있다는 것입니다. 일반 차량도 연비 향상 등을 위해 철강 중심에서 탈피하는 경향이 확연하고요. 무거운 배터리를 실어야 하기 때문에 경량화가 중요한 전기차에서는 말할 것도 없습니다. 특히 테슬라는 알루미늄합금을 대량으로 사용할 뿐 아니라 수십 개의 부품을 용접하는 대신 부품을 하나의 형태로 크게 주조하는 등 혁신적인 방식을 채용해나가고 있지요. 반면 현대차는 현대제철이 철강 위주로 생산하기 때문에 알루미늄합금 등 다른 소재를 충분하게 쓰려고 할 때 제약을 받을 수 있습니다.

　서울 삼성동 신사옥의 경우도 예상보다 영향이 오래갈 수 있습니다. 부지를 매입한 것은 2014년이지만, 사옥 건설 승인 과정에 시간이 많이 지체되면서 2020년에야 착공하게 됐습니다. 완공은 2026년으로 예정돼 있습니다. 그런데 이 과정에서 들어가는 추가 비용이 문제입니다. 10조 6,000억 원의 부지 매입 비용도 너무 비쌌다는 평가지만, 이후 추가 비용과 공사 비용 등을 포함한 총비용은 25조 원으로 추산되고 있습니다. 이게 어느 정도의 비용이냐면, 현재 현대차그룹이 전 세계에 갖고 있는 모든 자동차 공장을 다 부순 다음 새로 짓고도 남을 만큼의 돈이라는 겁니다. 그것을 건물 하나 짓는 데 쏟아붓고 있는 거죠. 물론 삼성동의 부동산 가격이 급격히 올랐기 때문에 개발이익으로 투자비를 회수할 수 있다는 분석도 나오지만, 2026년의 경제 상황과 부동산 상황이 어떻게 될지는 아무도 모릅니다. 부동산 가격이라는 것은 사실 그 경제 구성원들 간에 합의된 가치일 뿐이니까요. 따라서 합의가 무너진다면 그 가치는 거품에 불과할 수도 있습니다. 만약 심각한 경제불황이 닥치거나 한다면, 25조 원이 투입된 105층짜리 국내 최고층 빌딩이 순식간에 애물단지로 전락할 가능성도 있습니다.

　반면에 다른 자동차 회사에 비해 나은 점도 있습니다. 전기차로 제대로 전환할 수만 있다면 이미 내연기관에서 명성을 쌓은 자동차 회사들을 제압할 절호의 기회를 맞을 수도 있다는 겁니다. 현대차도 역사가 50년이 넘었지만, 독자 엔진을 개발한 지는 30년 정도밖에 안 됩니다. 그보다 훨씬 오랜 역사를 가진 독일·일본·미국의 엔진 기술에 비해 아무래도 기술력이 뒤처질 수 있습니다. 특히 독일 차는 아직까지 현대차가 따라가지 못하는 기술적 우위 속에 프리미엄을 누리고 있지요. 내연기관 시대가 계속되는 한 이 격차를 완전히 따라잡기는 어려울 겁니다.

따라서 현대차로서는 차라리 전기차 시대로의 전환이 유리할 수도 있습니다. 이 부문에서 현대차가 독일·미국 업체에 비해 유리한 점은 하이브리드카의 본격적인 개발을 먼저 했다는 점입니다. 현대차가 하이브리드카를 내놓기 시작한 지도 벌써 10년이 넘었습니다. 도요타의 기술력에는 못 미칠지 모르지만, 하이브리드카를 개발하면서 자동차의 전동화에 대해 많은 기술을 축적한 것이 전기차 시대로의 전환에도 유리하게 작용할 가능성이 있습니다. 단순하게 얘기하면 하이브리드카에서 내연기관 엔진과 변속기 등을 걷어내고 전동화 부문만 남기면 전기차가 되니까요. 물론 더 많은 기술 개발이 필요하겠지만, 적어도 10년 이상 하이브리드카를 양산해왔기에 전기차 대량보급에도 더 유리한 것은 분명합니다.

그런데 이런 기술적 우위도 있지만, 역시 한정된 개발 인력과 자금을 어디에 집중할 것인가의 문제가 있습니다. 현대차는 전 세계 자동차 회사 가운데 수소연료전지 승용차를 주력으로 개발하는 단 두 곳의 회사 중 하나입니다. 다른 한 곳은 도요타죠. 그런데 수소는 대량으로 만들어내기 위해 별도의 에너지를 투입해야 하기 때문에 효율성이 낮다는 비판을 받습니다. 수소차는 사실 전기차에 값비싼 수소연료전지 모듈을 추가한 것이나 다름없습니다. 배터리 용량도 전기차만큼 많이 필요하기 때문에 대당 단가가 전기차의 2배 이상입니다. 현재 수소차의 장점으로 충전 시간이 짧고 한 번 충전으로 전기차보다 더 장거리를 달릴 수 있다는 점을 꼽지만, 전기차 기술이 발전함에 따라 이런 장점도 점차 희석되고 있습니다. 따라서 현대차가 수소차 개발에 집중하는 것이 기술의 선후 관계, 선택과 집중의 문제에서 앞으로 어떤 결과를 가져올지 다소 불안하다는 시각도 있습니다.

물론 현대차는 하이브리드카를 10년 이상 양산해왔고, 전기차와 수소전기차도 양산하기 때문에 하드웨어적으로는 세계의 어떤 자동차 회사와 견주어도 전동화 흐름에 빠르게 대응할 수 있는 구조를 갖추고 있습니다. 하이브리드카, 전기차, 수소차가 모두 모터를 탑재한 전동화 차량이니까요.

그런데 여기서 꼭 짚고 넘어가야 할 것이 있습니다. 현대차는 대부분 기술을 자체 개발한다는 전략인데요. 그러다가 전부 제대로 못 할 위기에 빠질 수도 있다는 겁니다. 현대차의 연구개발 인력이나 연구개발 투자비는 도요타·폴크스바겐의 3분의 1, 4분의 1 수준에 불과합니다. 그런데 이렇게 한정된 자원으로 전 세계에 내놓을 내연기관차도 개발하고, 전기차도 개발하고, 하이브리드카도 개발하고, 수소연료전지차도 개발해야 합니다. 거기에다 자율주행도 연구해야 하고, 앞으로 테슬라와 맞서려면 통합 전자제어 플랫폼도 개발해야 합니다. 개발 자원은 한정돼 있는데 해야 할 것이 너무 많습니다. 이 모든 것을 혼자 힘으로 다 한다는 것은 현실적으로 불가능해 보입니다.

실제로 2020년 말 현대차의 주력인 코나 전기차에서 화재가 빈발하면서, 국내외에서 해당 차량을 대량 리콜하는 사태가 발생했는데요. 한정된 개발 자원으로 급하게 성능을 극대화하려는 과정에서 문제가 터졌을 가능성이 제기됩니다.

현대차는 2021년부터 전기차 전용 플랫폼을 기반으로 한 신형 전기차를 내놓고, 2025년까지 연간 100만 대의 전기차를 팔겠다고 밝혔는데요. 이것 역시 단기적으로 현대차에 도움이 될지 어떨지 미지수입니다. 물론 현대차가 전기차를 대량으로 판매하겠다는 것은 수익보다 벌금이 더 많이 나가는 상황을 피하기 위함입니다. 특히 유럽 등에서 연비 규제가 크게 강화되면서, 현대차처럼 대량으로 차를 파는 회사들은 전기차를 많이 팔아야만 하는 상황이 됐습니다. 따라서 우선은 유럽 중심으로 전기차를 많이 판매하게 될 겁니다.

그런데 문제는 현대차가 전기차를 팔아서 수익을 내기가 당장은 어렵다는 것입니다. 내연기관차라면 오랫동안 만들어왔기 때문에 원가 경쟁력을 축적해왔고, 핵심 부품인 엔진과 변속기를 자체 생산하기 때문에 수익성이 좋은 편입니다. 하지만 전기차는 차량 전체 원가의 30~40%에 달하는 배터리를 전량 외부에서 조달해야 합니다. 현대차가 자체적으로 만드는 부품의 비중이 크게 줄기 때문에 원가를 직접 낮출 수 있는 여지가 많지 않습니다.

2020년 상반기 현대차는 전 세계 사업장 가운데 국내 시장에서만 크게 흑자를 봤을 뿐 나머지 시장에서는 대부분 적자를 기록했습니다. 즉, 당분간 현대차가 크게 돈을 벌 곳은 한국 시장뿐이라는 얘기입니다. 한국 시장이 현대차가 돈을 벌기 좋은 곳인 이유는 대형차·고급차·SUV 등 대당 마진이 높은 차가 많이 팔리고, 선진국에 비해 연비 규제가 상대적으로 느슨하기 때문에 벌금 등으로 역풍을 맞을 가능성도 작기 때문입니다.

따라서 현대차는 한국 시장에서 대형차·고급차·SUV를 더 많이 팔아 앞으로 필요한 개발 자금을 변통해야 하는 상황입니다. 그러나 전기차 시대가 예상보다 빨리 온다면 마진이 많은 대형·고급차는 많이 팔지 못하고, 마진을 내지 못하는 전기차를 많이 팔아야 하는 상황을 맞게 됩니다. 가뜩이나 전 세계 시장에서 수익성이 떨어지고 있는 현대차가 자사의 유일한 현금지급기인 한국 시장에서도 돈을 충분히 벌지 못하게 될 수 있는 거죠. 엔진이 빠진 전기차에서 나머지 차체 부품으로는 이익을 남기기 어려운 구조로 가게 될 텐데요. 이때 현대차는 어떻게 살아남을 것인가의 문제가 있습니다.

반면에 테슬라는 전기차 하나만 잘 만들면 됩니다. 전기차의 원가절감 기술을 확보하고 규모의 경제를 통해 가격을 더욱 낮춰나간다면, 현대차나 폴크스바겐 같은 대중차 회사 전기차와의 가격 경쟁에서 오히려 우위를 차지할 가능성도 없지 않습니다. 거듭 말씀드리지만, 현대차나 폴크스바겐의 현재 주 수익원은 내연기관차입니다. 전기차는 이제 막 대량으로 만들려고 준비 중이지만, 설령 많이 만든다고 할지라도 앞으로 최소 몇 년간은 전기차 판매로 충분한 수익을 낼 가능성은 없습니다. 그러니 테슬라보다 머리가 복잡할 수밖에 없죠.

이보다 더 어려운 것이 반도체 소프트웨어 개발 부문입니다. 테슬라는 자사 차량에 기본 탑재되는 통합 전자제어 플랫폼과 그 핵심인 AI반도체를 자체 개발했습니다.

현대차는 어떨까요? 현대차 역시 똑같은 고민을 하고 있습니다. 지금까지 공급 업체에 맡겨왔던 ECU, OS, 소프트웨어를 스스로 장악할 방안을 검토 중이죠. 하지만 여기서 중요한 것이, 이를 가능케 할 조직체제와 소프트웨어 인력을 어떻게 확보할 것인가입니다.

현대차는 내외장 디자인이 좋고 편의장비도 훌륭합니다만, 차량의 고급화·고기능화에 따라 장착되는 전자장비(전장)가 계속 늘어나면서 이런 장비에서 결함이 속속 보고되고 있습니다. 차량이 기계가 아니라 전자제품으로 바뀌면 그에 걸맞은 기술력·인력·조직체제가 따라줘야 하는데, 만만한 일이 아니죠. 최근 전장 분야의 결함이 늘어나는 이유 역시 이런 문제 때문일 가능성이 있습니다.

테슬라 수준의 통합 ECU는 기존에 현대차가 다뤄왔던 전장보다 훨씬 복잡하고 고차원적인 것입니다. 자체적으로 전장에 대한 깊은 이해도와 기술력, 그리고 관련 AI반도체를 자체 또는 외부를 통해 원활하게 조달하는 능력을 갖춰야 하죠. 현대차가 이런 능력을 갖추지 못한다면, 테슬라 수준의 ECU나 무선 업데이트 기능을 따라가기는 쉽지 않을 것입니다.

테슬라에 들어가는 AI반도체 하나를 자체 개발하는 것도 기존 자동차 회사로선 엄청난 도전 과제입니다. 전문가들에 따르면 이런 반도체 하나를 개발하는 데 1조 원 가까운 자금이 필요하다고 합니다. 돈만 있다고 되는 것도 아닙니다. 국내에서는 이런 전자제어 플랫폼을 제대로 완성할 만한 개발팀을 꾸리는 것 자체가 어렵습니다. 업계 톱 클래스 개발자들의 절대적인 숫자가 모자라기 때문입니다.

또 차량용 컴퓨터·소프트웨어를 새로 설계하려면, 스스로가 앞으로 어떤 서비스를 통해 어떻게 돈을 벌 것인지에 대해 명확한 구상을 갖고 있어야 합니다. 사실은 이 부분이 가장 큰 문제입니다. 테슬라는 전기차만 만들고, 전기차 자체를 팔아 수익을 내는 것보다 서비스를 통해 돈을 벌겠다는 생각이 확고하죠. 그렇기에 엄청난 비용을 들여 소프트웨어와 전자제어 플랫폼을 개발하고, 대당 단가가 매우 비싼 전자제어 플랫폼을 모든 차량에 기본으로 탑재합니다. 이 방식을 통해 어떻게 돈을 벌 것인가에 대한 확고한 전략이 있기에 가능한 것입니다. 만약 현대차가 이런 확고한 전략을 짜지 못한다면 애초부터 테슬라의 기술 전략과 수익 모델을 따라가기란 불가능하다고 봐야 합니다. 또 장기적 안목을 갖고, 당장 수익이 나지 않더라도 자원을 쏟아부을 수 있는 강력한 기술 리더십도 필요합니다. 이 과정에서 기존의 공급사슬을 어떻게 효율적으로 조정해 나갈 것인지도 문제입니다.

단적인 예를 들어보겠습니다. 테슬라의 모델3에는 차량의 대부분 기능을 중앙에서 통합제어하는 강력한 컴퓨터, 즉 ECU(전자제어유닛)가 들어 있다고 말씀드렸지요. 그런데 이 ECU가 기존 자동차(현대차도 포함)에는 수백 개나 들어갑니다. 테슬라처럼 중앙에 아주 강력한 컴퓨터 하나가 들어가는 게 아니라, 각 기능마다 독자적으로 움직이는 수백 개의 미니 컴퓨터가 알알이 박혀 있다는 얘기입니다. 엔진 따로, 에어백 따로, 내비게이션·오디오 따로, 공조장치 따로 등 차량의 여러 기능을 따로따로 제어하는 거죠. 하다못해 차량 유리창을 올리거나 내릴 때 손이 닿으면 멈추게 하는 ECU조차 독자적으로 움직입니다. 그럼 이 수백 개의 ECU를 구동하는 OS는 어떨까요? 네, 대부분 따로입니다. 그리고 그 OS는 자동차 회사가 원천기술을 갖고 통제하는 게 아니라, ECU를 납품하는 업체에서 OS도 함께 제공하는 게 보통입니다. 따라서 OS는 해당 부품 회사가 가진 블랙박스 기술이라고 할 수 있지요.

결국 현대차가 테슬라와 같은 기능을 구현하기 위해서는 지금처럼 부품 업체들이 통제하고 있는 각각의 OS와 ECU를 자사가 직접 통제할 수 있도록 체제를 완전히 뜯어고쳐야만 하는데요. 그러려면 지금까지 부품 회사와 연결돼 있던 모든 관계를 재정립하거나 주도권을 빼앗아와야 합니다. 이 작업이 선행되지 않는다면 현대자동차가 테슬라와 같은 비즈니스 모델을 만들기란 요원한 일이죠.

또 한 가지 예를 들어보겠습니다. 테슬라 모델3의 대시보드를 보면, 중간에 큰 아이패드 모양의 패널이 하나 붙어 있을 뿐 물리적으로 누르는 버튼이 거의 없습니다. 폭스바겐이 최근 출시한 전기차 ID.3의 대시보드 형상을 보면, 모델3를 적극 참고했다는 것을 알 수 있습니다. 폴크스바겐 이외에도 많은 자동차 회사가 테슬라의 대시보드처럼 대형 터치패널에 대부분 기능을 집어넣어 버튼을 최소화한 디자인을 따라가려 하지만, 이게 쉽지가 않습니다. 모양만 따라 한다고 되는 게 아니라, 중앙에서 통합제어하는 ECU·OS가 기반이 되어야 하기 때문이죠.

현대차가 모델3처럼 중앙의 큰 터치패널 하나로 차량의 모든 기능을 제어하려 할 때 어떤 문제가 발생하냐 하면요. 기존에 각각의 수많은 ECU와 OS가 존재하다 보니, 이것을 통합제어하는 시스템을 만드는 게 불가능하다는 겁니다. 또 각각의 부품 업체가 복잡한 관계로 얽혀 있다 보니, 이런 관계부터 정리해야 하는데 엄두가 나지 않는 거고요. 과거에는 다른 차에서 좋은 부분이 있으면, 그것을 빨리 참고해 자사 차량에 적용하는 게 현대차의 강점이었지요. 하지만 테슬라에서 따라 하고자 하는 건 겉으로 보이는 부분이 아니라 눈에 안 보이는 부분이죠. 이 눈에 안 보이는 부분, 즉 ECU·OS를 제대로 따라 하는 건 보통 어려운 일이 아닙니다. 엄청난 자금·시간·인력, 그리고 명확한 방향을 가진 기술 리더십이 필요한데, 이것은 대시보드 형상을 따라 하는 것과는 차원이 다른 일이지요.

그래서 현대차에 지금 가장 절실한 것은 전기차냐 수소차냐가 아니라 테슬라의 진짜 경쟁력, 그리고 다른 글로벌 업체들도 따라 하려고 치열한 경쟁을 벌이고 있는 바로 그 부분, 통합 ECU와 OS의 혁명이 아닐까 생각합니다.

삼성전자는 2016년 9조 원을 주고 인수한 하만 카돈^{Harman/Kardon}을 통해 자동차 전장 사업, 특히 인포테인먼트 분야로 진출했습니다. 하만 카돈 등과 협업해 자율주행 분야에서도 기술 개발에 집중하고 있는 것으로 알려져 있으나 아직까지 큰 성과가 발표되진 않았습니다. 다만 전기차·자율주행차 시대가 되더라도 삼성전자와 계열사들이 보유한 기술, 즉 메모리반도체, 이미지센서, 배터리, MLCC(적층형 세라믹콘덴서), 디스플레이 등은 널리 활용될 것이기 때문에 삼성전자에 불리하다고만 볼 수는 없습니다.

좀더 구체적으로 설명해볼까요? 자동차가 전자제품화, 컴퓨터화될수록 그리고 자율주행 기능이 탑재될수록 대용량의 초고속 데이터처리가 필요해지겠지요. 그럴 때 삼성전자의 고성능 메모리가 빛을 발하게 될 겁니다. 삼성전자는 세계 메모리반도체의 압도적인 강자입니다. 메모리만 강자인 것이 아니라 이미지센서 분야에서도 소니에 이어 세계 2위의 강자죠. 자율주행차는 주변을 정확히 파악해야 하기 때문에 카메라가 여러 대 탑재됩니다. 각각의 카메라에는 이미지센서가 들어가지요. 삼성전자의 메모리·이미지센서 기술이 앞으로도 큰 역할을 하게 될 겁니다. 여기에다 삼성전자는 내부적으로 AI반도체도 개발하고 있는데요. 이미지센서·메모리·AI반도체가 합쳐질 경우 자율주행차 시대에도 핵심 부품 공급사로서 큰 역할을 하게 될 가능성이 큽니다.

삼성의 경쟁력 가운데 최근 부각되는 부분도 있습니다. 가장 유망한 것은 5G 네트워크 장비 분야입니다. 글로벌 통신장비 시장 점유율은 2019년 기준으로 화웨이가 1위(30%), 삼성전자가 2위(23%), 3·4위가 에릭슨(20%)과 노키아(14%)로 아직까지 화웨이의 5G 기술력이 높습니다. 그러나 삼성전자가 최근 관련 업체 등을 인수하며 화웨이를 맹렬히 추격 중입니다. 미국이 안보 문제 등으로 화웨이를 제재하고 있기 때문에 삼성전자로서는 이 기회에 미국·유럽 등으로 시장을 확대하고자 노력하고 있습니다. 삼성은 일본의 5G 네트워크 시장에도 진출했습니다. 일본 KDDI의 5G 네트워크 장비 공급자로 선정되기도 했지요.

자율주행차 시대에도 주목받을 삼성의 기술을 구체적으로 살펴볼까요?

반도체 부문에서는 기존의 메모리·낸드플래시뿐만이 아니라 자율주행차 등에 많이 사용될 카메라 센서와 자동차용 AP(PC의 CPU에 해당함) 시장을 장악하기 위한 제품 계획을 세워놓고 있습니다. 특히 카메라 센서의 경우 세계 시장 점유율 1위 소니에 이어 삼성전자가 2위인데, 앞으로 점유율을 확대하기 위해 투자와 증산을 준비하고 있습니다.

또 한 가지 봐야 할 것은 삼성전자만이 아니라 삼성전자와 관련된 그룹 회사들입니다. 삼성SDI는 최근 수요가 폭발적으로 늘고 있는 전기자동차용 배터리를 대량으로 생산합니다. 현재 BMW 등 많은 해외 자동차 기업과 공급 계약을 맺어가고 있습니다. 삼성디스플레이는 전 세계 스마트폰용 소형 OLED 시장의 90%를 장악하고 있는데요. 자동차 부문에서 활용도가 높습니다. 삼성전기는 일본의 무라타제작소와 비슷한 회사로 스마트폰·자동차용 MLCC, 통신 부품, 스마트폰 카메라 모듈 등을 만듭니다.

특히 삼성전기는 일본 무라타에 이어 MLCC 분야 세계 2위 업체입니다. 원래는 삼성전자 스마트폰에 들어가는 MLCC를 주로 만들었는데, 최근에는 전기차용 MLCC 분야에서 점유율을 넓히기 위해 노력하고 있습니다. 최신 스마트폰 1대에는 1,000개의 MLCC가 들어가는데요. 전기차에는 대당 1만~1만 5,000개의 MLCC가 들어갑니다. 더욱이 스마트폰에 비해 훨씬 높은 내구성이 필요하기 때문에 스마트폰용보다 가격도 4배 정도 비쌉니다.

삼성디스플레이 역시 마찬가지입니다. 범용 디스플레이의 경우 중국에 경쟁력을 빼앗기고 있는 것이 사실이지만, 중소형 제품에 들어가는 고부가가치 제품인 OLED는 세계 시장의 90%를 삼성디스플레이가 차지하고 있습니다. 앞으로 자율주행차 시대가 되면, 탑승자가 운전에 집중하지 않고 다른 일을 즐기기가 쉬워지겠지요. 그럴 때 차량 내부에서 더 중요해지는 것이 고품질 디스플레이입니다. 삼성디스플레이의 미래가 밝을 것으로 전망되는 이유죠.

이렇듯 삼성전자는 자율주행·전기차 시대에도 성장할 수 있는 제품군을 다양하게 보유하고 있습니다. 따라서 단기적으로는 삼성전자에 문제 될 것이 없습니다. 문제는 그다음입니다. 앞서 말씀드린 대로 테슬라는 단순히 내연기관차를 전기차로 바꾸는 비즈니스를 하는 게 아니라, 자동차 산업의 돈 버는 방식 자체를 바꾸는 기업입니다. 테슬라 보유자들에게 다양한 서비스를 제공하고, 거기에서 돈을 받는 거죠. 바로 이 부분에서 삼성전자의 방향이 잘 보이지 않는다는 겁니다. 다시 말해 삼성전자는 하드웨어 기업으로서는 미래에도 잘할 것이 분명하지만, 하드웨어 분야보다 훨씬 더 커질 것으로 보이는 데이터 비즈니스, 소프트웨어 기반의 모빌리티 서비스 시대를 어떻게 대비할 것인지에 대해서는 전망이 불투명합니다.

반면에 삼성전자의 주요 경쟁자인 애플은 데이터 비즈니스, 구독 경제로의 전환이 꽤 성공적입니다. 2020년 9월 애플은 신제품 발표 행사에서 신형 애플워치와 원격 피트니스 서비스인 '피트니스 플러스'를 내놓았는데요. 트레이너 출연 동영상을 보면서 요가나 춤, 근력운동 등을 함으로써 집이나 야외에서도 헬스클럽과 같은 체험을 할 수 있다는 게 애플 측의 설명입니다. 몸 상태도 체크해주고, 애플뮤직과 연동해 적절한 음악도 추천해줍니다. 미국 내 구독료는 월 9.99달러, 연간 79.99달러인데요. 이미 애플은 월 4.99달러의 동영상 서비스인 '애플 TV 플러스'를 비롯해 다양한 게임을 즐길 수 있는 '아케이드' 등 자사의 서비스를 제공하고 있지요.

이것이 가리키는 방향은 명확합니다. 애플이 단말기 판매에만 의존하지 않는 비즈니스 모델로 전환을 서두르고 있다는 겁니다. 구독 서비스 수익을 늘리겠다는 것이죠. 애플은 2019년에 동영상·게임 등의 구독 서비스를 시작했는데요. 2020년 2분기 서비스 부문 매출액이 전년 동기보다 15% 늘어난 131억 5,600만 달러(약 15조 원)에 달합니다. 전체 매출에서 차지하는 비중도 20%대로 높아졌습니다. 주력인 아이폰의 연간 판매가 2015년의 2억 3,000만 대를 정점으로 한계를 보이는 상황에서 구독 서비스에 거는 기대가 큰 것이죠.

애플의 이번 발표는 삼성전자가 2020년 8월 5일 신제품 발표 행사에서 '제품에 집중한다'라는 전략을 내세운 것과 극명히 대비됩니다. 당시 발표는 삼성전자가 독자 OS 생태계를 접고 (미국이 제일 잘하는) 클라우드+IoT 플랫폼에 올라탄 뒤, 그 위에서 소비자가 어떤 삼성 디바이스를 사용하든 편하고 매끄럽게 즐길 수 있도록 (소프트웨어 생태계가 아닌) 제품 생태계를 완비하겠다는 의미로 비쳤습니다. MS의 게임이나 사무용 프로그램 등을 매끄럽게 연결하는 제품군을 만들어 소비자의 선택을 받겠다는 식이죠. 소프트웨어 생태계가 무엇이든, 삼성전자는 그에 최적화된 제품으로 살아남겠다는 얘기로 들렸습니다.

그런데 문제가 하나 있습니다. 만약 자사의 폐쇄적 생태계에서 서비스만으로 충분한 돈을 벌게 된다면 애플은 자사 제품 가격 전략에서 지금보다 더 공격적으로 나올 수 있겠죠. 신제품을 더 저렴하게 팔 수도 있을 겁니다. 애플의 전략대로 간다면, 삼성전자는 어떤 대응을 할 수 있을까요? 이 부분이 궁금해집니다.

삼성전자는 연간 3억 대 정도의 스마트폰을 파는 세계 1등 회사였지만, 2020년 2분기에 처음으로 중국 화웨이에 스마트폰 출하량에서 선두 자리를 내줬습니다. 코로나19 사태로 2분기 세계 스마트폰 시장이 24% 축소됐는데요. 같은 기간 삼성전자의 스마트폰 세계 판매량은 전년 동기보다 29% 줄어든 5,420만 대에 그쳤습니다.

특히 수익성 높은 기함flagship 모델의 판매가 줄고 있다는 점에서 사태의 심각성이 큽니다. 그동안 삼성은 강력한 디바이스 장악력을 무기로 구글·애플·아마존에 맞서는 하드웨어·소프트웨어 통합 생태계를 만들려고 무던히도 노력해왔습니다. 바다·타이젠 같은 독자 모바일 OS 보급이나 AI 빅스비, 게임을 통한 생태계 자립에도 무척 공을 들였습니다. 하지만 큰 성과가 보이지 않습니다. IoT 만능 플랫폼인 아틱ARTIK도 오랫동안 개발해왔지만 이 역시 중단된 상태입니다.

따라서 삼성이 최근에 강조하는 '스마트폰부터 웨어러블 기기까지 일상을 연결하는 갤럭시 생태계'라는 것은 결국 MS나 다른 소프트웨어를 통해서 연결되는, 오로지 하드웨어에 국한되는 이야기라는 겁니다. 모바일 디바이스 또는 IoT 전반에 관한 삼성의 전략이 정말 이런 것이라면, 2030년 비메모리 1등 전략과 연결된 자동차 전장 분야의 대규모 사업 전략이 어떻게 될 것이냐에 대한 의문이 쏟아집니다.

저는 스마트폰에 들어가는 두뇌인 AP를 삼성이 자체 개발해온 것에 더해, 이 분야를 삼성이 자동차와 IoT 쪽으로 크게 확대하는 전략을 구사해 비모메리 1등을 달성하려 하는 게 아닐까 생각하기도 했는데요. 현재 돌아가는 상황을 보면 갈수록 확신이 서지 않습니다. 전장 분야에서 자동차 콕핏 모듈에 들어가는 내비게이션·인포테인먼트용의 AP인 엑시노스 오토V는 나름대로 사업이 잘되고 있지만, 앞으로 더 중요해질 주행보조 시스템용(향후 자율주행까지 염두엔 둔) AP인 엑시노스 오토A는 앞날이 밝지 않다는 얘기도 들립니다. 앞으로 자율주행, AI 분야의 반도체에서 어떤 방향성을 보여주느냐가 삼성전자의 전략을 판단하는 데 큰 기준점이 되지 않을까 싶습니다.

국내 자동차 부품 업체

국내 자동차 부품사의 입장에서 테슬라 쇼크는 위기이자 기회일 수 있습니다. 현대차 등 국내 자동차 회사 납품 물량이 일부 줄어든다면 그것은 위기가 될 수 있겠지요. 하지만 테슬라에 직접 납품하는 국내 부품사들이 늘어나고 있기 때문에 이 점에서는 기회가 될 수도 있습니다. 테슬라 같은 글로벌 전기차 회사가 늘어나거나 이 업체들의 생산 물량이 늘어나면, 이들을 납품처로 뚫은 한국 부품 업체들의 매출도 계속 늘어나겠지요.

LG그룹은 이미 GM의 전기차에 배터리셀과 각종 전장 부품을 납품하고 있고, 테슬라에도 배터리는 물론 자율주행 등에 필요한 부품을 대량으로 납품하고 있습니다. 테슬라의 경우 한국타이어, 만도를 비롯해 납품하는 한국 부품 업체가 수십 군데에 달하는 것으로 알려져 있습니다.

특히 테슬라는 알루미늄합금을 주조 방식으로 만들어 사용하는 경우가 많아지고 있는데요. 이와 관련해 좋은 품질의 알루미늄합금 제품을 저렴하게 납품할 수 있는 부품 업체들을 계속 찾고 있습니다. 이를 위해 혼다·도요타·GM·포드 등의 제조 부문에서 일했던 베테랑 기술자들을 스카우트해 한국·중국·일본 등의 부품 업체들을 주기적으로 돌며 실사 작업을 벌이고 있죠.

전기차는 모터를 돌리기 때문에 내연기관차에 비해 소음과 진동이 적습니다. 내연기관차에 비해 부품도 적게 들어가고, 부품의 형상도 덜 복잡합니다. 대량의 고급 소재를 쓸 필요도 상대적으로 줄어듭니다. 이는 한국 부품 업체에 유리한 측면입니다. 한국 부품 업체들은 독일 고급차에 들어가는 부품을 납품하는 수준에는 미치지 못하지만, 그보다 한 단계 낮은 성능의 부품을 고품질 저가격에 제공하는 데는 아주 능하거든요. 그에 비해 일본 부품 업체는 가격이나 대응의 유연성이 부족하고, 중국 부품 업체는 품질에서 테슬라가 요구하는 수준에는 아직 미치지 못하지요.

물론 국내 자동차 산업이 마지노선으로 여겨졌던 연간 생산량 400만 대가 무너지는 등 심각한 위기인 것은 맞습니다. 그러나 역으로 이런 위기 상황에서 생존을 위해 테슬라나 다른 전기차에 필요한 부품을 개발하는 데 전력을 기울이고 있다는 것은 긍정적인 신호입니다.

이런 여러 이유로 한국의 부품 업체가 테슬라 등 전기차 회사에 납품하게 될 가능성이 크다는 판단입니다. 독일 고급차를 예로 들면 부품의 형상·소재 등에서 고급 기술이 사용되는 경우가 많기 때문에 아직까지 한국 업체들이 자유롭게 납품하지 못하는 경우가 많았거든요. 그러나 전기차는 그럴 필요가 없이 가성비만 좋으면 얼마든지 사용될 수 있기 때문에 역으로 한국 업체들이 더 주목받을 수 있습니다.

테슬라를 예로 들어보면, 2019년 기준 37만 대를 파는 수준에서는 한국 업체들이 테슬라에 본격적으로 납품하기에는 물량이 모자랍니다. 자동차 부품 업계는 규모의 경제를 통해 단가를 최대한 내려야만 납품이 가능할 정도로 가격 경쟁이 치열하기 때문입니다.

하지만 앞으로는 양상이 달라질 것으로 보입니다. 테슬라의 생산 물량이 2025년 기준으로는 300만 대 정도는 될 것으로 예상되기 때문입니다. 이 정도 물량이라면 한국의 부품 업체들에 규모 면에서도 큰 도움이 될 것입니다. 이미 미국 공장에 납품을 하기 시작한 한국 부품 업체들은 중국 상하이 공장이나 독일 베를린 공장에까지 납품을 하면서 이미 연간 천억 원대, 또는 조 단위의 매출을 내기 시작했습니다.

LG화학은 2021년부터 중국에서 생산되는 테슬라의 주력 '모델 Y'에 들어갈 배터리를 전량 수주했지요. 2021년 한 해에만 30만 대 이상, 수주액으로는 3조 원 이상이 될 전망입니다. LG화학뿐 아니라 관련 부품 업체의 매출 신장에도 큰 도움이 되겠지요. 또 국내 대형 부품 업체인 만도는 테슬라의 대부분 차종에 조향·제동장치를 납품하고 있습니다. 만도 매출에서 현대차그룹이 차지하는 비율은 2020년 현재 50%대 후반인데요. 테슬라의 연간 생산량이 수백만 대 이상으로 올라가고 만도가 납품 비율을 계속 유지한다면, 만도 전체 매출에서 현대차그룹 이외의 매출이 절반을 넘어서게 될 가능성도 있습니다. 이 외에도 엠에스오토텍(차체 부품), 센트랄모텍(컨트롤암), 아모그린텍(자성 부품), 영화금속(조향 부품), 화신테크(금형), 우리산업(히터), 계양전기(주차용 모터) 등이 테슬라에 대량 납품하고 있습니다. 테슬라 수주가 예상되는 국내 부품 기업은 앞으로 더 늘어날 전망입니다.

LG그룹, SK그룹, 네이버, 카카오

2017년 글로벌 투자은행 UBS가 발간한 전기차 보고서에는 한국 기업과 관련한 놀라운 뉴스가 담겨 있었습니다. 가격 기준으로 GM의 전기차인 쉐보레 볼트 EV의 부품에서 LG 제품이 차지하는 비율이 절반을 넘었다는 내용입니다. LG가 공급한 부품이 볼트 총생산 비용의 56%를 차지했습니다. 금액으로 따지면 1만 6,000달러 상당이었습니다. LG화학은 전기차의 핵심인 배터리를 공급하고 LG전자는 핵심 부품인 전기모터를, LG디스플레이는 인포테인먼트 모듈을 공급하고 있습니다.

당시 UBS는 전자 업체들이 전기차 부품 시장에서 상당한 점유율을 차지할 것으로 내다봤습니다. 그리고 전기차 시대에는 전통적 부품 업체보다 화학·전기 업체들이 중요해진다는 것을 보여주기 위해 볼트와 비슷한 크기의 내연기관 차량인 골프와 비교했는데요. 그 결과 전기차는 배터리를 제외하더라도 내연기관차보다 3,000달러 상당의 전자 부품이 더 들어가는 것으로 나타났습니다. 자동차용 반도체를 예로 들면 내연기관차는 60~90달러 정도에 불과하지만 전기차는 580달러로, 6~10배의 반도체가 더 들어갔습니다.

볼트의 제조원가를 분석한 내용을 살펴보면, 전기차 시대엔 자동차 부품 업체의 구조 변화가 급격히 일어날 것임을 예상할 수 있습니다. 기존 내연기관차는 제조원가 중 68%를 보쉬·델파이와 같은 기존 부품 업체들이 차지했습니다. 이에 비해 볼트는 LG화학의 배터리셀이 43%, LG전자의 전기모터 등이 13%를 차지했습니다. 전기차 시대에는 기존 부품 업체들의 존재감이 희미해진다는 것을 극명히 보여줍니다.

현재 LG는 GM의 전기차 확대에 꼭 필요한 전략적 파트너입니다. 테슬라의 주력 파트너 중 한 곳으로 테슬라 중국 공장에도 배터리를 납품하고 있습니다. LG는 예전부터 전기차를 만드는 데 필요한 대부분 부품을 자체적으로 만들어온 회사입니다. 자동차 사업부도 만들었고, 현재도 LG전자 내에 전장 사업부를 따로 두고 글로벌 자동차 회사들에 전장 부품을 납품하고 있습니다. 따라서 결정만 내린다면 전기차를 직접 만드는 것도 가능은 하지 않을까 싶은데요. 문제는 LG그룹이 현재도 전 세계 자동차 회사들을 상대로 전기차 배터리, 전장 부품 등을 다양하게 납품해 많은 매출을 일으키고 있다는 것입니다. 이런 상황에서 직접 전기차 생산에 뛰어들어 고객사들이 자신들의 고객 정보가 LG가 전기차 만드는 데 이용되지 않을까 걱정하게 만드는 일을 하겠느냐는 거죠.

그보다는 현재 주력 파트너인 GM, 테슬라, 그리고 유럽 몇몇 자동차 회사와의 협력을 더욱 강화해나가는 전략을 쓸 것으로 보입니다. 특히 한국 시장에서 뭔가 돌파구를 마련하려고 할 때, 이미 긴밀한 협력 관계에 있는 GM이나 테슬라와 협업하는 형태로 부품 사업 이상의 전기차·자율주행차 사업을 구상하지 않을까 하는 생각도 해봅니다. 특히 LG는 마곡에 연구개발단지를 조성해놓았지요. 마곡을 중심으로 전기차·자율주행차 개발의 시범 사업을 준비하면서 GM이나 테슬라와 협업하는 것도 전략적으로 검토해볼 만합니다.

SK그룹 역시 전기차·자율주행차와 밀접한 연관이 있지요. SK이노베이션은 국내 배터리 3사 가운데 후발주자이긴 하지만 빠르게 성장해나가고 있습니다. 또 국내 1위 통신 기업 SK텔레콤을 보유하고 있기 때문에 자율주행차 이전 단계로 자동차를 통신으로 연결해 각종 서비스를 제공하는 커넥티드카 분야에서도 다양한 사업을 추진 중입니다.

그러나 앞서 말씀드린 대로 테슬라의 스타링크 프로젝트가 2020년대 중반부터 전 세계적으로 시행된다면, 한국에 보급된 테슬라 차량을 중심으로 전기차·자율주행기술·위성통신을 연결해 각종 모빌리티 서비스가 활성화될 가능성이 있지요. SK텔레콤은 테슬라처럼 자사 차량을 직접 깔아 스스로 완결된 서비스를 제공할 능력은 갖추고 있지 않습니다. 따라서 앞으로 스타링크 프로젝트의 성공 여부 등에 따라 장기적으로 통신·모빌리티 서비스 사업에 영향을 받을 가능성이 있습니다.

한국은 현재 5G 서비스를 지상의 기지국 건설을 통해 완성하려 하고 있는데요. 4G에 비해 5G는 기지국을 더 촘촘하게 설치해야 하고 망을 까는 데 비용도 더 많이 듭니다. 이 때문에 2020년 말 현재까지 완전한 5G망이 구축되지 않았지요. 반면 저궤도 인공위성 1만 2,000개를 띄워 지구 전체를 5G 이상의 속도를 내는 네트워크로 연결하겠다는 테슬라의 스타링크는 지상 기지국의 5G망으로 연결하는 것에 비해 훨씬 적은 돈이 드는 것으로 알려져 있습니다. 자체 로켓 기업인 스페이스X의 재활용 로켓을 사용해 한 번에 수십 개의 위성을 동시에 궤도에 올려놓기 때문에 비용도 상대적으로 저렴합니다. 인공위성 1만 2,000개를 저궤도에 올려놓는 데 드는 총비용은 12조 원에 불과한 것으로 알려져 있습니다.

또 스타링크는 그렇게 띄운 인공위성망을 통해 6G까지 대응할 수 있다고 합니다. 이런 여러 측면을 봤을 때 스타링크 프로젝트가 테슬라의 전기차와 통신으로 연결돼 각종 모빌리티 서비스를 제공하게 된다면 각국의 통신 기업에 위협이 될 것으로 보입니다.

한국에서 만약 현대차가 테슬라와 같은 서비스를 하려고 하면 어떤 일이 벌어질까요? 우선 고속충전기와 자사 차량을 연결하기 위해 충전 사업자들과 협업이 필요할 테고요. SK텔레콤이나 KT, LG 유플러스 같은 통신 기업들과 서비스 전략부터 구성, 실행, 이익 분배 등 온갖 문제에 대해 협력해야 할 겁니다. 또 테슬라처럼 차량 내에 통합 전자제어 플랫폼을 탑재하고 거기에 고성능 AI반도체까지 넣으려면 반도체 기업, 소프트웨어 기업과의 협업도 필요하겠지요. 말은 쉽지만 이런 협업 과정에서 누가 주도권을 잡을 것인지, 역할과 이익은 어떻게 분담할 것인지 등에 대해 이견이 속출할 수 있기 때문에 일이 빠르게 진행되기 어려울 것입니다.

다만 SK의 경우, 2020년 10월에 SK하이닉스가 인텔의 메모리 사업부를 10조 원을 주고 인수한 것이 앞으로 어떻게 진행될지 눈여겨보고 있습니다. SK하이닉스는 이번 딜로 세계 메모리 시장의 최강자인 삼성전자를 추격할 발판을 마련했지요. SK하이닉스는 디램 분야에서는 삼성에 이어 세계 2위였지만, 앞으로 더 큰 성장이 예상되는 낸드플래시에서는 수위권 밖이었지요. 하지만 인텔의 메모리(낸드) 사업부를 인수함으로써 메모리 전체에서 강력한 경쟁력을 확보하게 됐습니다. 이를 통해 SK 역시 자율주행차 시대에 더 많이 필요해질 메모리 분야에서 더 큰 성장을 기대할 수 있게 됐습니다.

그런데 여기에서 끝나는 것이 아니고요. SK하이닉스가 인텔의 메모리 사업부를 인수함으로써 앞으로 인텔과의 협력이 더 다양해질 수 있지 않을까 하는 추측을 해봅니다. 우선 인텔은 서버 시장의 강자이고, 서버에서는 인텔의 주 종목인 CPU뿐 아니라 SK하이닉스에 넘긴 메모리도 매우 중요합니다. 따라서 앞으로 서버 등의 분야에서 인텔이 SK하이닉스로부터 메모리를 공급받는 등의 협력이 이어질 것으로 기대됩니다.

게다가 인텔은 데이터 비즈니스나 자율주행, 모빌리티 서비스 쪽으로 사업을 크게 늘려가려 하고 있지요. 앞으로는 자율주행·모빌리티 서비스 시장에서 모빌아이·인텔·무빗 연합의 경쟁력이 대단해질 것입니다. 통신을 가진 SK그룹 역시 모빌리티 서비스 분야에서 사업 확대를 모색하고 있고요. 따라서 앞으로 인텔과 SK 간에 더 큰 그림의 협력이 나오지 말라는 법도 없습니다.

네이버나 카카오 같은 국내 IT 플랫폼 기업들은 어떨까요? 이들 기업은 인터넷·모바일 기반의 플랫폼으로 내수에서는 확고한 기반을 다진 상황입니다. 전자상거래·콘텐츠 분야에서도 이미 많은 성과를 거두고 있죠. 다음은 AI 관련, 그리고 자동차와 관련된 모빌리티 서비스가 될 텐데요. 이 부분에서는 테슬라나 그 밖의 해외 기업 연합에 비해 아직까지 구체적인 성과가 보이지 않습니다. 테슬라는 스마트폰 시장의 애플처럼, 자율주행차·전기차 시장에서 모든 서비스를 내재화하는 폐쇄적 생태계를 구현해 돈을 벌 심산이죠. 반면 네이버나 카카오 등은 뭔가 확실한 모빌리티 서비스를 구현해보려고 해도, 자동차라는 디바이스 자체를 장악하지 못했기 때문에 어려움이 큽니다. 일단 국내 자동차 시장을 장악하고 있는 현대차가 자신들의 데이터나 사업 기회를 국내 IT 기업들에 쉽게 열어주고 있는 것도 아니고요.

테슬라가 무선 업데이트 등을 통해 소프트웨어적인 서비스가 가능한 것과 달리, 국내 차량의 경우 무선 업데이트를 통해 소프트웨어적인 서비스를 하는 것이 불가능하다는 것도 큰 걸림돌입니다.

현대차도 앞으로 테슬라처럼 무선 업데이트가 가능한 차를 내놓을 계획이지만, 관련 서비스를 자사 또는 한정된 파트너만 제공하는 쪽이 될 가능성이 큽니다. 사실 현대차에 정말 필요한 것은 부품 단계에서 삼성·LG·SK 등과의 협력이 아니라, 소프트웨어 단계에서 네이버·카카오 등과의 전폭적인 협력이 아닐까 싶은데요. 국내 대기업과 신흥 기업, 하드웨어 중심 업종과 소프트웨어 중심 업종 긴의 인식·소통의 장벽 때문에 이것이 얼마나 가능할지는 미지수입니다.

무에서 유를 창조했던
우리 기업가정신을 되살려야 한다

새해가 밝으면, 기업마다 경영자들이 신년사를 내놓습니다. 그런데 신년사를 아무리 읽어봐도 강렬하게 남는 메시지를 얻기가 쉽지 않습니다. 경영자 스스로가 신년사가 갖는 힘을 믿지 못한 채, 관행적으로 발표하는 게 아닌가 싶은 내용도 있습니다.

하지만 통찰력·의지·진심이 담긴 리더의 메시지는 동서고금을 막론하고 강력한 힘을 발휘합니다. 인도 출신의 사티아 나델라Satya Nadella는 2014년 MS의 세 번째 CEO로 임명됐는데요. 대기업병과 부서 이기주의로 무너져가는 회사의 문화를 완전히 바꿔 MS를 한때 글로벌 시가총액 1위에 복귀시키는 기적을 일으켰습니다. 그가 CEO 취임과 동시에 한 일은 장문의 이메일을 전 세계 직원에게 보낸 것이었습니다. 'MS가 어떻게 바뀌어야 하는지, 나와 여러분이 무엇을 해야만 하는지'에 대한 명확한 메시지를 담아 직원들의 마음을 움직였고, 그것이 MS 부활의 출발점이 됐습니다.

같은 맥락에서 현대자동차 CTO(연구개발본부장)인 알버트 비어만 Albert Biermann 사장의 지난 2019년 신년사가 아직도 기억에 남습니다. 비어만 사장은 BMW에서 30년간 고성능차를 개발해온 전문가이며, 2015년 현대차에 합류했습니다. 현대차에서도 고성능차 개발을 맡았다가 2018년 말 현대차 차량 개발을 총괄하는 CTO에 올랐습니다.

그는 신년사에서 "카고 컬트cargo cult(화물신앙)를 경계해야 한다"라고 했습니다. 카고 컬트란 알맹이 없는 형식주의를 말합니다. 본질은커녕 내용도 제대로 이해하지 못한 채 껍데기에만 매달리는 것을 뜻하죠. 검은 터틀넥 스웨터 입는다고 잡스가 되거나, 회색 후드티 입는다고 저커버그가 되는 게 아닙니다. 매장을 흰색으로 심플하게 만든다고 애플처럼 열혈 고객을 양산할 수 있는 것도 아닙니다. 껍데기를 베낀다고 그 사람이나 제품의 철학 또는 내적 가치까지 가져올 수 있는 건 아닙니다.

그런데도 겉모습만 따라 할 뿐이면서 본질까지 얻었다고 착각하는 일이 많습니다. 비어만 사장이 현대차 CTO로 취임한 후 첫 신년사에서 카고 컬트를 언급한 것은 현대차는 물론, 국내 기업·정부 조직에도 시사점을 줍니다. 겉멋과 입에 발린 말에 치중하고, 내용보다 보고 형식을 놓고 갑론을박하는 문화는 조직의 시간과 에너지를 갉아먹고 조직원을 우물 안 개구리로 만들 뿐입니다.

테슬라 쇼크에 대해 이야기했습니다만, 사실 테슬라가 주는 충격과 자극은 내연기관차가 전기차·자율주행차로 바뀌는 변화만을 의미하지 않습니다. 산업 패러다임의 변화, AI로 이행하는 순간을 테슬라를 통해 보는 게 아닐까 싶은 생각이 들기도 합니다. 테슬라가 가진 모빌리티 비즈니스 기업, 모빌리티 데이터 플랫폼 기업으로서의 야망은 자동차만이 아니라 전체 산업에 큰 영향을 미칠 것입니다.

그보다 더 중요한 것은 테슬라라는 조직, 그리고 그 조직을 이끄는 CEO인 일론 머스크를 통해 카고 컬트의 대척점에 있는 궁극의 기업가정신을 볼 수 있다는 것입니다. 무에서 유를 창조해온 한국의 역사, 그러나 지금은 어쩌면 잃어버렸는지도 모를 그 기업가정신 말입니다. 깊은 사고와 장기적인 비전, 그리고 그 비전을 현실로 옮기는 무서운 실행력, 실행을 가능케 하는 강력한 기술 리더십도 함께 볼 수 있습니다.

사람들은 '테슬라가 어떻게 한꺼번에 그렇게 많은 일을 해낼 수 있었을까'를 설명하면서 일론 머스크의 리더십을 이야기합니다. 테슬라만이 아니라 엔비디아도 그렇죠. 이들이 이뤄낸 성과를 보면 단일 기업이 해낸 것이라고는 믿어지지 않습니다. 어떻게 이런 일이 가능할까요?

결국 테슬라의 일론 머스크나 엔비디아의 젠슨 황 같은 '슈퍼 엔지니어'가 보여주는 꿈의 크기와 의지, 그리고 실행력의 강도에 달려 있는 게 아닌가 합니다. 투자자들의 관심은 미래에 대해 명확한 기술적 비전을 보여주는 기업에 쏠릴 수밖에 없습니다. 세계적인 제로금리에 엄청나게 풀린 돈이 갈 곳을 못 찾는 상황에선 더욱 그렇습니다. 실리콘밸리 기술주의 버블 논란이 크고, 조만간 한 번 터질 수도 있겠지만 말입니다. 테슬라는 이미 2020년 7월 도요타를 제치고 자동차 업계 시가총액 1위에 올랐고요. 엔비디아도 2020년 하반기에 들어 인텔과 삼성전자를 제치고 글로벌 반도체 기업 가운데 시가총액 기준 업계 2위에 올랐습니다. 글로벌 반도체 시가총액 1위인 TSMC까지 제치고 엔비디아가 업계 1위를 찍는 시기가 곧 올지도 모릅니다.

또 하나 중요한 것이 중국입니다. 중국의 부상은 이제 새로울 것도 없지만 테슬라가 미래 산업에서 장악하려 하는 부분, 즉 전기차·자율주행차, 이를 기반으로 한 광범위한 부문의 모빌리티 서비스 산업에서 중국이 엄청난 속도로 발전해나가고 있습니다.

최근에 자율주행 분야의 AI 기술에서 두각을 나타내는 글로벌 벤처기업을 조사해본 적이 있습니다. 미국과 중국 업체들의 독무대입니다. 이스라엘·유럽 업체가 간혹 눈에 띌 뿐, 90% 이상을 미국·중국이 양분한 채 치열하게 경쟁 중입니다.

머지않아 테슬라를 필두로 전기차·자율주행차·모빌리티 서비스의 격변이 일어날 것입니다. 테슬라가 자동차 업계의 애플이 된다면, 구글 안드로이드 진영의 후보도 비교적 명확합니다. 엔비디아·ARM 연합과 모빌아이·인텔 연합이 강력한 후보이고, 구글·GM도 가능성이 큽니다. 애플은 언제 마각을 드러내도 이상하지 않고요. 또 중국은 미국과의 기술 패권 경쟁을 절대 포기하지 않을 겁니다. 현재 반도체 부문에서 미국의 견제로 고전하고 있지만, AI와 자율주행차 부문에서는 총력전을 펼치고 있기에 미국이 견제하기가 쉽지 않을 것입니다.

테슬라의 전기차·자율주행·모빌리티 서비스가 세트로 사업화되는 시점이 3~4년 안에 올 것으로 보입니다. 그때쯤이면 자동차 회사와 반도체·소프트웨어 업체 연합들의 반격도 가시화되겠지요.

그때 한국은 어떤 모습을 하고 있을까요? 테슬라 쇼크에 맞서 한국의 산업이 더 발전하려면 지금부터가 정말 중요합니다. 현상 유지만으로는 대응이 어렵다는 것을 우리 모두가 알고 있습니다. 미래는 예측하는 게 아니라 만들어가는 것이라고 하지요. 테슬라가 미래를 만들어나가듯 말입니다. 가진 모든 자원을 활용해 미래를 만들어가야 합니다. 이미 알려진 위협입니다. 우리에게 남은 건, 어떻게 하느냐입니다.

TESLA SHOCK